JN074123

1 西アジアの家畜文化

牧畜の起源地は西アジアにある。現在もみられる牧畜の風景は、いつはじまり、どのように広がっていったのだろうか。〔新井才二〕

△ムギ畑でのヒツジやヤギの放牧
（シリア北東部）

2 ユーラシア草原地帯の動物文様

青銅器時代の動物文（左）と、発展段階のスキト・シベリア動物文（下）。一見、同種にみえる動物の「詰め合わせ」にも、ユーラシア草原地帯の人々の絶えざる歩みが刻まれている。〔松本圭太〕

◁オラーン・オーシグ遺跡の鹿石　（モンゴル・フブスグル県）

△背景に定型化した要素を持つスキト・シベリア動物文
（メトロポリタン美術館蔵・青銅帯扣・長さ7.3cm）

3 乳文化と牧畜のはじまり

△アラブ系牧畜民バッガーラ部族の
ヒツジ・ヤギ群からの搾乳
（シリア北東部）

◁酸乳の振盪によるバター加工
チャーンにヒツジの皮革が利用されている。
（シリア北東部のアラブ系牧畜民バッガーラ部族）

▽ミルク粥を食べる
アラブ系牧畜民バッガーラ部族（シリア北東部）
乳製品に全面的に依存した食生活を採用している。

乳文化の発明により、乾燥地に適応した牧畜という生業は約1万年前に誕生した。乳を保存できる技術段階になって、ヒト、家畜、乳文化がセットになって、西アジアから周辺地域へと伝播していったとされる。北アジア・中央アジアでの乳利用の開始がB.C.4500年には遡る可能性があり、今後の考古学的調査に期待がかかる。　〔平田昌弘〕

△いち早く牧畜文化を受容した石峁遺跡の外城東門および周辺城壁
（中国陝西省石峁遺跡）（陝西省考古研究院提供）

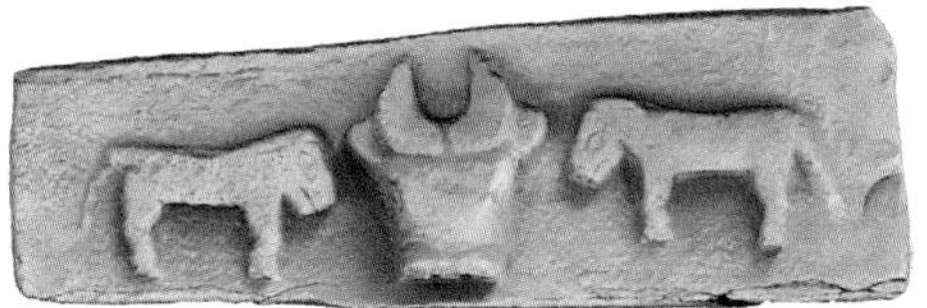

△皇城台基壇南壁 34 号牛馬石彫（中国陝西省石峁遺跡）
（陝西省考古研究院提供）

△皇城台基壇南壁 11 号石彫（中国陝西省石峁遺跡）
（陝西省考古研究院提供）

△皇城台基壇南壁 30 号石彫
（中国陝西省石峁遺跡）（陝西省考古研究院提供）

△河姆渡遺跡猪紋陶鉢（筆者撮影）

△三星堆遺跡
青銅鶏（筆者撮影）

4 中国の家畜文化

幅広い気候帯をもつ中国では、古来より、農耕や牧畜にかかわる、さまざまな家畜が利用されており、その多様性は、他地域にはみられない特徴である。中国で収斂され展開した多彩な家畜文化は、その後、日本を含めた周辺地域へと広く波及し、各地の家畜文化に影響を与えた。〔菊地大樹〕

◁秦始皇帝陵陪葬墓出土金銀駱駝像
（『人民日報』2022 年 1 月 21 日版より転載）

△蔀屋北遺跡から出土した馬の全身骨格（大阪府四條畷市）（大阪府教育委員会所蔵）

蔀屋北遺跡は、生駒山の西麓の古墳時代の集落遺跡である。馬飼い集団の遺跡と考えられており、馬に関連する馬具などのほか、朝鮮半島に由来する渡来系遺物も出土している。大陸から渡来して間もない頃から、馬を埋葬する習慣があり、大切に育てられていたことがわかる。〔丸山真史〕

家畜の考古学

古代アジアの東西交流

家畜の考古学　古代アジアの東西交流◉目次

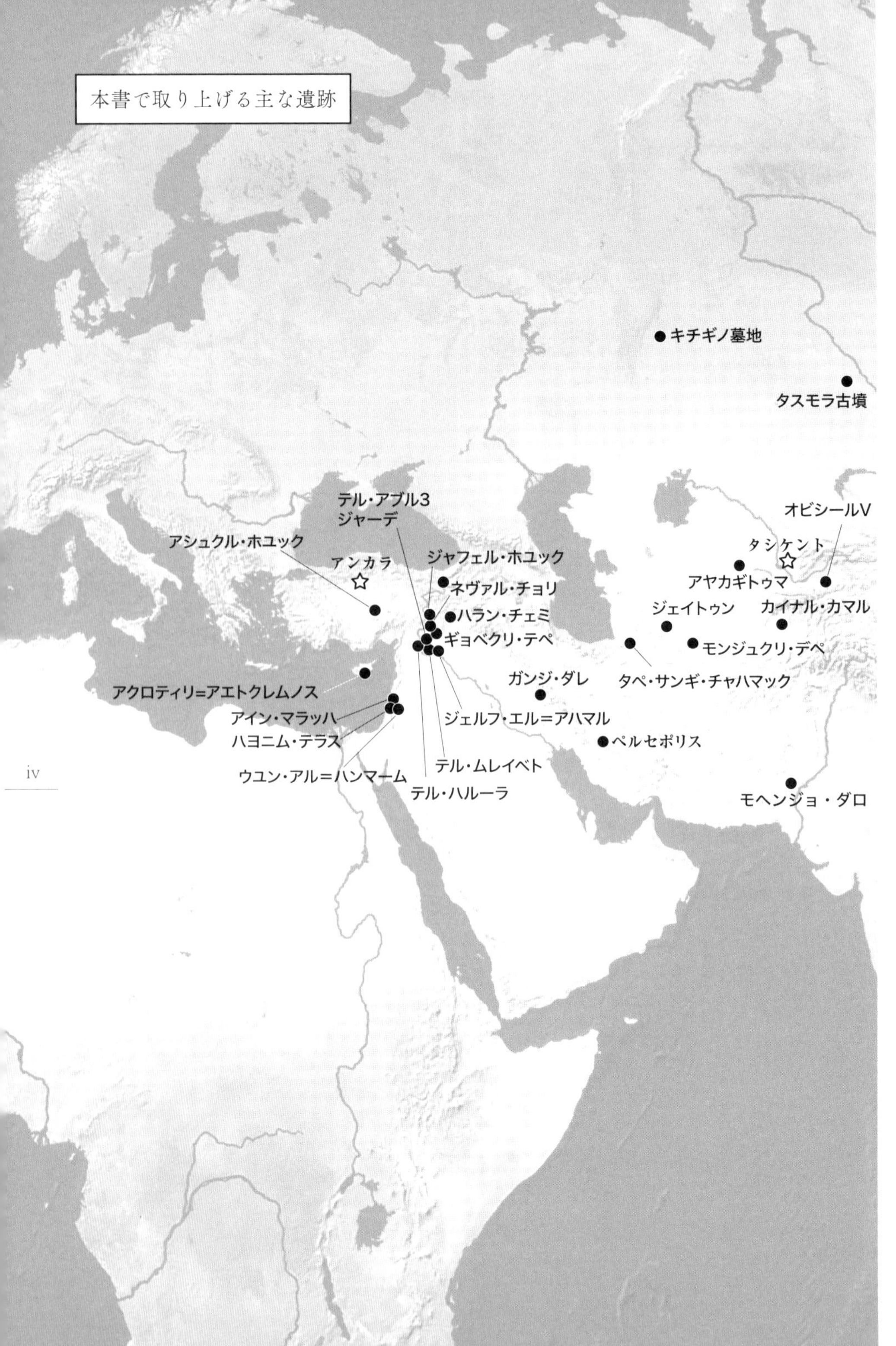
本書で取り上げる主な遺跡
キチギノ墓地
タスモラ古墳
テル・アブル3
ジャーデ
オビシールV
アシュクル・ホユック
タシケント
アンカラ
ジャフェル・ホユック
アヤカギトゥマ
ネヴァル・チョリ
ジェイトゥン
カイナル・カマル
ハラン・チェミ
ギョベクリ・テペ
モンジュクリ・デペ
ガンジ・ダレ
タペ・サンギ・チャハマック
アクロティリ=アエトクレムノス
アイン・マラッハ
ジェルフ・エル=アハマル
ハヨニム・テラス
ペルセポリス
テル・ムレイベト
ウユン・アル=ハンマーム
テル・ハルーラ
モヘンジョ・ダロ

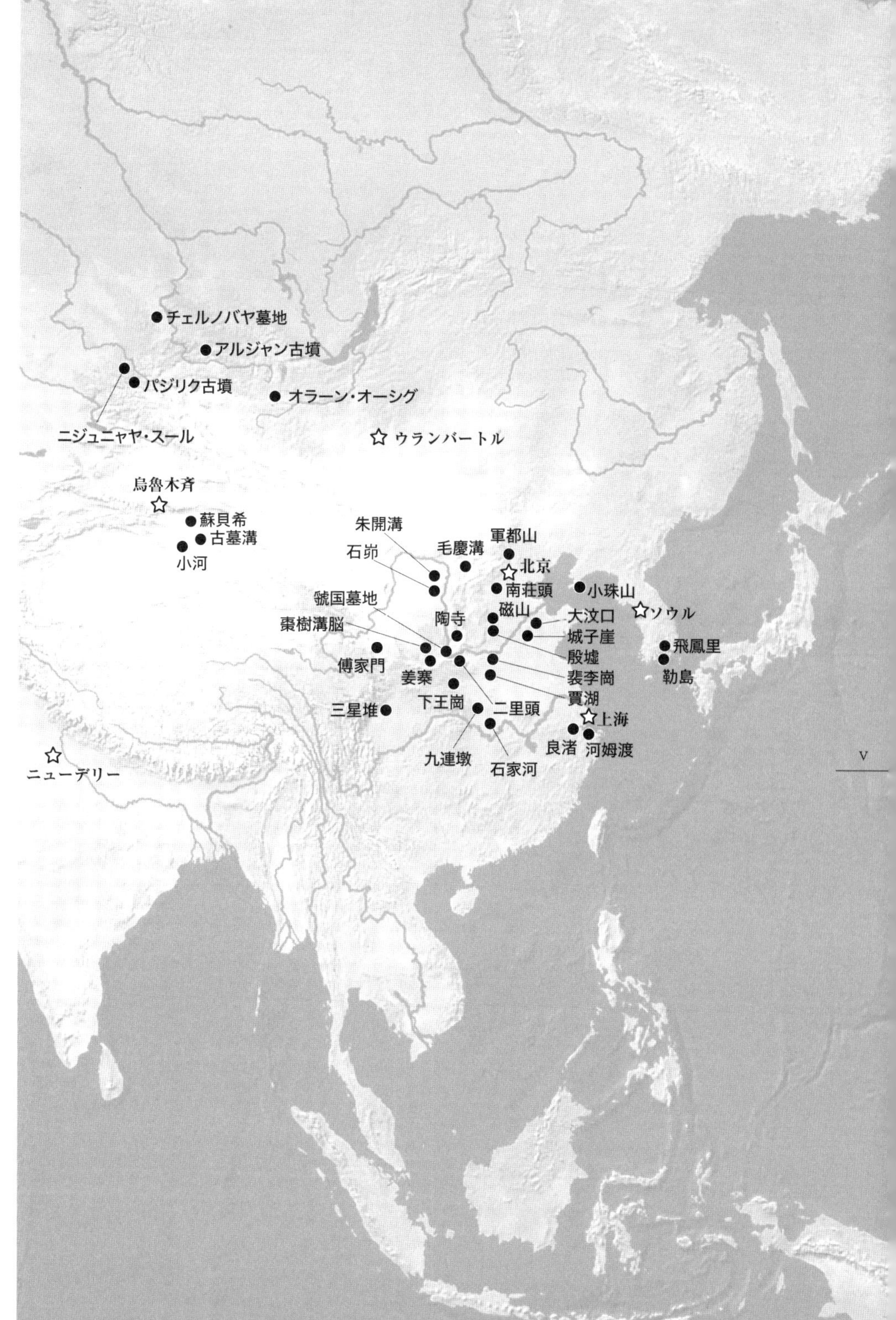
チェルノバヤ墓地
アルジャン古墳
パジリク古墳
オラーン・オーシグ
ニジュニャヤ・スール
ウランバートル
烏魯木斉
蘇貝希
古墓溝
小河
朱開溝
石峁
毛慶溝
軍都山
北京
南荘頭
小珠山
ソウル
虢国墓地
棗樹溝脳
陶寺
磁山
大汶口
城子崖
殷墟
飛鳳里
勒島
傅家門
姜寨
裴李崗
賈湖
下王崗
三星堆
二里頭
上海
良渚
河姆渡
九連墩
石家河
ニューデリー

V

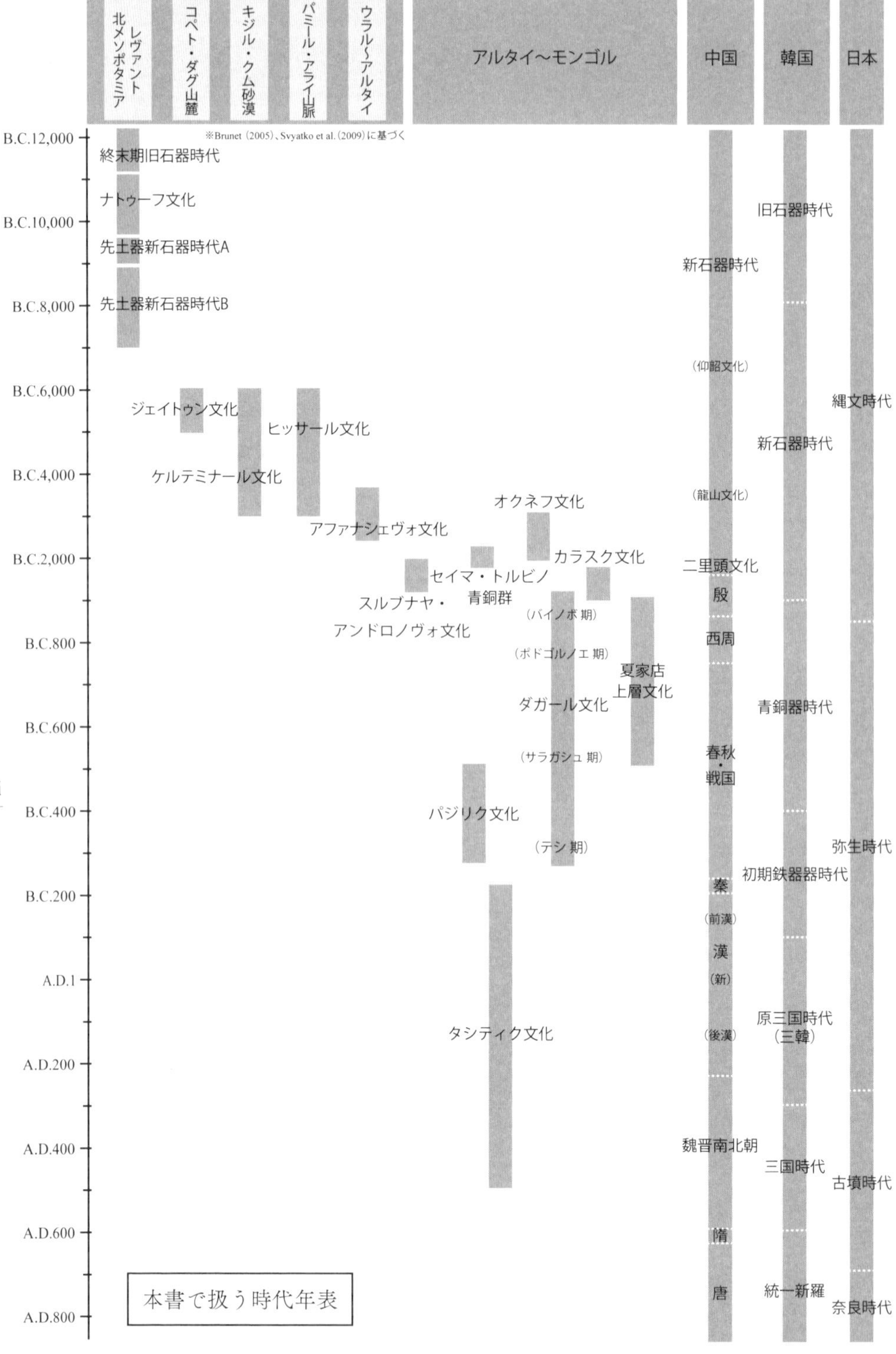

レヴァント
北メソポタミア
コペト・ダグ山麓
キジル・クム砂漠
パミール・アライ山脈
ウラル～アルタイ
アルタイ～モンゴル
中国
韓国
日本
※Brunet (2005)、Svyatko et al. (2009) に基づく
B.C.12,000
B.C.10,000
B.C.8,000
B.C.6,000
B.C.4,000
B.C.2,000
B.C.800
B.C.600
B.C.400
B.C.200
A.D.1
A.D.200
A.D.400
A.D.600
A.D.800
終末期旧石器時代
ナトゥーフ文化
先土器新石器時代A
先土器新石器時代B
ジェイトゥン文化
ヒッサール文化
ケルテミナール文化
アファナシェヴォ文化
オクネフ文化
カラスク文化
セイマ・トルビノ
青銅群
スルブナヤ・
アンドロノヴォ文化
(バイノボ 期)
(ポドゴルノエ 期)
夏家店
上層文化
ダガール文化
(サラガシュ 期)
パジリク文化
(テシ 期)
タシティク文化
新石器時代
(仰韶文化)
(龍山文化)
二里頭文化
殷
西周
春秋
・
戦国
秦
(前漢)
漢
(新)
(後漢)
魏晋南北朝
隋
唐
旧石器時代
新石器時代
青銅器時代
初期鉄器器時代
原三国時代
(三韓)
三国時代
統一新羅
縄文時代
弥生時代
古墳時代
奈良時代
本書で扱う時代年表

序章
家畜研究と人類史

丸山真史
MARUYAMA Masashi

1　本書のねらい

本書は、考古学の専門研究者だけでなく、考古学を学ぶ大学生、大学院生を含む若手研究者を中心に、広く考古学に興味ある人を対象として企画したものである。考古学といえば、土器や石器、土偶や埴輪、銅鐸や鉄剣、貝塚や古墳などを想起する人が多いであろう。それは間違いではないが、最近の考古学は従来にも増して多様化しており、かつ多角的な研究を行っているのが実際である。そのなかでも、あまり知られていない考古学の世界があることを知ってもらいたい、という企画でもある。

多様な考古学の世界のなかには、遺跡から出土する動物の骨、歯、角、皮などの動物由来の遺物（動物遺存体）を分析対象とする研究分野がある。英語では、Zooarchaeology または Archaeozoolgy と称され、動物遺存体の分析、研究を行う分野である。日本語では「動物考古学」と訳されており、人間の生活や文化のなかにおける動物の役割を明らかにする人文科学的視点と、動物の骨格部位の形態学的な分析、分子生物学や同位体化学的分析などから人間に寄与した動物について解明する自然科学的視点に大きくわけられる。いずれも欠くことができない重要な 2 つの視点であり、これら両方の取り組みによって動物考古学研究は大きく進展している。さらに、動物考古学を広い概念で捉えるならば、動物をモチーフにした図像などの遺物や遺構による人と動物の関係の追究も含めることができる。本書は、家畜に関する動物考古学的な問題点に端を発しているが、「動物考古学」という分野の枠組みにとらわれず、14 編の論考からなる。

また、考古学は人類を研究対象としており、人間に関わる研究テーマは無数にある。昨今は、考古学の分析手法だけでは明らかにできなかったことが、他の学問分野の視点や手法を、考古資料の分析に応用することによって検討され、新たな歴史像が構築されはじめている。本書『家畜の考古学』は、B. C. 4,000年からA. D. 1,000年という長期間で、アジア世界に展開した人と動物の関係史を紹介する。第1章「海を渡った家畜たち」、第2章「アジアの家畜のはじまりと広がり」、第3章「家畜の考古学をめぐる新視点」の3部構成とした。第1章、第2章は考古学研究者を中心としており、日本列島の遺跡でみられる家畜について、それを遡った家畜の起源地に関するテーマである。第3章では、歴史地理学、人類学、同位体化学、分子生物学を扱う研究者が加わり、人類史における家畜研究をテーマとしている。

アジア世界は、日本のような農耕社会だけでなく、遊牧を含む牧畜社会が形成された地域でもあり、アジアにおける家畜利用は一様なものではない。アジアの東端である日本列島にもいる一般的なイヌ、ネコ、ブタ、ニワトリ、ウマ、ウシ以外に、大陸にはヤギ、ヒツジ、ラクダ、スイギュウ、アヒル、ガチョウなどが飼育されており、世界規模ではアルパカ、トナカイなども家畜として存在している。

2　家畜研究の視点

なぜ、家畜の研究から人間の生活の歴史を明らかにしようとするのか。それは、家畜との係わりをみれば、人間の生活がわかるからである。家畜は人間が介在する動物であり、家畜の生産は、まさに人間活動の結果であり、野生動物の獲得とは大きく異なる。すなわち、動物の生殖活動を人間が利用し、あるいは促すことで、再生産を繰り返し、家畜を天然資源として消費していく。生産と消費の間には交易（流通）があり、資源としての肉や皮革が移動することもあれば、生きたまま移動させることで、家畜を利用する地域が拡大していくこともある。その拡大した地域の一つに日本列島があり、家畜導入当初はその繁殖、飼育、利用に関する知識や技術をもった人間が同時に渡来したと考えられ、家畜の移動は人間の移動をも物語るのである。また、家畜を受容し、養い、増産すること、その反対に家畜を必要としない社会もあることは、人間の意思による選択である。

本書を構成する論考について、それぞれの視点を紹介しておく。第1章では、日本に渡来した家畜について論じられる。拙稿では日本の遺跡から出土する動物骨の研究に基づき、日本で飼育された家畜について、どのように普及し、利用されたのか紹介している。宮崎泰史氏は、祭儀に使用される占いの道具に卜骨について論じられている。卜骨は大陸から日本へ伝播したものであり、それは家畜利用文化を考える上で欠かせない遺物である。視点を変えて、日高慎氏は古墳に樹立される形象埴輪に表現された動物について論じられている。動物を象った埴輪の中に家畜・家禽が含まれていること、人間が飼い慣らして狩猟や漁撈を補助する鷹や鵜なども登場することの意味は興味深い。古澤義久氏は、大陸から韓半島、九州島の動物形製品に注目し、弥生時代の九州に到達したブタ形・イヌ形製品組成は、青銅器時代の韓半島南部、さらには豆満江流域や鴨緑江上流域に遡源を求められることを明らかにして、弥生時代に渡来した犬食風習との関連を指摘する。

第2章では、日本に渡来する以前の家畜に関する話題であり、アジアで出現した家畜が、どのように伝播していくのか、大陸を西から東へと横断していく。新井才二氏は、西アジアにおける家畜の出現前から中央アジアへの牧畜の伝播について論じており、先史より存在した移動経路が整備されることで、後にシルクロードとして知られるようになったとする。菊地大樹氏は、中国における家畜利用について紹介し、それらの起源となる西方からの伝播経路について論じるなかで、これまで注目されることがなかったラクダを取りあげており、私たち日本人にとっても東西交易の象徴的な動物として興味深い。植月学氏は、中央アジアの古代都市であるアク・ベシム遺跡の発掘調査によって得られた家畜利用について、ヒツジ、ウマ、ウシを選択的に消費したことを指摘しており、動物考古学的な解釈の導き方は初学者にとって参考すべきものである。松本圭太氏は、スキト・シベリア動物文の仔細な分析により、アジア大陸の草原地帯での動物文様の出現から、西方からの影響、東方への伝播という、大きく西から東への流れを描き出している。今村佳子氏は、中国の二大河川である黄河と長江を舞台としている。現代の中国では、羊と豚が南北の代表的な食用家畜であるが、動物の資源利用と図像としての二次的表現を複合的にみれば、牧畜文化の遡源である新石器時代には多様な家畜利用があったとしている。江田真毅氏は、世界でもっとも普及した家禽であるニワトリについて、生物学、考古学による世界最古を巡る論争研究を紹介し、新しい視点での観察や理化学的分析の組合せを提唱している。

第3章は、現代の考古学と深く関係している諸分野からアプローチした家畜研究である。村松弘一氏は、環境史の視点で馬と牛に焦点を絞り、気候変動との関連でみると、古代中国では馬と牛を飼育するということが、国家の盛衰に影響していることを指摘している。平田昌弘氏は、家畜の乳利用の開始は、肉を得ることと大きく異なる家畜管理の転換であり、人類史の食料生産体系における極めて大きな変革と位置づけている。板橋悠氏は、動物の骨や歯に含まれる安定同位体分析によって得られる食性や移動の情報は、考古学における家畜研究に飼育、管理といった具体性を提示することができる手法として紹介している。覚張隆史氏は、古代ゲノム研究によって明らかになった各種の家畜化ストーリーを紹介し、今後の家畜研究では、関連する諸分野の統合的理解のため、新しい解釈を発見するAIシステムが必要と将来を見据えている。

3　アジア世界の日本

第1章から第3章の各論考について、ごく簡単に内容を追いかけたが、それらの多彩さは、家畜研究が多視点的であることを示している。また、第1章と第2章は、アジアにおける家畜の出現から東へと伝播する大きな流れ、拡散が一様ではないことを示している。そして第3章は、今後の考古学における家畜研究に示唆的な内容となっている。

日本列島では、弥生時代から家畜を選択的に受容していくが、動物種によって普及の速度は大きく異なる。この現象には、それ相応の理由があるはずであるが、未だその実相は十分に解明されていない。アジア世界における家畜の出現の状況を知らずに、その普及や伝播、利用の多様性を論じることは難しく、日本列島をアジア世界のなかで位置づけていくことが必要となるであろう。今後の家畜利用史の研究が継続されるだけでなく、若い研究者が増えることで、国内外の家畜に関する議論が活発になることを願っている。

第1章

日本列島にきた家畜文化

日本列島にきた家畜

丸山真史
MARUYAMA Masashi

はじめに

動物のなかには、人が飼い慣らし、人の代わりに働き、毛、皮、骨、角、肉、内臓、筋、乳、血などの資源として利用される家畜がいる。現代の日本には、動物園や牧場、一般家庭で飼育される愛玩動物などを含めて、数多くの家畜が生活をともにしており、それぞれに密接な関係を築いている。近年、動物考古学では、日本列島の家畜は段階的に出現し、様々に普及していったと考えられている。

動物考古学は、遺跡から出土する動物の骨や角などの動物遺存体を分析対象として、人間と動物の関係史を紐解く分野である。日本の国土を広く覆う酸性土壌、土中の微生物によって、骨などの有機物は分解されるため、動物遺存体は保存状態に恵まれない。ところがアルカリ質の貝殻が集積する貝塚や、石灰岩洞窟や岩陰、砂丘、微生物の活動が抑制される水中や湿地に形成された遺跡では、動物遺存体が良好な状態で保存されている場合がある。高度経済成長期の大規模開発に伴い、様々な立地の遺跡の発掘調査が行われた。その際に、動物遺存体が大量に出土した遺跡もあり、人と動物の関係を知ることができる資料が蓄積されている。

動物遺存体の研究は、狩猟・漁撈などの生業や食利用、骨角や皮革などの資源利用、それらの交易や流通などの多岐にわたり、家畜および家畜化の研究もまた人類史と深く関わっている。日本列島の先史遺跡から出土する動物遺存体により飼育されていたと考えられる家畜は、イヌ、ブタ、ウマ、ウシ、ネコ、ニワトリの6種である。さきごろ、動物考古学からみた家畜利用についてまとめたが（丸山 2022a）、本稿ではそれに沿った内容に肉付けし、動物考古学からみた家畜の渡来と普及の状況や特徴を紹介する。

1　縄文時代

(1) イヌ

縄文時代は狩猟採集社会であり、イヌが唯一の家畜である。縄文遺跡から出土するイヌは、明治時代に絶滅したニホンオオカミの子孫ではなく、大陸で家畜化されたイヌが持ち込まれたと考えられている。日本で最古級となるイヌは、神奈川県夏島貝塚、愛媛県上黒岩岩陰遺跡、佐賀県東名遺跡などの縄文時代早期のものである。上黒岩岩陰遺跡と東名遺跡から出土した骨の放射性炭素年代は、それぞれ7400〜7200年前、7950〜770年前と推定され、狩猟犬としてだけでなく、番犬などの多様な役割があったことが指摘されている（佐藤2018）。両遺跡のイヌの骨から抽出したコラーゲンに含まれる炭素・窒素安定同位体比の測定による食性分析では、いずれも海産魚類に依存した食生活のイヌがいたという興味深い結果も得られている（覚張2018）。

イヌの頭蓋骨の大きさ（計測値）によれば、弥生時代から大型化する傾向があり、中世には大きな個体がみられるようになるが、これは渡来犬の影響よりも自然の大型化ないし人為選択と考えられている（茂原1991）。また、弥生時代には朝鮮半島からの持ち込みも考えられており、犬食風習がもたらされたとの指摘もある（内山2009）。

(2) イノシシ

縄文時代には、継続的な飼育かどうか明らかでないため家畜とはいえないが、イノシシを飼い慣らしていた可能性は高い。それはイノシシが生息していなかった北海道や伊豆諸島でイノシシの骨が出土することで説明され、縄文人が連れて海を渡ったと考えられている（直良1938、山崎2010）。後述する弥生時代のブタについて、縄文人もイノシシを飼い慣らしていることから、渡来家畜としてのみで説明できないことが議論を複雑にしている。最近では、沖縄県野国貝塚で出土している下顎骨の形質にブタの特徴が認められ、中国から持ち込まれた可能性が指摘されている（新美・盛本2021a・b）。

2　弥生時代

(1) ニワトリ

日本におけるニワトリの出現は、弥生時代中期に遡る。奈良県唐古・鍵遺

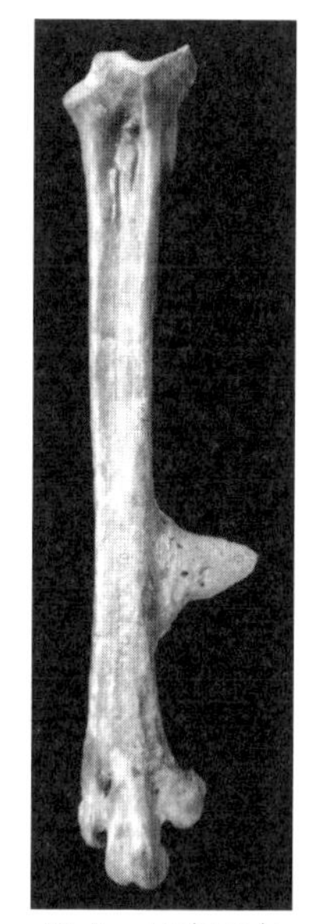
図１　日本最古級のニワトリ
（唐古・鍵遺跡）

跡で出土したニワトリの骨が現在の日本最古のニワトリであり（図1）、骨格の形質によってニワトリであることが報告されている（江田ほか 2016）。唐古・鍵遺跡のほかには、愛知県朝日遺跡、長崎県カラカミ遺跡などの 7 遺跡でニワトリの出土例がある。雌雄を判定できる部位でみれば、大部分がオスであることから、日本では繁殖していなかった可能性や、解体痕がみられる骨があることから、古墳時代中期までには食肉として利用されたと考えられている（江田 2018）。弥生時代から古代までの遺跡で出土しているニワトリは非常に少なく、まれに食用となることもあったかもしれないが、食用として飼育されたとは考えにくい（西本 1993a）。

（2）ブタ

弥生時代にはブタが飼育されていたと考えられる。ただし、弥生時代から古墳時代にブタと呼ぶほどの家畜化が進んでいたのか、中国大陸や朝鮮半島から家畜化されたブタが持ち込まれたのか議論は継続されている。

弥生時代にはイノシシとブタが混在しており、それらを区別する基準が提示されているが（西本 1993b）、一目でイノシシとブタを区別できるほど極端な形質の変化はみられず、「ブタ」と称するかどうか慎重姿勢もある。骨形態によるブタの特定は容易ではないが、イノシシの年齢構成が若い個体に集中することや（金子・牛沢 1980）、歯周病がみられる個体の存在などから（西本 1989）、弥生時代には飼育個体が含まれていることは十分に考えられる。

人間が繁殖を促し、世代を重ねて飼育したものを家畜の「ブタ」と呼ぶとすれば、形質的な特徴以外に飼育形態にも注目すべきである。唐古・鍵遺跡から出土したイノシシについて、骨コラーゲンの炭素・窒素安定同位体分析による食性分析が行われている。その結果は、大きく数値が 2 群にわかれて分布しており、これは人間の影響を受けたグループと、野生のグループが存在し、それらを複合的に利用していたことを示すと指摘されている（図 2、米田 2015）。神奈川県池子遺跡でも同様に 2 群にわかれ、家畜化を示唆する状況として説明されている（米田 2018）。

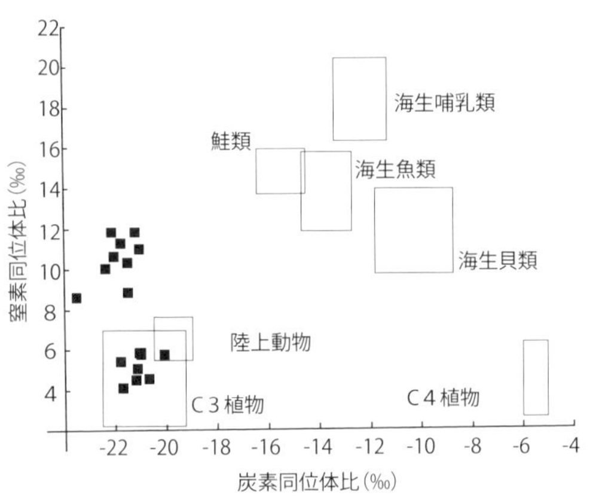

図２　唐古・鍵遺跡のイノシシ／ブタの炭素・窒素同位体比（米田 2015・図６をトレース）

また、弥生時代には大陸からの持ち込みが指摘されている。mtDNA の分析によって愛媛県阿方遺跡や宮前川遺跡など西日本の３遺跡で出土した個体のなかに、大陸系の家畜ブタの系統がみられ、弥生時代に家畜ブタが持ち込まれたことは十分に考えられるが、古墳時代や奈良時代へと家畜として受け継がれるほど多くなかったとされる（石黒 2009）。

（3）ネコ

ネコも弥生時代には渡来していたと考えられており、朝鮮半島と九州島の間にある壱岐のカラカミ遺跡において、弥生時代中期のネコが出土している。対馬には野生のツシマヤマネコが現在も生息しており、韓国の済州島にもかつてベンガルヤマネコがいた。壱岐にもヤマネコが存在していた可能性もあるが、それを支持するようなネコの出土はない。また、カラカミ遺跡のネコは幼齢個体であり、飼育されていたネコと考えられている（納屋内・松井 2009）。そのほかの弥生時代のネコの出土はなく、兵庫県見野古墳群で出土した古墳時代の須恵器に残された足跡が、ネコのものと推測されているくらいである（図３、丸山ほか 2011）。古代の遺跡でも出土はごく僅かであり、最近、壱岐で２例目となるネコが石路遺跡で確認され、出土状況から飛鳥時代と推定されている（丸山 2020a）。

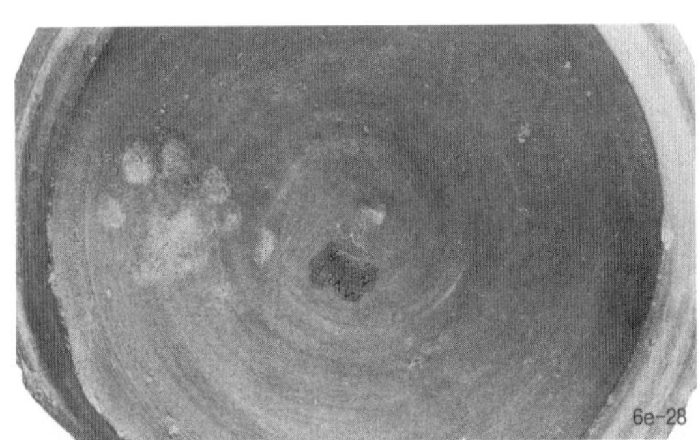

図３　須恵器の足跡（見野古墳群６号墳）

3　古墳時代

古墳時代になると、大型家畜のウマとウシが登場する。かつては縄文時代から飼育されていたと考えられていたが、フッ素年代測定法によって後世の混入であることが判明している（近藤ほか 1992）。その後、牛馬の渡来時期について、古墳時代前期に散発的に渡来し、古墳時代中期から後期にかけて大量渡来し、急速に普及したと考えられている（積山 2010）。

（1）ウマ

近年の古墳時代の遺跡における馬歯骨の出土状況から、政治の中枢がおかれた奈良盆地、河内平野ともに、須恵器の出現とほぼ同時期（4 世紀末～ 5 世紀初）に継続的なウマの繁殖が開始されたことが確認できている（丸山 2016・2020b）。河内を代表する遺跡に大阪府蔀屋北遺跡があり、埋葬されたウマの全身骨格が出土している（口絵 5）。蔀屋北遺跡では乳歯が出土していることから、幼齢馬が飼育されていたことが明らかになっている。さらに、乗馬用の木製馬具が出土していることは、ウマを騎乗用に調教していたことを想定できる。

蔀屋北遺跡周辺にはウマの歯や骨が出土する遺跡が多く分布しており、『日本書紀』に登場する河内の馬飼いに関連した集団がいたと考えられる。ウマの導入には飼育技術や乗馬の風習も伴っており、威信財、殉葬や供犠、食用や皮革生産、手工業生産に関連した膠（にかわ）の原料としての利用も想定される（丸山 2019、丸山ほか 2021）。

（2）ウシ

ウシの普及は、ウマより遅れて 5 世紀中頃から 6 世紀にかけてと考えられる。奈良県南郷大東遺跡で 5 世紀後半の幼齢個体を含む骨と歯が出土している（松井 2003、丸山 2022b）。また、塩作りを中心とする手工業生産の集落である和歌山県西庄遺跡では、一定量のウシの骨が出土しており（富岡ほか 2003、丸山ほか 2021）、物資の輸送と関連していることが想定される。

牛形埴輪は、馬形埴輪に比べて極端に出土量が少なく、その出現時期も遅い。これらのことを考え合わせると、ウシとウマが担った役割が異なっており、ウシは渡来当初から使役獣としての役割が大きかったと推測される。また、ウマと同様に皮革や軟部組織の資源利用も考えられる。

4　その他の家畜

以上のほかに、図像や文字資料として家畜がみられる。鳥取県青谷上寺地遺跡では大量の木製品が出土しており、そのなかに弥生時代中期の琴の側板がある。それには巻いた角をもつ2頭の四足獣が線刻されており、それらはヒツジとみられる（深澤2006）。ヒツジは、奈良県平城宮跡などで羊形硯としてもみられ、飛び出した目玉が印象的であり、後方に大きく巻いた角によって、これをヒツジと認識できる（図4）。

『日本書紀』推古天皇の時代に、ヒツジ、ラクダ、ロバが百済よりもたらされたことが記されている。考古資料と文献資料を整合的に捉えれば、文献や動物意匠にみるラクダ、ロバ、ヒツジなどは稀に渡来した希有な家畜であり、列島で普及したとはいえない。

これらとは別にヤギは沖縄県伊是名（いぜな）貝塚の縄文時代後期の住居跡[1]、平敷屋（へしきや）トゥバル遺跡の貝塚時代後1期（弥生時代～古墳時代）や古代の遺物を含む土層から出土している。平敷屋トゥバル遺跡では、時期の限定が困難であり、出土例が増加するグスク期（12～15世紀）までヤギが普及したとは考えにくい。

5　日本における家畜の普及と利用

先史の九州、本州、四国では、狩猟採集社会から農耕社会へと転じて、すぐに家畜を保有し、それを効果的に利用したと考えられる明確な根拠はなく、家畜の伝播や普及が水稲農耕とセットではなかったと考えられる。佐原真（1988）は、弥生時代の生業体系を非畜産農業と称して、食用家畜を持たない農耕社会と特徴づけている[2]。また、弥生文化成立時の東アジアの農業は畜産農業が一般的であったにもかかわらず、日本列島に食肉用家畜が渡来しなかった要因は、朝鮮半島南部に求

図4　羊形硯（平城京左京四条四坊九坪跡）

められるとしている。

広義の畜産は、群居性の草食動物であるウシやヒツジなどの放牧によって飼育される牧畜的家畜、ブタやニワトリに代表される非牧畜的家畜にわけることができる。イヌやネコも非牧畜的家畜に含めると、日本列島では弥生時代までに非牧畜的家畜を受容し、古墳時代になって牧畜的家畜を受容するという時期差は、家畜文化の伝播やそれを受容する社会状況を示唆していると思われる。

(1) 非牧畜的家畜

非牧畜的家畜としてイヌ、ネコ、ブタ、ニワトリがあげられ、現代的な主目的が食用であるブタとニワトリ、それ以外のイヌとネコに細分できる。

イヌとネコは狩猟本能が備わっており、人間との利害関係が一致したことで普及した家畜であろう。狩猟犬としての役割は現代にも続いており、時にネコがネズミや小鳥を獲る姿をみることができる。弥生時代には渡来人が伴ったイヌがおり、食用にされることもあった(内山 2009)。縄文人の形質を残す人骨が出土している兵庫県新方遺跡では、明瞭な解体痕がみられるイヌの下顎骨が出土しており、在地の人々も食用にした可能性があり(松井・丸山 2003)、犬食風習が渡来人だけのものとは限らない。しかし、多くの骨に解体痕はみられず、食用を目的とした飼育とは考えられない。戦争状態も生じた弥生時代は、軍犬とはいえないにしても、ムラへの侵入者を察知する番犬としての役割も重要であったと思われる。

ネコは、収穫した穀物に近づくネズミ除けとして、農耕民にとって有益な役割を果たす。しかしながら、弥生、古墳時代に広く普及しなかったことは、遺跡からの出土が極めて稀であることから明白である。平安時代では京都府平安京跡(図5)、福岡県大宰府条坊跡などの古代の都や役所で出土している(京都市埋蔵文化財研究所編 2020、菊地ほか 2009 など)。平安時代の『寛平御記』には、宇多天皇が飼っている黒猫について、源精(みなもとのくわし)が任期を終えて大宰府から都に戻った時、先帝(光孝天皇)に献上したものであるとの由来が記される(平岩 1992)。都と大宰府という出土例との一致は興味深く、ネコの貴重さ、大陸からの受容を示唆している。

江戸時代の随筆『愚雑俎(ぐざっそ)』巻之三の「大船の猫」には、ネズミ除けのためにネコが船に乗せられたことが記される(日本随筆大成編輯部 1977)。ネコの大

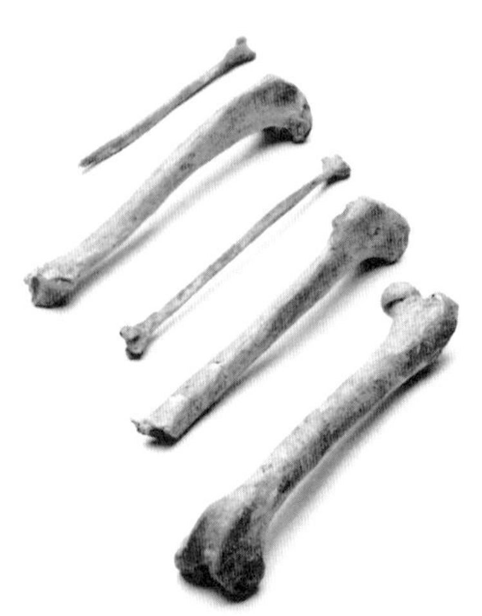
図５　ネコの四肢骨
（平安京左京四条四坊一町跡）

図６　鶏頭形土製品（唐古・鍵遺跡）

きな役割はネズミ除けと考えられるが、いち早く水稲農耕を開始した北部九州やすぐに伝播した本州西部でもネコの出土はなく、水稲農耕の開始とネコの飼育に関連性がみられない。先史は、小地域で断続的なネコの飼育段階にあり、大陸との交渉が頻繁になって、広く普及しはじめたと予想される。

現代の食習慣では、ブタやニワトリは食用家畜の代表格である。これらの家畜は、中国では新石器時代に出現しており、食用と考えられている。弥生、古墳時代のニワトリが食用家畜であったのか、ブタと呼べる飼育個体が存在したのかが、先史の家畜利用に関する重要な問題となる。弥生時代中期のニワトリの存在が明らかにされているが、弥生時代を通じて繁殖していなかった可能性が指摘されている（江田 2018）。唐古・鍵遺跡では、弥生時代後期のオスを表現した鶏頭形土製品も出土している（図６）。同じく奈良盆地の纒向遺跡では、3世紀前半の鶏形木製品（纒向石塚古墳）が、4世紀初頭の鶏形埴輪（牧野内坂田地区）が出土しており、いずれもオスである。『古事記』の天岩戸神話の日の出を告げる鳥、すなわち太陽を呼ぶ象徴的な役割があり、『日本書紀』には闘鶏も登場する。これらが記紀の成立する8世紀のこととしても、古墳時代までの遺跡でニワトリの出土は極めて少なく、渡来当初は食用以外の目的があったとみるのが良いであろう。さらに、農耕開始期には存在しない家畜であって、王権誕生と深く関わる纒向遺跡のニワトリを模した木製品や埴輪は、弥生時代から神聖視されていたものを王権が重視した可能性がある。ウマやウシのように急速な普及はみられないにしても、王権が関与したニワトリの再生産も視野に入れておくのが良いと思われる。

『日本書紀』仁徳天皇の時代の「猪甘津に橋わたす」という記述や、『播磨国風土記』賀毛郡に「猪養野」の地名起源で、仁徳期に日向の肥人が「猪を持ち参来て（中略）猪を放ち飼ひき」という記述がある。これらの文字資料で飼育されたのがイノシシかブタか明らかではない。現代のブタは品種改良されており、野生のイノシシとは外貌も骨格も区別しやすいが、弥生時代の遺跡から出土するイノシシあるいはブタの骨格部位の多くは区別が困難であり、それらが近い形質であったことがわかる。

先述したとおり、形質とは別の視点で家畜化を捉えたのが、安定同位体比を用いた食性分析であり、唐古・鍵遺跡や池子遺跡に野生とは異なる人間が関与した給餌個体がおり、家畜化を示唆する状況として説明される（米田2018）。考古学による家畜研究の先進地である西アジアでは、新石器時代における家畜の飼育は、肉の安定的な供給や肉食の普及をもたらしたとは考えられないという（本郷2018）。弥生時代にブタを飼育していたとしても、食肉の安定供給が可能となったわけではないことは、唐古・鍵遺跡や池子遺跡での飼育個体と野生個体の複合的な利用と矛盾しない。一方、弥生時代でも熊本県上代町遺跡では、安定同位体比による飼育個体の識別はできず（板橋2022）、古墳時代の和歌山県西庄遺跡遺跡でも飼育個体は検出されていない（覚張・丸山2021）。しかし、これによって家畜のブタが不在と結論するのではなく、弥生、古墳時代のイノシシやブタの飼育形態、普及の範囲や継続性について議論するための重要な成果とみるべきである。

文化的側面に目をむけると、西日本の遺跡では下顎骨懸架の習俗がみられるようになり、中国大陸や朝鮮半島の影響によるブタの持ち込みも考えられている。弥生時代前期の佐賀県菜畑遺跡が最古であり、複数のイノシシの下顎骨の下顎枝を穿孔し、そこに木棒を通したものである。唐古・鍵遺跡では穿孔せずに、下顎結合部に掛けたものが出土している。水稲農耕とともに家畜のブタが渡来したように思われがちであるが、春成秀爾（1993）は、下顎骨懸架の習俗について、農耕儀礼ではなく、辟邪の役割を指摘している。ニワトリやネコが農耕開始期に伴わず、農耕と家畜をセットで受容したのではないことを踏まえれば、この下顎懸架の習俗に用いる動物を家畜のブタに限定するのは早計だろう。しかし、一度に複数のイノシシを狩猟できない場合もあり、一時的なイノシシの飼育、儀礼の一貫としてブタを飼育していたことも考えられる。

食用家畜としてブタを生産していたのかは、寄生虫卵分析による視点もある。最近、奈良県藤原京左京北一条六坊東北坪で検出した藤原京期の便所遺構で有（無）鉤条虫が同定され、ブタを常食する人がいたことが7世紀末に遡ることが明らかになった（金原・金原 2021）。寄生虫卵が示すブタの常食が7世紀末に遡るならば、限定的であっても、それまでに食用を目的としたブタが飼育されていた可能性がある。

(2) 牧畜的家畜

群れをなして生活する草食動物のウマやウシは、牧畜的家畜に分類される。ウマは威信財としての役割も大きく、5世紀の朝鮮半島における高句麗の南下を契機とする軍事的意味でのウマの移入や、ウマの祭祀・儀礼での供犠がみられることから、意図的にウシより早く日本に普及、定着したのであろう。

古墳時代のウシの足跡が多数検出される遺跡は少なく、放牧があったかど

図7　馬の足跡（白井北中道遺跡）

うかは、文献に登場する古代の牛牧の存在によって想定するにとどまる。それに対してウマの足跡は、6世紀の群馬県高崎市の芦田貝戸遺跡や子持村の白井北中道遺跡で検出されており（図7）、確実な放牧を示し、家畜小屋があったことも判明している（田村2019、石井2019）。古墳時代中期の奈良県南郷大東遺跡で出土したウマの歯エナメル質の炭素安定同位体比による食性分析では、3歳前後でウマの食性が変化しており、継続的に雑穀を摂取しやすい舎飼いが想定されている（覚張2017）。

日本列島では、ウマやウシの放牧はあっても、それらを伴った移動生活はなかった。一方で、ウマやウシを舎飼いできることは、それらを集落や都市で利用するのに便利である。古墳時代後期に出現する長大な水田は、牛馬耕の開始を示すものとされる（山田1989）。荷物の運搬や農耕などの役畜としての役割が大きく、食肉や毛皮などの資源は副産物として利用されたのであろう。

ただ、副産物といっても、その家畜が生きている間にもみえているものであって、牛馬の皮革や膠の製造は、それらの渡来当初からあったと考えられ（丸山2019・丸山ほか2021）、『日本書紀』天武4年（675）の詔で牛馬の肉食を禁止することは、資源としての重要性を物語っている。さらに、古代の文字資料にみられる牛乳や蘇、酪、乳脯などの乳製品は実在しており、特に蘇の需要量が多く、諸国の牧で製造したものが貢納物となっていた（佐藤2012）。牛乳や乳製品の利用が古墳時代まで遡るか明らかではなく、中・近世では牛乳や乳製品が定着していないことは、日本では乳利用が一般的な牧畜的家畜の利用とは異なる。すなわち大陸の遊牧社会とは異なった家畜利用を受容したと考えられ、ウマとウシは牧畜的家畜に分類されるが、その利用をみると非牧畜的家畜としての性格を持ち合わせることが特徴的である。

おわりに

日本の遺跡から出土する家畜は、イヌ、ニワトリ、ブタ、ネコ、ウマ、ウシの6種である。イヌは縄文時代以前、ニワトリとネコは弥生時代、ウマとウシは古墳時代と段階的に日本列島に持ち込まれた。また、縄文時代以前に日本列島に渡来したイヌとは別に、弥生時代にもイヌが渡来しており、ネコも弥生時代を最古段階として、古代、中世以降にも渡来している。ほかの家畜も幾度かの渡来によって普及していったのであろう。本稿では詳細を紹介できなかったが、沖縄の先史遺跡で出土しているブタやヤギについて、近隣の台湾や中国、東南アジアにおける家畜利用との比較が鍵となるであろう。

ユーラシア世界で主要な牧畜的家畜であるヒツジ、ロバ、ラクダなどは、日本列島では文献や動物意匠として確認できるだけで、実際には広く普及することはなかった。このことは家畜の受容が選択的であったことを物語っており、古代以後の日本社会における家畜利用の基層は古墳時代までに形成されたものと考えられる。家畜の選択的受容で注目すべきは、放牧による家畜利用がないことであり、生産に気候や風土が適していない、広大な放牧地がえられない、飼料を持続的に確保できない、それら家畜がもつ役割を必要としなかったことなどが考えられる。

今後、日本列島における家畜それぞれの渡来ないし出現時期が明確になっていけば、社会的背景や朝鮮半島南部、さらには中国の状況と考え合わせれば、日本における家畜利用の特徴がより鮮明になるであろう。

註

1）伊是名貝塚の報告書では、集計表にヤギが表記されるが、詳細の記載はなく、写真等の図もないため、今後資料の確認をしたい。このほかの沖縄県のヤギの出土例についても、亀島慎吾氏に多くのご教示いただいた。なお、ヤギは近代になって本州での出土がみられるようになる。

2）当初、佐原（1979）は「欠畜農耕」という用語を使用しているが、6～7世紀にウシあるいはウマを使用するので「欠畜農業」は誤解を招くとして、「畜産農業・非畜産農業」という術語を提案している。また、佐原（1996）では、弥生時代には家畜のブタを飼育していたことを認めるが、食用家畜の継続的な保有とは評価していない。

引用・参考文献

石井克己　2019「火山災害遺跡から探る古墳時代馬の生態」『馬の考古学』雄山閣、pp.268-275

石黒直隆　2009「DNA分析による弥生ブタ問題」『食料の獲得と生産』弥生時代の考古学5、同成社、pp.104-116

板橋　悠　2022「上代町遺跡群出土骨のコラーゲン炭素・窒素同位体比分析と個別アミノ酸窒素同位体比分析による食性復元」『上代町遺跡群Ⅳ』熊本市教育委員会、pp.170-178

内山幸子　2009「狩猟犬から食用犬へ」設楽博己・藤尾慎一郎・松木武彦編『食料の獲得と生産』弥生時代の考古学5、同成社、pp.117-131

江田真毅・安部みき子・丸山真史・藤田三郎　2016「唐古・鍵遺跡第58次調査から出土した動物遺存体」『田原本町文化財調査年報』24、田原本町教育委員会、pp.119-132

江田真毅　2018「弥生時代のニワトリ、再考」『季刊考古学』144、pp.43-46

覚張隆史　2017「同位体化学分析に基づく遺跡出土馬の生態復元」『国家形成期の畿内における馬の飼育と利用に関する基礎的研究―平成26年度～28年度科学研究費基盤（C）（一般）成果報告書―』奈良県立橿原考古学研究所

覚張隆史　2018「家畜の同位体分析」『季刊考古学』144、雄山閣、pp.51-55
覚張隆史・丸山真史　2021「動物遺存体の食性に関する安定同位体比分析」『西庄遺跡の研究』1、和歌山県教育委員会、pp.115-122
金原正明・金原正子　2021「藤原京左京北一条六坊・七坊における環境考古学的分析」『藤原京左京北一条六・七坊、北二条七坊』奈良県立橿原考古学博物館、pp.63-74
金子浩昌・牛沢百合子　1980「池上遺跡出土動物遺体」『池上・四ツ池遺跡』第6分冊・自然遺物編、大阪文化財センター、pp.9-32
金子浩昌　1988「中世遺跡における動物遺体」『考古学と関連科学』鎌木義昌先生古稀記念論文集刊行会、pp.407-436
菊地大樹・石丸恵利子・松井　章　2009「大宰府条坊跡224次調査出土の動物遺存体」『大宰府条坊跡』pp.40-217
京都市埋蔵文化財研究所編　2020『平安京左京四条四坊一町跡・烏丸御池遺跡』
近藤　恵・松浦秀治・中井信之・中村俊夫・松井　章　1992「出水貝塚縄文後期貝層出土ウマ遺存体の年代学的研究」『考古学と自然科学』26、pp.61-71
佐藤健太郎　2012「古代日本の牛乳・乳製品の利用と貢進体制について」『関西大学東西学術研究所紀要』45、pp.47-65
佐藤孝雄　2018「早期に遡る縄文犬骨」『季刊考古学』144、雄山閣
佐原　真　1979「弥生時代論」大塚初重・戸沢充則・佐原　真編『日本考古学を学ぶ（3）』有斐閣、pp.203-216
佐原　真　1988「弥生時代論」大塚初重・戸沢充則・佐原　眞編『日本考古学を学ぶ（3）新版』有斐閣、pp.216-230
佐原　真　1996『食の考古学』東京大学出版会
茂原信生　1991「日本犬にみられる時代的形態変化」『国立歴史民俗学博物館研究報告』29、国立歴史民俗博物館、pp.89-108
積山　洋　2010「日本列島における牛馬の大量渡来前史」栄原永遠男編『日本古代の王権と社会』塙書房、pp.71-84
田村　孝　2019「蹄跡から探る古墳時代馬の実像」『馬の考古学』雄山閣、pp.279-282
富岡直人・久保和士　2003「和歌山県西庄遺跡出土の動物遺存体の分析」『西庄遺跡』和歌山県文化財センター、pp.285-319
直良信夫　1938「三宅島コハマ濱彌生式遺跡發掘の豚の臼歯」『人類学雑誌』53—2、pp.68-69
納屋内高史・松井　章　2009「カラカミ遺跡2007年度・2008年度調査出土の動物遺存体」『壱岐カラカミ遺跡Ⅱ』九州大学大学院人文科学研究院考古学研究室、pp.131-142
新美倫子・盛本　勲　2021a「野国貝塚群B地点出土イノシシ遺体の年代と形質について」『動物考古学』38、日本動物考古学会、pp.23-32
新美倫子・盛本　勲　2021b「野国貝塚群B地点出土イノシシ類の年齢構成と性比について」『南島考古』40、沖縄考古学会、pp.111-116
西本豊弘　1989「下郡桑苗遺跡出土の動物遺存体」『下郡桑苗遺跡』大分県教育委員会、pp.48-61
西本豊弘　1993a「弥生時代のニワトリ」『動物考古学』1、動物考古学研究会、pp.45-48
西本豊弘　1993b「弥生時代のブタの形質について」『国立歴史民俗博物館研究報告』50、pp.49-70
日本随筆大成編輯部　1977「愚雑俎」『日本随筆大成　第三期』9、吉川弘文館
春成秀爾　1993「豚の下顎懸架」『国立歴史民俗博物館研究報告』50、pp.71-140
平岩米吉　1992『ネコの歴史と奇話』築地書館
深澤芳樹　2006「鹿と羊」『弥生画帖—弥生人が描いた世界—』大阪府立弥生博物館平成18年度

春季特別展図録、pp.66-73
本郷一美　2018「家畜化は肉食に貢献したか」野林　厚編『肉食行為の研究』平凡社、pp.178-200
松井　章　2003「南郷大東遺跡出土の動物遺存体」『南郷遺跡群Ⅲ』奈良県立橿原考古学研究所、pp.303-308
松井　章・丸山真史　2003「新方遺跡（野手・西方地区）出土の動物遺存体」『新方遺跡野手・西方地点発掘調査報告書』神戸市教育委員会、pp.157-182
丸山真史　2016「古墳時代の馬の普及と飼育・管理」『古代学研究』208、古代學研究會、pp.12-19
丸山真史　2019「河内・大和における動物供犠と斃馬処理」『馬の考古学』雄山閣、pp.140-149
丸山真史　2020a「古代壱岐における動物利用」『古代世界の中の壱岐』壱岐市教育委員会、pp.111-116
丸山真史　2020b「新堂遺跡から出土した動物遺存体」『新堂遺跡Ⅳ』奈良県橿原市教育委員会、pp.221-225
丸山真史　2022a「人と動物の関係史―動物考古学からみた家畜―」『季刊考古学』158、雄山閣、pp.97-102
丸山真史　2022b「奈良県におけるウマ遺存体」青柳泰介・繰納民之編『国家形成期の近畿地方におけるウマと潮の関係に関する基礎的研究―平成31年度～令和3年度科学研究費基盤研究（C）（一般）成果報告書―』奈良県橿原考古学研究所、pp.3-11
丸山真史・覚張隆史・田中元浩　2021「ウマ・ウシに関する研究」『西庄遺跡の研究Ⅰ―骨角器・牛馬編―』和歌山県教育委員会、pp.107-114
丸山真史・馬場　基・松井　章　2011「須恵器に残された動物の足跡」『姫路市見野古墳群発掘調査報告書』立命館大学文学部学芸員過程研究報告13、立命館大学文学部、pp.173-176
山崎京美　2010「イノシシ飼育」小杉　康・谷口康浩・西田泰民・水ノ江和同・矢野健一編『人と動物の関わりあい』縄文時代の考古学1、同成社、pp.149-166
山田昌久　1989「日本における古墳時代牛馬耕開始説再論」『歴史人類』17、筑波大学歴史・人類学系
米田　穣　2015「同位体分析からみた家畜化と日本人の食」松井章編『野生から家畜へ』食の文化フォーラム33、ドメス出版
米田　穣　2018「池子遺跡のヒトと動物の炭素・窒素同位体比からみた弥生時代の食生活」『弥生時代食の多角的研究』六一書房

図出典

図1：『唐古・鍵ミュージアム常設展示図録』p.40（C9-2）（田原本町教育委員会所蔵）／図2：米田2015図6をトレース／図3：立命館大学文学部2011『姫路市見野古墳群発掘調査報告』立命館大学文学部学議員課程研究報告第13冊、図版PL.65／図4：奈良文化財研究所2007『平城京出土陶硯集成Ⅱ―平城京・寺院―』奈良文化財研究所史料第80冊、写真図版Ph.13／図5：京都市埋蔵文化財研究所2020『平安京左京四条四坊一町跡・烏丸御池遺跡』京都市埋蔵文化財研究所発掘調査報告2019-7、図版20-3（公益財団法人京都市埋蔵文化財研究所所蔵）／図6：『唐古・鍵ミュージアム常設展示図録』p.39の2-34（田原本町教育委員会所蔵）／図7：建設省・群馬県教育委員会・群馬県埋蔵文化財調査事業団『白井遺跡群―古墳時代編―』群馬県埋蔵文化財調査事業団調査報告第219集　口絵1頁（群馬県所蔵）

動物骨と卜い

宮崎泰史
MIYAZAKI Taiji

1　骨卜と卜骨

古代の中国、韓国、日本には動物骨に焼灼を加え、生じた亀裂の形状、変化をみて神意や吉凶を占う風習がみられる。『魏志』倭人伝に卜占について記された一節があり、何か事を行う時や旅行などの往来時に骨を焼き、そこに生じたひび割れ・色の変化をみて吉凶を占っていたことがわかる。骨を媒介として神意を問うことを「骨卜」といい、使用した骨を「卜骨」という。それを示す遺物は、弥生時代から平安時代の遺跡で出土する、点状に焼灼（火が付いた棒などで点々と焼くこと）を施した獣骨である。

新田栄治によると、世界的視野から骨卜法をみると、「骨を焼いて生じた亀裂にもとづいて占う方法と、骨は焼かず、自然の状態で骨の表す特徴にもとづいて占う方法とに二大別できる。前者を有灼法、後者を無灼法」と名付け、有灼法はさらに骨全体を焼く全面有灼法と灸のような点状の灼を加える方法に分類される。これら3つに分類された手法は、異なる地域に分布し、点状有灼法は中国、韓国、日本に限られ、日本出土の卜骨の系統を考えるに重要である。日本の骨卜法の由来について、「中国東北地方、朝鮮北部において、戦国時代後期あるいはそれ以前から前漢代にいたるあいだ、確実に骨卜法が存続したのであり、日本の骨卜法の初現と重なる時期に、同種の手法の骨卜法が存在した」ことから、「日本の骨卜法が中国東北地方、朝鮮北部の骨卜法に由来する可能性が強いことが導けるであろう。」と指摘される。また、卜骨に使用される動物はヒツジ・ハクチョウ・シカ・ノロジカ・アザラシ・ブタ・ヤギ（肩甲骨）、ニワトリ・ガチョウ（胸骨）であり、これら動物種の選定には、それぞれの地域で入手しやすい動物骨を用いる例が多いことを紹介している（新田 1977）。

岡村秀典によると、動物骨に焼灼を加え、生じる亀裂から吉凶を占うことは、紀元前4千年紀後半（甘粛省武山県傳家門遺跡）に始まり、殷代に盛行するという。卜骨の材料は神意を伝える媒介として選別されたもので、祭祀や饗宴の犠牲として供用される動物、すなわち飼養されている家畜（ヒツジ、ブタ）が優先されて、紀元前3千年紀後半に下るとウシとブタの卜骨が中心となる。紀元前2千年紀前半（二里頭時代）になるとウシ、ヒツジ、ブタ、カメ、殷後期になるとウシの卜骨とカメの亀卜が主流となる。一方、山東半島での紀元前1900～1600年（岳石文化）の遺跡出土の卜骨の半数がシカであり、岳石文化では狩猟対象のシカを骨卜に用いる風習があったとして、日本との関連性を示唆している（岡村2000）。

2　卜骨の研究略史

日本では、1949年（昭和24）までは奈良時代以前の卜占風習について、文献や古記録にみえる記事、神社神事として継承された例に基づく推論にとどまっていた。考古学的な卜骨の発見は赤星直忠による1949～1951年に実施された神奈川県三浦半島に点在する洞窟遺跡の調査であった（赤星1953）。その後、各地で類例が増えたが、資料の全体的な比較研究はなかった。神澤勇一は、1971年～1973年にかけて実施した間口洞窟遺跡の調査を契機として、各地の出土資料の比較検討を行い、形状、焼灼手法、素材には、時代による差異があることを明らかにした（神澤1973～1975）。1976年には、各地の卜骨を集成、形式分類を行い、卜占風習の系統、開始時期等の考察

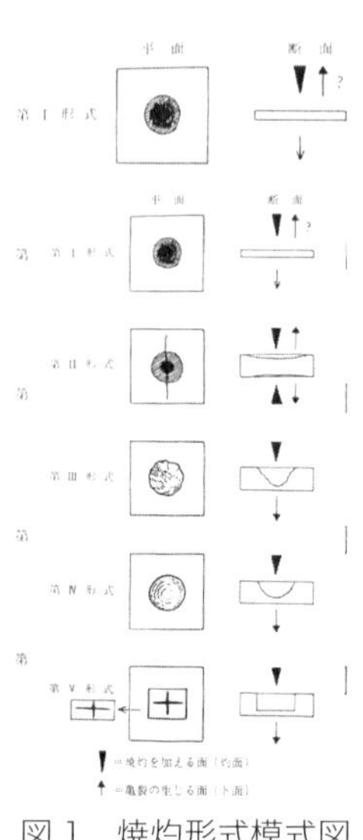

図1　焼灼形式模式図
（神澤1990）

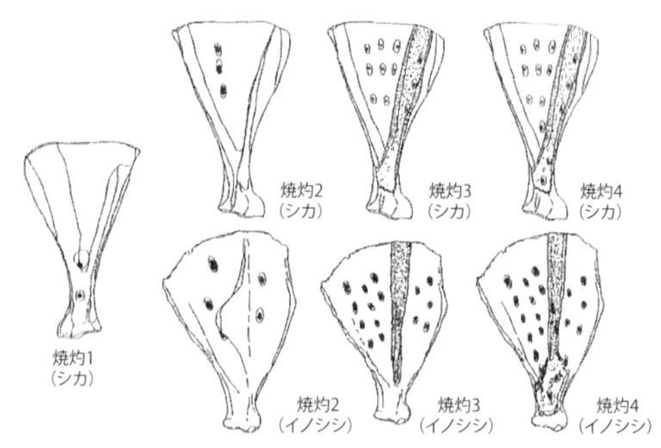

図2　焼灼パターン（北浦2008）

を行っている。出土例は17遺跡65例で、そのうち卜骨が62例、卜甲が3例で、弥生時代に限れば、12遺跡48例である（神澤1976）。形式については中国大陸での卜骨の発展段階（伊藤1958）と対比させ、素材の整形手法と焼灼手法の特徴によって以下の第Ⅰ～Ⅴ形式に大別された。

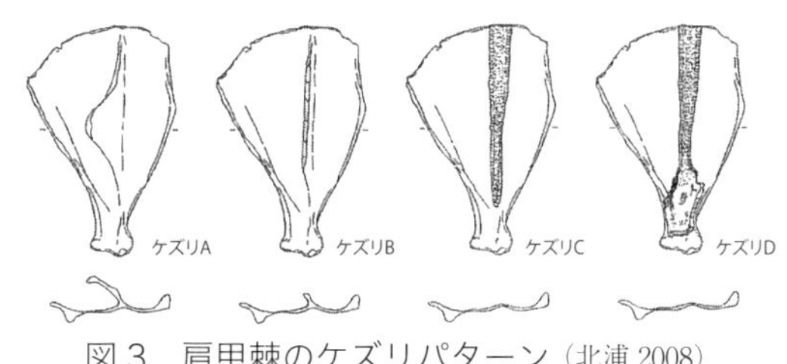

図３　肩甲棘のケズリパターン（北浦2008）

第Ⅰ形式　整形をまったく施さず、素材の片面に点状に焼灼を加えたもの。

第Ⅱ形式　素材の表面の一部を鋭利な刃物でわずかに削り、その部分に点状の焼灼を加えたもの。大部分が骨の両面、ときには側面にも焼灼が加えられ、焼痕が独特な蛇目状を呈することに特徴がある。焼痕は、骨の比較的厚い個所に加えられる傾向が強い。

第Ⅲ形式　素材の片面を大きく削り、平面が不整円形の粗雑な鑽を彫りこみ、鑽の内側に焼灼を加えたもの。いずれもシカの肩甲骨を素材として、肩甲頸、関節窩以下を除去する。

第Ⅳ形式　整形した素材の片面に、平面が円形、断面が半円形を呈する整美な鑽を設け、鑽の内側に焼灼を加えたもの。

第Ⅴ形式　素材をおもに切削によって整形し、片面に平面が長方形を呈する鑽を彫りこみ、その内面に焼灼を加えたもの。

各形式の変遷は、第Ⅳ形式の評価および第Ⅲ形式と第Ⅳ形式の類例が少ないという問題点を含みつつも、第Ⅱ形式→第Ⅳ形式→第Ⅲ形式・（第Ⅰ形式）→第Ⅴ形式へと、ほぼ大陸と同じ変遷[1)]を辿ったと推定し、その編年的位置づけを行うなど、以後の卜骨研究に影響を与えた。

1977年には、壱岐のカラカミ（唐神）遺跡からイノシシとシカの肩甲骨を使用した卜骨が出土し、木村幾太郎は原の辻遺跡でも卜骨が出土していたことを紹介し、焼灼痕の形状や焼灼によって生じた色合い、外側面への現れ方がシカとイノシシとでは異なるが、「焼灼点の配列をみると、シカ・イノシシともにそのあり方は整然としていて、焼灼箇所に規制があった事も推定される。」と指摘している。さらに、中国大陸における新石器時代から殷・商代頃までの卜占風習と対比し、カラカミ遺跡、原の辻遺跡の卜骨の位置づけを行い、中国北辺部との類似性が認められるとして、壱岐の卜骨は中国北辺部から朝鮮半島を経て伝播したと考えるのが妥当であるとした（木村 1979）。

1980 年代以降、大規模開発に伴う低湿地の調査例が急増し、とくに西日本での出土例の増加によって、時代、地域によって焼灼手法、使用する動物の種類、使用部位に変化があることが明らかとなり、様々な見解が提出されている（宮崎 1999・2013・2015、北浦 2000～2002、浪形 2009・2010、水村 2010、國分 2014）。

3　日本の卜骨の特徴

(1) 使用される動物と部位

卜骨に使用される動物種には、シカ、イノシシ、カモシカ、アナグマ、サル、ウサギ?、イルカ、ウミガメ、ウシ、ウマである。弥生時代ではシカ、イノシシが大半を占め、イルカは 2 例、カモシカ、アナグマ、サルは各 1 例と極めて少ない。ウミガメ、ウシ、ウマは古墳時代後期以降に出現する。

使用される部位は、シカの肩甲骨・中足骨・寛骨・肋骨、イノシシの肩甲骨・橈骨・寛骨・大腿骨・肋骨・下顎骨、カモシカの肩甲骨、アナグマの肩甲骨、サルの肩甲骨、ウサギ？肩甲骨、イルカの椎骨・肋骨、ウミガメの腹甲、ウシ or ウマの肩甲骨・肋骨である。弥生時代では好んでシカ・イノシシの肩甲骨を利用し、卜骨といえばシカ・イノシシの肩甲骨といって過言ではない。また、地域性があり、日本の中央に位置する愛知県を境に、西日本はイノシシ、東日本はシカが優位である（宮崎 1999、浪早 2009）。

(2) 弥生時代～古墳時代前期の卜骨出土例

弥生時代から古墳時代前期までの卜骨は、南は佐賀県、北は新潟県に及ぶ 45 遺跡 487 点を確認している（図 4、宮崎 2015）。九州地方（長崎県、福岡県、佐賀県）で 4 遺跡 38 点、中国地方（島根県、鳥取県、岡山県）で 7 遺跡 265 点、四国地方（愛媛県）で 1 遺跡 1 点、近畿地方（大阪府、奈良県）で 8 遺跡 59 点、東海地方（愛知県、三重県、静岡県）で 7 遺跡 29 点、関東地方（千葉県、東京都、神奈川県）で 12 遺跡 84 点、中部地方（長野県）で 2 遺跡 4 点、北陸地方（新潟県、石川県）で 4 遺跡 7 点である。出土例の約 87％がシカ、イノシシの肩甲骨を使用している。使用する動物に地域性がみられ、サル（千葉県こうもり穴洞穴）、イルカ（神奈川県大浦山洞窟、海外洞窟）は関東地方、ウサギ？（新潟県浜端洞窟）は北陸地方、アナグマ、カモシカは中国地方（青谷上寺地遺跡）でのみ確認されている。また、

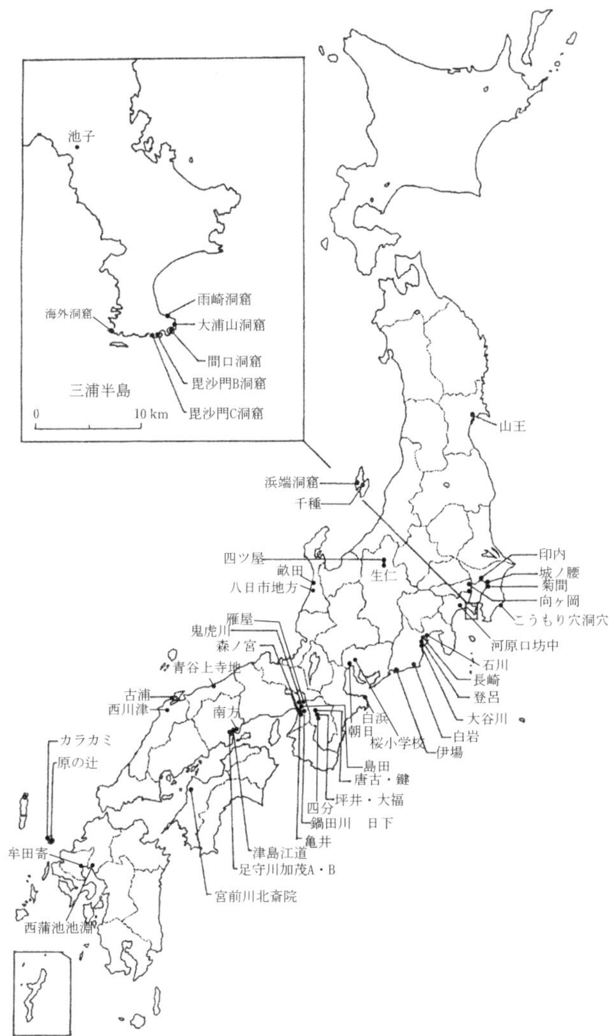

図４　卜骨出土遺跡（弥生時代前期～古墳時代前期、一部、古墳時代中期以降を含む）（神澤 1990 の図に一部加筆）

使用部位でも肋骨（神奈川県、千葉県）、椎骨（神奈川県）、寛骨（千葉県・東京都・神奈川県）は関東地方、下顎骨は中国地方（青谷上寺地遺跡）で確認されている。

（3）肩甲骨を使った骨卜法の分類

肩甲骨の肋骨に接する面を「内側面」、反対面を「外側面」といい、外側面には肩甲棘がある。シカの肩甲棘は棘上窩に寄り、垂直に立ち上がる。イノシシの肩甲棘は外側面のほぼ中央部に位置し、大きく湾曲しながら立ち上がり、棘上窩を一部覆う（図5）。

時期、地域、焼灼の位置（図6）、整地の有無・形状によってⅠ～Ⅶタイプに分けられる（宮崎 2015）。整地とは、焼灼の通りをよくするために骨を薄くする行為で、大きく「ケズリ」、「鑽」の2つにわける。「ケズリ」は肩甲頸（D・E）、肩甲棘（H）、後縁（J・K）、前縁（I・L）を刀子などで削平し、焼灼面を平坦化する手法である。なお、肩甲棘のケズリの程度は、北浦弘人の分類案に準拠する[2)]（図3）。「鑽」は焼灼面に平面楕円形、円形、方形の窪みを掘り、反対側の卜面にひび割れを生じやすくする手法で、時期が下るにつれ平面が「粗雑な不整円形」、「円形」、「方形・長方形」へと変化する。以下、焼灼を加える面を灼面、亀裂を判定する面を卜面と呼称する。

Ⅰタイプ　灼面と卜面が一致し、時期、地域によって大きくa・bの二つに分けられる。

Ⅰaタイプは西日本に限定され、弥生時代中期前半～中期中頃にみられる。内側面の肩甲頸に近い部分で、骨の厚い部分（A）に棒状工具で点状に焼灼を行い、外側面にはそれに対応する変化はみられない。同時に、後縁の背縁に近い部分（K）、前縁の部分（I）に焼灼を施す場合（奈良県唐古・鍵遺跡）もある。整地は、肩甲棘の一部を除去（ケズリA'）することもある。唐古・鍵遺跡（図7：

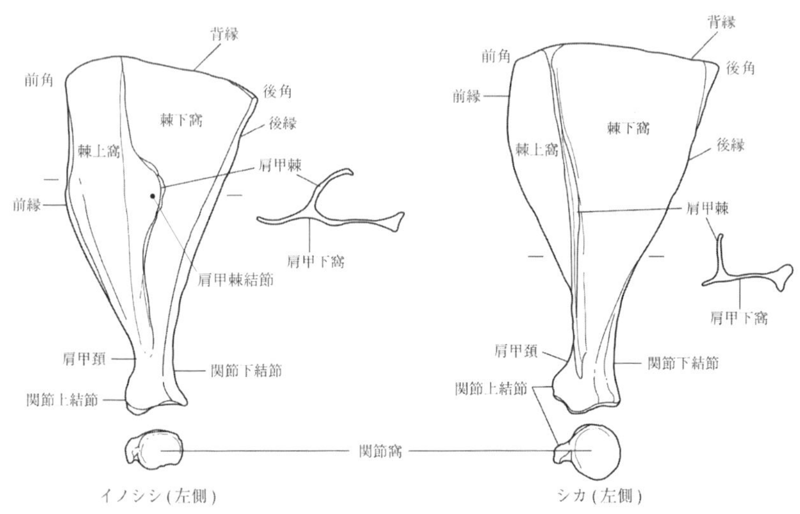

図5　肩甲骨L（外側面）の部位名称（藤田 2009 に一部加筆）

藤田 1985)、亀井遺跡、青谷上寺地遺跡にみられる。

1b タイプは、Ⅰa タイプの焼灼に加えて、骨の薄い部分（C·B）にも焼灼し、外側面にはそれに対応する変化はほぼ表れない。弥生時代中期前半〜中期後半までみられる。中期前半〜中期中頃の唐古・鍵遺跡、坪井・大福遺跡、四

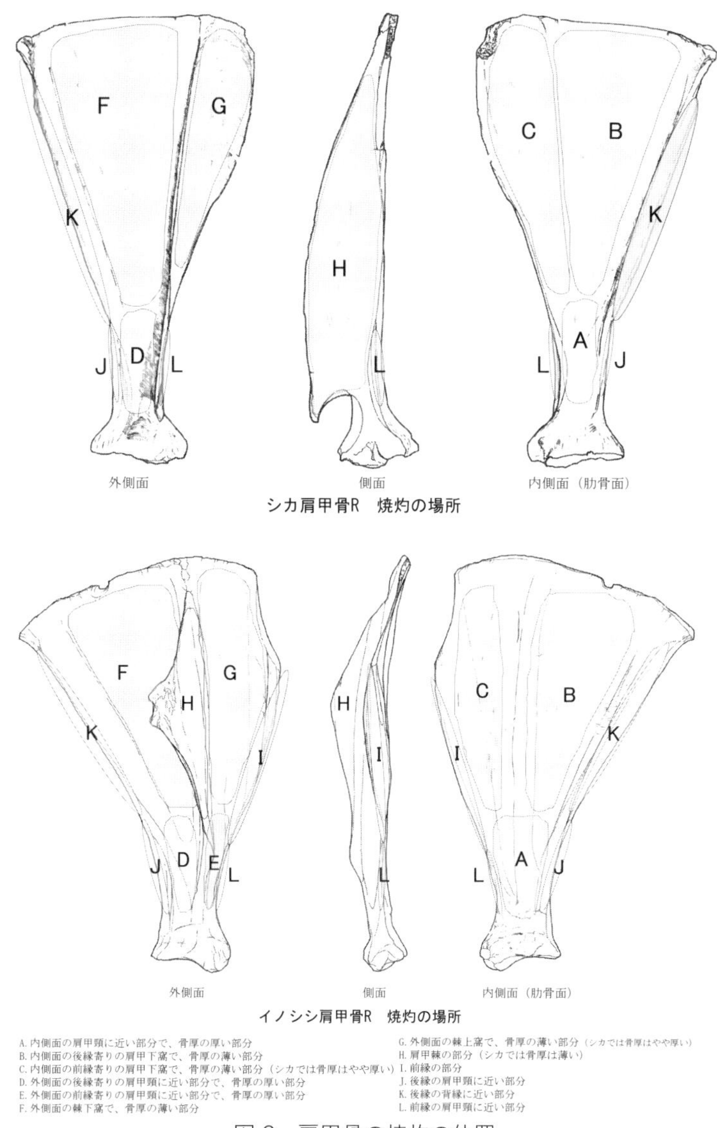

図６　肩甲骨の焼灼の位置

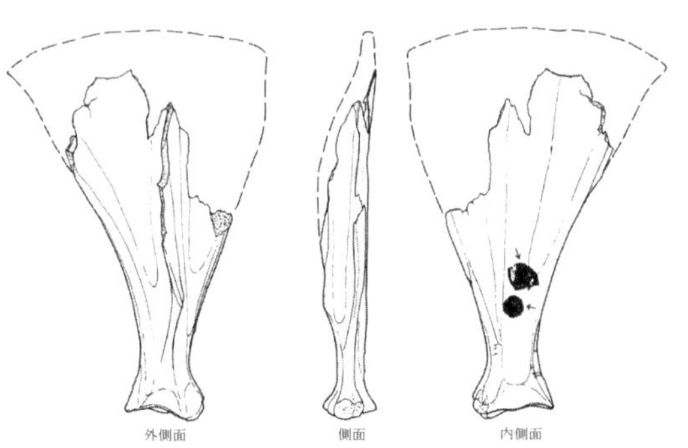

図７　Ⅰaタイプ　イノシシ肩甲骨Ｒ
（唐古・鍵遺跡　弥生時代中期前半）

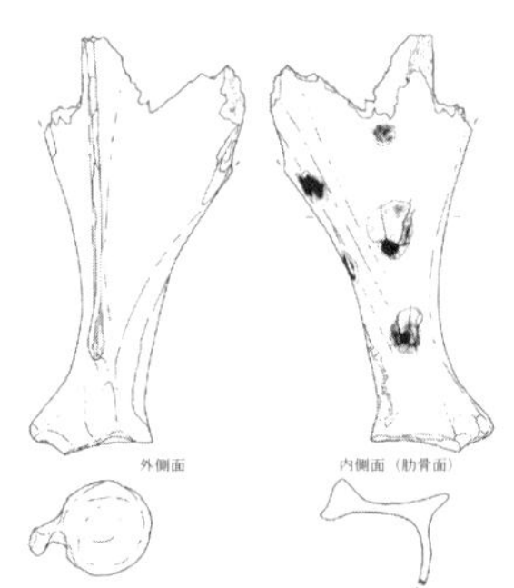

図８　Ⅰbタイプ　イノシシ肩甲骨Ｌ（鳥取県青谷上寺地遺跡 弥生時代中期前半）

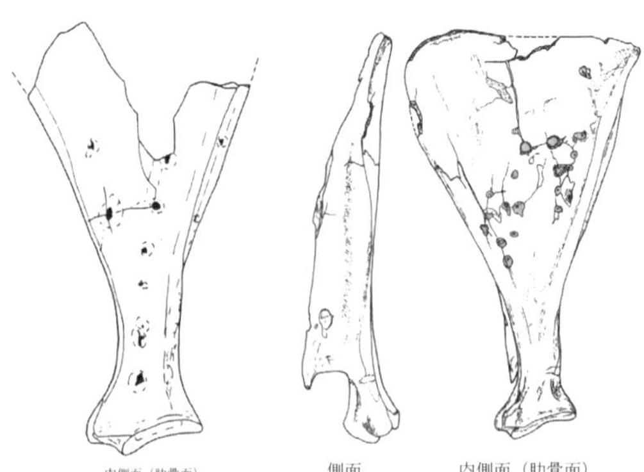

図９　Ⅰbタイプ　シカ肩甲骨Ｌ（愛知県朝日遺跡 弥生時代中期中頃）

図10　Ⅰbタイプ　シカ肩甲骨Ｒ（神奈川県池子遺跡 弥生時代中期後半）

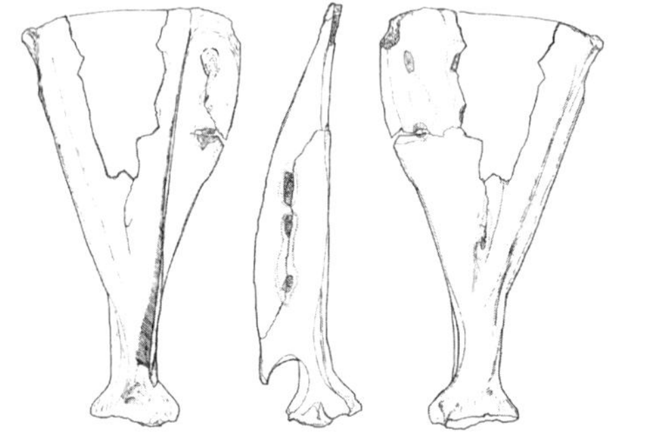

図11　Ⅱタイプ　シカ肩甲骨Ｒ（大阪府亀井遺跡弥生時代中期中頃～後半）

分遺跡、亀井遺跡、森ノ宮遺跡、鬼虎川遺跡、青谷上寺地遺跡（図８）に加えて、中期中頃～中期後半の朝日遺跡（図９）、中期後半には城ノ腰遺跡、池子遺跡（図10）、間口洞窟、菊間遺跡でみられ、間口洞窟では外側面の骨の厚い部分（D・E）に焼灼する例もある。Ⅰaタイプから Ⅰbタイプへと変遷し、神澤氏の第Ⅱ形式に相当する。

Ⅱタイプ　灼面と卜面が異なるタイプである。内側面の肩甲下窩で、骨の薄い部分（B・C）に点状に焼灼し、外側面にはそれに対応する変化が明瞭である。亀井遺跡では肩甲棘（H）にも施している。時期は、弥生時代中期中頃～後半と後期前半～中頃に分けられる。弥生時代中期中頃～中期後半で、原の辻遺跡、唐古・鍵遺跡（図12）、亀井遺跡（図11）、南方遺跡、青谷上寺地遺跡に加えて、弥生時代中期後半には八日市地方遺跡にみられ、日本海ルートでの伝播が想定される。一方、九州地方（原の辻遺跡、カラカミ遺跡）では弥生時代後期前半～中頃までこのタイプが継続する。所属時期は異なるが、神澤氏の第Ⅰ形式に相当する。

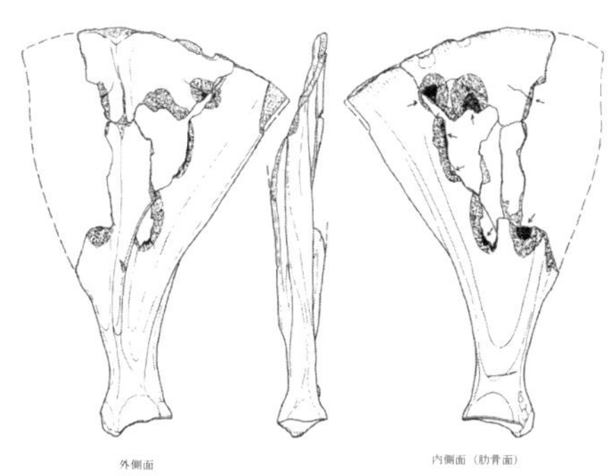

図12　Ⅱタイプ　イノシシ肩甲骨L
（奈良県唐古・鍵遺跡　弥生時代中期中頃）

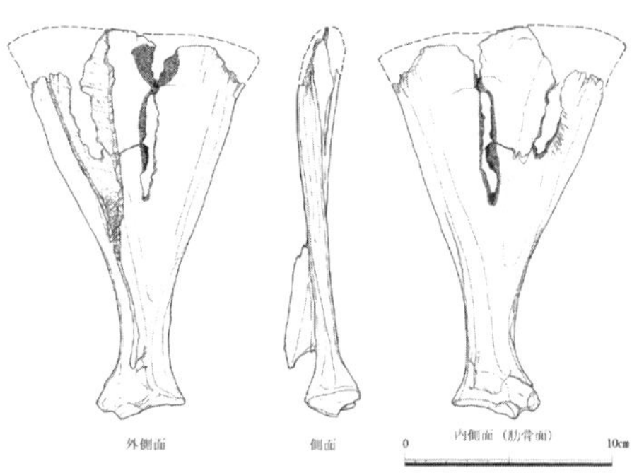

図13　Ⅲaタイプ　シカ肩甲骨L
（奈良県唐古・鍵遺跡 弥生時代後期初頭）

Ⅲタイプ　灼面とト面が異なるタイプである。外側面の後縁の背縁に近い部分（K）、肩甲棘（H）をケズリA～C（図3）によって削平し、骨の薄い部分に点状に焼灼し、反対面にはそれに対応する変化が明瞭である。大きくa・bの2つに分けられる。

Ⅲaタイプは内側面の肩甲下窩で、骨の薄い部分（B・C）に点状に焼灼し、外側面にはそれに対応する変化が明瞭である。唐古・鍵遺跡（図13）、青谷上寺地遺跡、原の辻遺跡、カラカミ遺跡で出土している。唐古・鍵遺跡例から弥生時代後期初頭～後期前半に比定される。

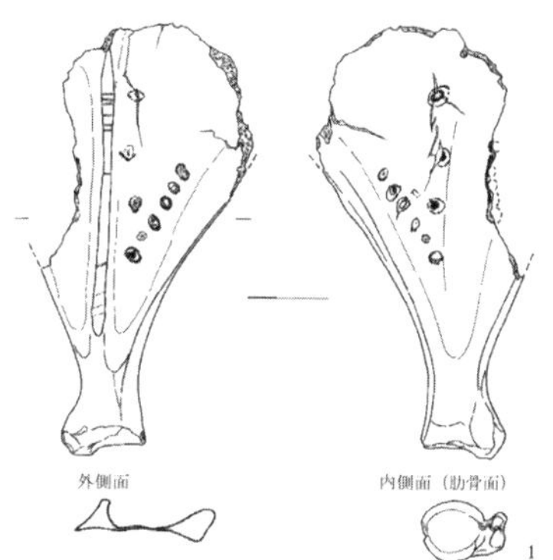

図14　Ⅲbタイプ　イノシシ肩甲骨L（福岡県西蒲池池淵遺跡 弥生時代終末～古墳時代初頭）

Ⅲbタイプは内・外両面の骨の薄い部分（B・C・F・G）に焼灼し、反対側の面に

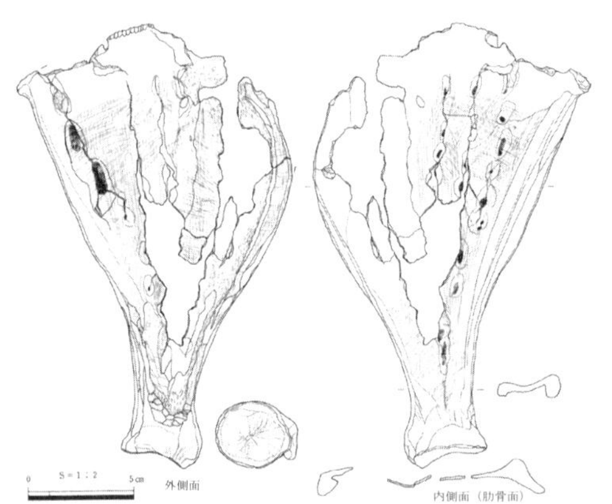

図15　Ⅳaタイプ　イノシシ肩甲骨R（鳥取県青谷上寺地遺跡 弥生時代後期後半～古墳時代前期初頭）

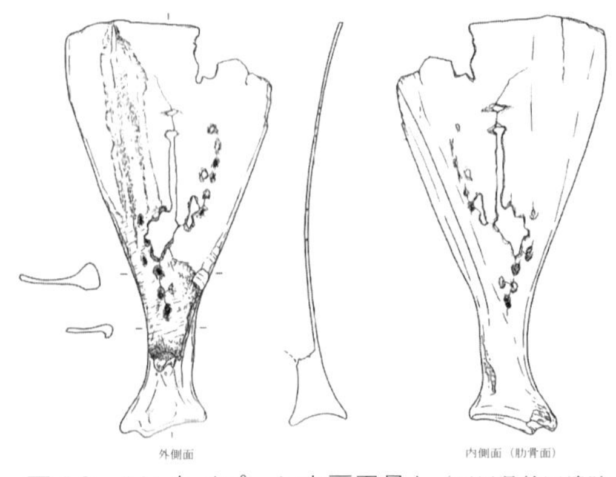

図16　Ⅳaタイプ　シカ肩甲骨L（石川県畝田遺跡 弥生時代後期後半～古墳時代前期初頭）

はそれに対応する変化が明瞭である（図14）。肩甲棘のケズリは上端を削平する程度で、「ケズリA'」及び「ケズリB」に対応する（北浦2002）。西蒲池池淵遺跡例から弥生時代終末～古墳時代初頭に比定できる。現状では、西蒲池池淵遺跡（齋部2014）が唯一であるが、九州地方の特徴の可能性もある。

Ⅳタイプ　灼面と卜面が異なるaタイプ、灼面と卜面が一致するbタイプとに分けられる。Ⅳaタイプは西日本を中心に、Ⅳbタイプは東日本を中心に分布する。Ⅳaタイプは、Ⅲタイプの発展形であり、外側面の肩甲頸から肩甲骨の前縁までケズリによって除去、平坦化し、内・外側面（主に外側面）から点状に焼灼し、反対側にはそれに対応する変化が明瞭である。青谷上寺地遺跡（図15）、足守川加茂A遺跡、上東遺跡（富岡2001）、畝田遺跡（図16：石川県立埋蔵文化財センター1991）、池子遺跡、こうもり穴洞穴遺跡で出土している。ただし、池子遺跡、こうもり穴洞穴遺跡（図17）では、同時に骨の厚い部分（KとBの間）にも焼灼を施している。青谷上寺地遺跡例から弥生時代後期後半～古墳時代前期初頭に比定される。

Ⅳbタイプは、Ⅰbタイプの系譜をひき、ケズリをほとんど施さず、内側面（A～C・K・I）に加えて、外側面にも焼灼を施す。時期は弥生時代後期前半～

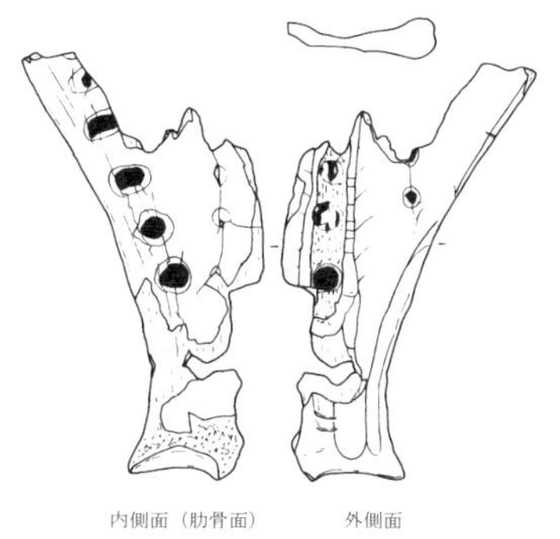

図17　Ⅳaタイプ　イノシシ肩甲骨Ｌ（千葉県こうもり穴洞穴 弥生時代後期後半～古墳時代前期初頭）

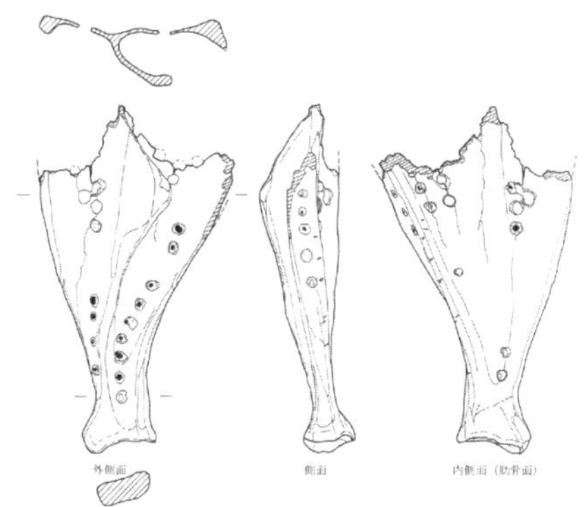

図18　Ⅳbタイプ　イノシシ肩甲骨Ｌ（静岡県長崎遺跡 弥生時代後期）

後期後半で、登呂遺跡、長崎遺跡（図18）、石川遺跡、海外洞窟遺跡、間口洞窟遺跡、生仁遺跡、足守川加茂Ｂ遺跡（金子1995）、上東遺跡等で出土している。Ⅳｂタイプは神澤氏の第Ⅱ形式に相当する。

Ⅴタイプ　Ⅳaタイプの発展形で、ト面にひび割れ（焼灼痕）を生じやすくするために、平面が不整円形を呈する粗雑な鑽を彫りこんで、鑽の内側に焼灼を加える。神澤氏の第Ⅲ形式に相当する。浜端洞窟遺跡、千種遺跡（図19）、青谷上寺地遺跡、上東遺跡（富岡2001）で出土している。時期は青谷上寺地遺跡例から、古墳時代前期初頭頃に比定される。

Ⅵタイプ　Ⅴタイプの発展形で、整形した素材の片面に、平面が円形、断面が半円形を呈する整美な鑽を設け、鑽の内側に焼灼を加える。時期は古墳時代前期～中期頃を想定され、日下遺跡[3]（図20：堅田1967）、鍋田川遺跡[4]（大東市教育委員会1973）で出土している。神澤氏の第Ⅳ型式に相当する。

Ⅶタイプ　内外面に整地を施し、海綿質部分に長方形の鑽を連続して彫り、その底面に焼灼を施すもので、鑽は外側面に掘り込むものが大半をしめる。時期は古墳時代後期（6世紀以降）と考えられ、印内遺跡（神澤1983）、山王遺跡（宮城県教育委員会ほか2001）で出土している（図21）。神澤氏の第Ⅴ形式に相当する。

4　ト骨の変遷と意図

（1）弥生時代～古墳時代出土のト骨（肩甲骨）の変遷

以上のⅠ～Ⅶタイプは、共伴する土器によって時系列で変遷することが明

図19　Ⅴタイプ　シカ肩甲骨Ｒ（新潟県千種遺跡 古墳時代前期初頭）

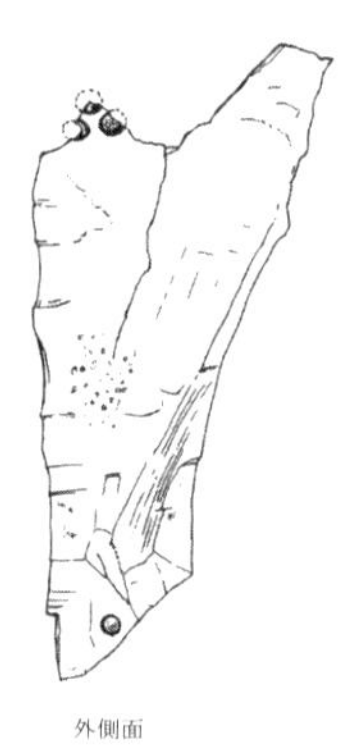

図20　Ⅵタイプ　ウシ肩甲骨Ｒ（大阪府日下遺跡 古墳時代中期）

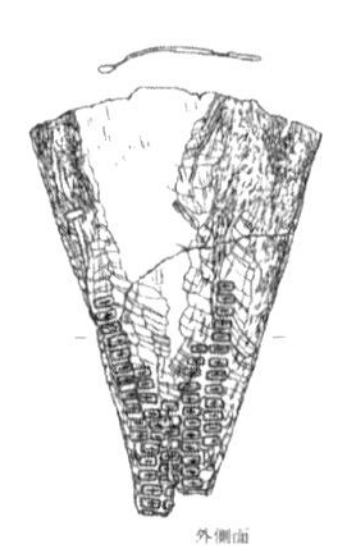

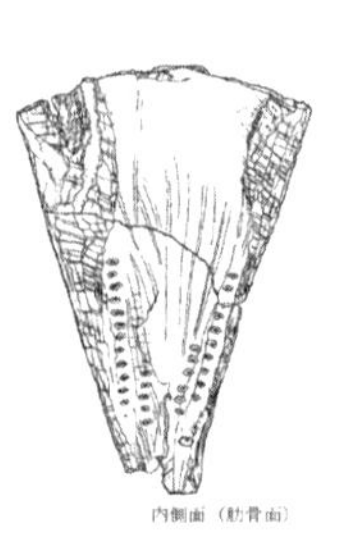

図21　Ⅶタイプ　シカ肩甲骨Ｒ（宮城県山王遺跡6世紀後半～7世紀）

表１　弥生時代～古墳時代出土肩甲骨（卜骨）のタイプ分類の変遷

<table>
<tr><th rowspan="2">地域</th><th colspan="7">弥生時代</th><th rowspan="2">弥生時代終末～古墳時代前期初頭</th><th colspan="4">古墳時代</th></tr>
<tr><th>中期前半</th><th>中期中頃</th><th>中期後半</th><th>後期初頭</th><th>後期前半</th><th>後期中頃</th><th>後期後半</th><th>前期初頭</th><th>前期前半</th><th>中期</th><th>後期</th></tr>
<tr><td rowspan="2">九州</td><td></td><td colspan="2">Ⅱタイプ</td><td colspan="3">Ⅱタイプ</td><td></td><td></td><td></td><td></td><td></td><td></td></tr>
<tr><td></td><td></td><td></td><td colspan="2">Ⅲaタイプ</td><td></td><td></td><td>Ⅲbタイプ</td><td></td><td></td><td></td><td></td></tr>
<tr><td rowspan="3">中国</td><td colspan="2">Ⅰaタイプ</td><td></td><td></td><td></td><td></td><td></td><td></td><td></td><td></td><td></td><td></td></tr>
<tr><td colspan="3">Ⅰbタイプ</td><td></td><td colspan="3">Ⅳbタイプ</td><td></td><td></td><td></td><td></td><td></td></tr>
<tr><td></td><td colspan="2">Ⅱタイプ</td><td colspan="2">Ⅲaタイプ</td><td></td><td colspan="2">Ⅳaタイプ</td><td>Ⅴタイプ</td><td></td><td></td><td></td></tr>
<tr><td rowspan="3">近畿</td><td colspan="2">Ⅰaタイプ</td><td></td><td></td><td></td><td></td><td></td><td></td><td></td><td></td><td></td><td></td></tr>
<tr><td colspan="3">Ⅰbタイプ</td><td></td><td></td><td></td><td></td><td></td><td></td><td></td><td></td><td></td></tr>
<tr><td></td><td colspan="2">Ⅱタイプ</td><td colspan="2">Ⅲaタイプ</td><td></td><td></td><td></td><td>Ⅴタイプ</td><td colspan="2">Ⅵタイプ</td><td></td></tr>
<tr><td>東海</td><td></td><td colspan="2">Ⅰbタイプ</td><td></td><td colspan="3">Ⅳbタイプ</td><td></td><td></td><td></td><td></td><td></td></tr>
<tr><td rowspan="2">関東</td><td></td><td></td><td>Ⅰbタイプ</td><td></td><td colspan="3">Ⅳbタイプ</td><td></td><td></td><td></td><td></td><td></td></tr>
<tr><td></td><td></td><td></td><td></td><td></td><td></td><td colspan="2">Ⅳaタイプ</td><td></td><td></td><td></td><td>Ⅶタイプ</td></tr>
<tr><td>北陸</td><td></td><td></td><td>Ⅱタイプ</td><td></td><td></td><td></td><td></td><td>Ⅳaタイプ</td><td>Ⅴタイプ</td><td></td><td></td><td></td></tr>
<tr><td>中部</td><td></td><td></td><td></td><td></td><td colspan="3">Ⅳbタイプ</td><td></td><td></td><td></td><td></td><td></td></tr>
</table>

らかである（表1）。日本の卜骨の出現は弥生時代前期に遡り、古浦遺跡ではシカ中足骨1点（金関1963）、唐古・鍵遺跡ではイノシシ橈骨1点、イノシシ大腿骨1点が出土している。弥生時代中期前半（Ⅰタイプ）から唐古・鍵遺跡、亀井遺跡、鬼虎川遺跡、青谷上寺地遺跡にあるように、肩甲骨が使用されはじめる。愛知県以東ではⅠbタイプに限られ、Ⅰaタイプを西日本タイプとすれば、Ⅰbタイプは東日本タイプとでき、この段階で東西の地域差をみる。以後、愛知県以東（北陸地方は除く）はⅠbタイプを基本に骨卜法が波及的に拡がり、Ⅳbタイプに変化する。中期中頃には灼面と卜面が異なるⅡタイプが登場し、その分布は近畿以西と北陸地方に限定される。ⅠタイプからⅡタイ

プへの変遷は、亀井遺跡、唐古・鍵遺跡で確認できる。弥生時代中期前半の溝からⅠタイプ、弥生時代中期中頃〜中期後半の土坑・溝からⅡタイプと明確に分離できる。なかでも唐古・鍵遺跡第20次調査の井戸状遺構SX101出土のト骨は、弥生時代中期中頃の資料であり、下層（第Ⅵ層）からⅠaタイプ4点、中層（第Ⅴ層）からⅠaタイプ1点、Ⅱタイプ2点、上層（第Ⅳ層）からⅡタイプ2点が祭祀遺物とともに出土している。各層の遺物の一括性は高く、祭祀行為の後に廃棄されたと考えられている（藤田1985）。なお、九州地方（原の辻遺跡、カラカミ遺跡）では弥生時代後期前半〜中頃までこのタイプが継続する。

弥生時代後期初頭に整地（ケズリB・C）を施すⅢタイプが、後期前半にⅣタイプが登場し、Ⅳaタイプは西日本を中心に、Ⅳbタイプは東日本を中心に分布する。後期後半に東日本（池子遺跡、こうもり穴洞穴遺跡）のⅣaタイプの存在は、西日本タイプの範囲が東日本へ拡大していく様子（強い影響下で）を示すのであろう。

Ⅴタイプ以降では、東西差がなくなる。Ⅶタイプは、Ⅵタイプの発展形というより、大陸からあらたに招来されたト甲の影響を受けた新技法といえる。いまのところ朝鮮半島に類例がなく、中国から直接的に取り入れた可能性もある。地域に広がった骨ト法を統一するためにウミガメを採用し、ウミガメの入手困難な地域では従来からのシカ、イノシシに加えて家畜のウシ、ウマを使用するようになったと想定される。

（2）占いの内容について

中国では殷の甲骨文から、第一に祖先祭祀・自然神に対する祭祀、次に農作の豊凶、天候の順不順、戦争、狩猟、往来の安否、病気や夢、妊娠出産の安否、毎夜の禍の有無等を占っていたことがわかる（白川1967）。『史記』亀策列伝には、兵乱・祟り・出獄・財物入手・伝染病・貴人謁見・頼み事、盗賊の偵察や逮捕・逃亡者の逮捕・盗賊との遭遇・在宅の是非、転任命令に対する退官の可否・官職にあることの是非、豊作・漁労の獲物、雨が降るか・晴れるか、がある（渡辺2002）。

日本と韓国で、占いの内容は出土資料から明らかにできないが、遺跡の立地、出土地点と状況によって想定できる。韓国の勒島は、長さ970m、幅720mの小島で島全体が遺跡である。航海や交易と密接に関連する国際港とされ、200点以上のト骨が出土している（李2005）。沈奉謹は、ト骨使用の目的は航海の安全と外交の成功にあったと考えている（沈・金 2001）。『万葉集』巻 15-3694 の挽歌や、圓仁の承和 5 年（838 年）～同 14 年の日記『入唐求法巡礼行記』などに見られる航海安全の占いと考えることもできる。また勒島遺跡には、青谷上寺地遺跡でも見られた「卜骨集積遺構」（北浦 2001：pp.271-272）があり、海を介した交流の結果とみることもできよう。同様に三浦半島の洞窟遺跡（横須賀市考古学会 1983）も海に面し、漁労集団的な性格が強く、航海安全の占いと考えられよう。

長崎遺跡では水田内、水田畦畔や河道から出土しており、報告者は石川遺跡、登呂遺跡のように水田祭祀（作物の作付や開田の際、その是非を含めて占った）の可能性を指摘している（静岡県埋蔵文化財調査研究所 1995：pp.72-76）。また、唐古・鍵遺跡第 65 次 SK-134、SK-115 の出土品について、青銅器工房区内であることから鋳造祭祀に関連する可能性が想定されている（藤田 2009）。

現在では群馬県富岡市の貫前神社で、シカの肩甲骨を使用した占いを神事として執り行っている。焼いた錐で肩甲骨を貫き、その様子で村々の火難を占っている。古くは世情の吉凶や作物の豊凶を占っていたらしい。松本清張の小説「告訴せず」の中では比礼神社として名称を変え、小豆の相場を占っている。東京都青梅市の御嶽神社では、シカの肩甲骨を焼灼し、そのひび割れで年間の五穀豊穣を占っている（神澤 1983）。また、天皇が即位した後に最初に行われる新嘗祭（大嘗祭）、収穫された稲を皇祖・天照大神に供え、共食などして神から魂を受け継ぐとされてきた儀式で、この時に用いられる稲を作る斎田を決める際に亀甲で占う。対馬では明治初期の「式内外古社祭典旧儀調」に亀卜に関する資料があり、藩主の御身上・朝鮮貿易の吉凶・藩士の動静・作物の豊凶を占ったことが記されている（永留 1982：p.306）。藩主の運勢の次に朝鮮貿易のことを触れていることは海上交易に従事した対馬ならではといえる。

註

1）　形式の前後関係については「第Ⅱ形式が弥生時代にのみ認められ、第Ⅲ形式、第Ⅴ形式が古墳時代前期以降に認められることは、第Ⅳ形式のあり方を考える上に注意する必要がある。」とし、第Ⅳ形式の位置づけに苦慮されている。また、第Ⅲ型式、第Ⅳ型式についても類例が少なく、「これについては資料の増加をまって再検討することにしたい。」と時間的な位置付についても今後に委ねている。

2）「ケズリ A」は削らないもの、「ケズリ A'」は肩甲骨の上部を一部除去するもの、「ケズリ B」は肩甲棘の上方を削るもの、「ケズリ C」は肩甲棘の全去するもの、「ケズリ D」は肩甲棘の全去がさらに肩甲頸、関節窩にまで及ぶものとする。筆者も 2000 年（平成 12）と 2001 年に、北浦弘人、湯村功をはじめとして鳥取県教育文化財団のご厚意で、県道調査区および国道調査区出土のト骨の整理にわずかであるが参加させていただき、ト骨を観察する機会を与えていただいた。今回のタイプ分類はこの際の観察結果によるところが大きく、記して感謝の意を表する。

3) 本資料は大阪府教育委員会で実見させて頂き、竹原伸次・藤田道子にお世話になった。ここに感謝の意を表する。従来、シカと紹介されていたが、東海大学の丸山真史とともに調査した結果、ウシの右肩甲骨と判明した。残存部位は頸部付近のみで、最大残存長は11.9㎝、最大幅4.7㎝を測る、肩甲棘は根元に近い部分から削られている。平面は径2～5㎜の円形で、断面が半円形の精美な鑽を遠位部寄りで4ヶ所、近位部寄りで1ヶ所みられる。なお、平面が円形、断面が半円形の精美な鑽を設け、鑽の内側に焼灼を加えるタイプ（Ⅵタイプ）であるが、焼灼痕は認められない。所属時期は、Ⅵタイプが前期～中期と想定されているが、共伴した土器から時期を特定することはできない。

4) 大東市立歴史民俗資料館分室にて実見した際、李聖子にはお世話になった。ここに感謝の意を表する。イノシシの左肩甲骨（肩甲下窩の中位のみ残存し、最大残存長は75.45㎜、幅35.64㎜）で、内側面の肩甲下窩（B）の近位寄り、肩甲下窩（C）の前縁寄りに整地（表面を整える程度）を行い、現状で肩甲下窩（B）に二列（各5ヶ所以上）に鑽を設けている。鑽は径4.8㎜前後の平面円形で、断面が半円形の精美な鑽で、その中心に鋭利な工具によって焼灼を加え、4ヶ所で黒く焼けた部分を確認し、外側面にはそれに対応する変化が認められ、1ヶ所は完全に貫通していた。肩甲棘は根元に近い部分から削平（ケズリC）。『大東市史』では、昭和33年9月に行われ砂防堰堤工事に伴って、南方沿いの池のあたりのA地域から、滑石製を主とする鏡石、砥石を採集し、ト骨と鹿角に刻みを入れた刻骨も記載されるが、共伴した土器について直接触れておらず、時期を特定することはできないが、古墳時代の範疇と考えられる。

引用・参考文献

赤星直忠　1953「海蝕洞窟―三浦半島に於ける弥生式遺跡―」神奈川県文化財調査報告20、神奈川県教育庁社会教育課

石川県立埋蔵文化財センター　1991『畝田遺跡』pp.157-158

伊藤道治　1958「中国古代社会の記録―ト占具と文字―」『世界考古学大系』6・東アジアⅡ、平凡社、pp.49-62

李　東注　2005「勒島遺蹟C地区の調査内容と成果」『三国志魏書東夷傳と泗川勒島遺蹟』石堂伝統文化研究院、pp.17-36

岡村秀典　2000「殷代における畜産の変革」『東方学報』京都第七二冊、pp.1-48

堅田　直編　1967『東大阪市日下遺跡調査概要』帝塚山大学・考古学シリーズ2、帝塚山大学考古学研究室

金関丈夫　1963「ト骨談議」『島根新聞』掲載

金子浩昌　1995「付載4、岡山県足守川加茂A・B遺跡出土の動物遺体と骨角製品」『足守川加茂A遺跡 足守川加茂B遺跡 足守川矢部南向遺跡』岡山県埋蔵文化財発掘調査報告94

神澤勇一　1973『間口洞窟遺跡 本文編』神奈川県立博物館発掘調査報告書7

神澤勇一　1974『間口洞窟遺跡（2）』神奈川県立博物館発掘調査報告書8

神澤勇一　1975『間口洞窟遺跡（3）』神奈川県立博物館発掘調査報告書9

神澤勇一　1976「弥生時代、古墳時代および奈良時代のト骨・ト甲について」『駿台史学』38

神澤勇一　1983「日本における骨ト・甲トに関する二三の考察―先史古代のト骨・ト甲と近世以降の諸例との比較検討を中心に」『神奈川県立博物館研究報告』11、pp.1-41

神澤勇一　1990「呪術の世界―骨トのまつり」『弥生とまつり』考古学ゼミナール　六興出版、pp.67-107

北浦弘人編　2000『青谷上寺地遺跡2』鳥取県教育文化財団調査報告書68

北浦弘人　2001「第 7 節 骨角器」『青谷上寺地遺跡 3』鳥取県教育文化財団調査報告書 72、財団法人鳥取県教育文化財団、pp.222-283
北浦弘人　2002「第 7 節 骨角器」『青谷上寺地遺跡 4』鳥取県教育文化財団調査報告書 74、財団法人鳥取県教育文化財団、pp.361-434
北浦弘人　2008「青谷上寺地遺跡出土卜骨の属性類型の再検討について」『鳥取県埋蔵文化財センター調査研究紀要 2』鳥取県埋蔵文化財センター、pp.41-46
木村幾太郎　1979「長崎県壱岐島出土の卜骨」『考古学雑誌』64—4、日本考古学会、pp.1-22
國分篤志　2014「弥生時代～古墳時代初頭の卜骨—その系譜と消長をめぐって—」『千葉大学人文社会科学研究科研究プロジェクト報告書』276、pp.97-121
齋部麻矢編　2014『西蒲池池淵遺跡Ⅱ』福岡県文化財調査報告書 243、九州歴史資料館
静岡県埋蔵文化財調査研究所　1995『長崎遺跡Ⅳ（遺物・考察編）』静岡県埋蔵文化財調査研究所調査報告 59
沈　奉謹·金　宰賢　2001「勒島遺跡の意義」『平成 12 年度韓国国際財団助成事業共同研究プロジェクト研究報告書』
白川　静　1967「卜辞の世界」『古代殷帝国』
大東市教育委員会編　1973『大東市史』p.62・第 33 図
千葉大学文学部考古学研究室　2002『千葉県勝浦市 こうもり穴洞穴 第 1 次発掘調査概報』
富岡直人　2001「上東遺跡出土の動物遺存体と骨角製品」『下庄遺跡・上東遺跡—主要地方道箕島高松線道路改築に伴う発掘調査 2』岡山県埋蔵文化財発掘調査報告 157
永留久恵　1982「対馬の亀卜」『賀川光夫先生還暦記念論集』pp.303-327
浪形早季子　2009「弥生時代の卜骨の再検討」『國學院大學伝統文化リサーチセンター研究紀要』1、pp.47-67
浪形早季子　2010「弥生時代の卜骨にみられる技術—製作技法と卜骨方法を中心に—」『國學院大學伝統文化リサーチセンター研究紀要』2、pp.77-89
新田栄治　1977「日本出土骨卜への視角」『古代文化』29—12、財団法人古代学協会、pp.27-42
藤田三郎編　1985『昭和 59 年度唐古·鍵遺跡第 20 次発掘調査概報』田原本町埋蔵文化財調査概要 3
藤田三郎　2009「卜骨」『唐古・鍵遺跡 I—範囲確認調査—』田原本町文化財調査報告書 5、pp.94-96
水村直人　2010「青谷上寺地遺跡出土卜骨の諸様相について」『青谷上寺地遺跡出土品調査研究報告 5 骨角器（1)』鳥取県埋蔵文化財センター調査報告 32、pp.120-128
宮城県教育委員会・宮城県土木部　2001『山王遺跡八幡地区の調査 2—県道『泉—塩釜線』関連調査報告Ⅳ—古墳時代後期 SD2050B 河川跡編』宮城県文化財調査報告書 186
宮崎泰史　1999「まつりの品々」『渡来人登場—弥生文化を開いた人々—』大阪府立弥生文化博物館、pp.56-59
宮崎泰史　2013「日本の卜骨研究の現状について—今後の日韓卜骨研究の比較研究を前提に—」『東亜文化』15、財団法人東亜細亜文化財研究院、pp.492-522
宮崎泰史　2015「考古学からみた日本の卜骨研究の現状について—骨卜手法の変遷を中心として—」『郵政考古紀要』62（通巻 71 冊）積山洋先生退職記念論攷、大阪郵政考古学会、pp.94-127
横須賀市考古学会　1983『三浦半島の海蝕洞穴遺跡』
渡辺　誠　2002「卜骨·卜甲でなにが占われたのか」『考古学ジャーナル』49、ニュー·サイエンス社、pp.4-5

埴輪に象られた家畜

日高　慎
HIDAKA Shin

はじめに

家畜とは、人間の生活に役立たせる目的で飼育された動物を指しており、食用や皮革利用とともに労働力なども含まれる。日本列島の古墳時代においては、馬・牛・猪・犬・鶏などがあげられる。他に猫も古墳時代にいた可能性があり、倉庫における鼠対策ということなら家畜ともいえよう。また、しばしば埴輪として作られた水鳥についても、飼育されていた可能性がある。

本稿では、古墳時代に作られた形象埴輪のうち動物埴輪をとりあげて、その種類と埴輪群像の中での意味を考えていきたい。さらに、家畜とは思えない野生動物を象ったと考えられる埴輪もあるので、それらについての意義も考えていきたい。

1　形象埴輪の種類

古墳時代の形象埴輪には、以下のような種類がある。

①家（入母屋造・寄棟造・切妻造・片流れ・竪穴建物・木樋形など）

②器財（甲冑・大刀・弓・鉾・鞆・靭・胡籙・盾・蓋・翳・団扇・双脚輪状文・冠帽・帽子・高坏・壺・椅子・船・石見型など）

　②′甲冑に顔面をつけたもの

　②″盾に顔面をつけた冑を合せたもの

③男子（盛装・武装・平装・盾持ち・馬曳き・農夫・楽人・鵜飼・鷹飼など）

④女子（盛装・平装・母子像・機織形など）

⑤鳥（鶏・白鳥・雁・鴨・鵜・鷹・鶴・鷺など）

⑥馬（飾り馬・鞍馬・片手綱馬・裸馬・乗馬像）

⑦他の動物（犬・猪・鹿・牛・猿・魚・ムササビなど）

古墳に数多く並べられた円筒埴輪・壺形埴輪・朝顔形埴輪も、土師器の器台・壺などを埴輪化したものなので形象埴輪の一種ともいえるが、墳丘を廻る様に並べられた。他の形象埴輪とは配置の仕方が異なることから、意味合いなども別に考えておいた方が良い。

形象埴輪は、それぞれ出現の時期に違いがある。まず家・鶏が古墳時代の始まりころに出現し、その後に器財や水鳥が加わり、古墳時代中期に猪・馬、そして人物が加わっていく（日高2019b）。現在までに知られている資料では、猪・馬と人物で若干の時間差があるようだが、人物がそれほど遅れるわけではない。一方で、甲冑や盾に顔面がついたものは注意を要する。これらは人物埴輪が出現するよりかなり前に、単独で出土したり、他の器財埴輪と一緒に出土したりすることが多い。円筒・壺形埴輪などに混ざって配置されていることもあり、いわゆる人物埴輪が群像として並べられることとは違う。このことから、甲冑に顔面をつけたものや盾に顔面がついた冑を合わせたものなどは、人物埴輪ではなく器財埴輪の一種とみた方がよい。また、古墳時代後期の関東では器財埴輪が特に発達し、他地域ではあまり見られない弓・鉾・翳・団扇・帽子なども作られた。

形象埴輪として作られた生き物には、人物と動物がある。熊とされる動物も存在するが（志村2002）、全体像が未詳なので保留しておきたい。昆虫・爬虫類・両生類などは造形されなかった。また、海の生き物は基本的に埴輪には存在しないが、古墳の周溝出土の土製品としてイカ・タコ・魚類・クジラといわれるものが存在する（森2008）。関東地域の一部では魚形埴輪が出土するが、鮭あるいはボラといった見解も出されている。

2　鶏・水鳥・鵜・鷹

鳥の種類としては、鶏・鵜・鷹・雁・鴨・白鳥などがあり、鶴あるいは鷺などの首の長い鳥ではないかと言われる資料もある（賀来2009・2017など）。

鶏は動物を象った埴輪のなかでは最も古く登場し、墳頂部に置かれていた。人物埴輪が登場した後も、人物の近くあるいは別の場所に置かれるなど、それぞれの場面で違う意味があったように思われる。『古事記』の天岩屋戸神話には、鶏が常世長鳴鳥として登場し、アメノウヅメ命の舞とともに、天照大神を呼び返す。鶏が、太陽を呼び返す存在、あるいは朝を告げる鳥である

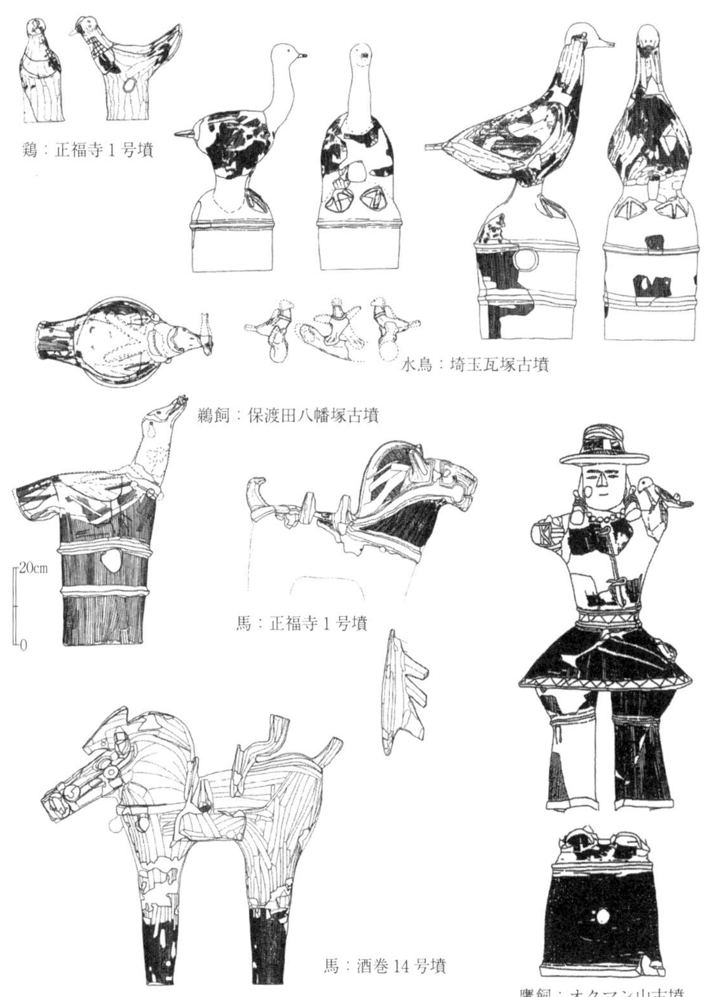

図1　各種の動物埴輪1（鶏・水鳥・鵜飼・鷹飼・馬）
鶏：正福寺1号墳（宇田1996）　水鳥：埼玉瓦塚古墳（若松ほか1992）　鵜飼：保渡田八幡塚古墳（若狭ほか2000）　鷹飼：オクマン山古墳（島田ほか1999）　馬：正福寺1号墳（宇田1996）　馬：酒巻14号墳（中島ほか1988）

ことを意味しているのだろう。

水鳥は鶏の次に古く出現する動物の埴輪である。大阪府藤井寺市津堂城山古墳などでは、中島からまとまって出土している。墳丘外の周濠内で、水に浮かぶ小島に水鳥が羽根を休めているかの様な姿である。これらの水鳥は、白鳥・雁・鴨などを表現していると考えられる。埼玉県行田市埼玉瓦塚古墳出土の水鳥は2体あり、1体は赤い焼きで表面に白土を塗っており、白鳥を表していたと考えられる。もう1体は小型で白っぽい焼きのものであった。首から顔面付近は嘴以外が欠失しているものの、前述の白鳥とは異なる種であった可能性もあろう。雁・鴨類であった可能性もある。稚拙さがめだつので、幼鳥という評価もできるかもしれない。これらの水鳥は、後述の鵜や鷹のような狩猟をおこなう鳥ではない。

群馬県高崎市保渡田八幡塚古墳では鵜の埴輪が出土している。クチバシには魚が咥えられており、魚を捕えた瞬間を表現している。首に紐および鈴がつけられており、鵜飼の場面である。これは狩猟との関わりで理解すべきと思われ、食物としての魚を、その捕り方を表現することで象徴的に示したのだろう。なお、八幡塚古墳では腕にとまった鵜の表現もある。まさに鵜飼人の埴輪である。鵜の埴輪や鵜飼人埴輪などは全国で20例ほど知られているようで（賀来2017）、大阪府高槻市今城塚古墳の家形埴輪の軒先の線刻画や熊本県和水町江田船山古墳の象嵌大刀、三重県多気町石塚谷古墳の象嵌大刀にも存在する。重要な王権儀礼であったからこそ大刀に刻み入れたのだろう。

いわゆる「鷹匠」といわれる人物埴輪がある。どのような階層の人を表現したのかというと、着衣の様子や全身像が多いことを考えると、表現されたのが首長層とも思われるが、類例は少ない。仮に首長層だとすると鷹匠というのはネーミングとして不適切なので、鷹飼人としておくほうがよい。いずれにせよ、狩猟との関わりで理解すべきものだろう。

文献にみられる鳥取部や鳥養部について考察した志田諄一は、鳥取部がオオハクチョウ・ハクチョウを捕獲し、鳥屋に入れて餌づけをして姿を整えた後に貢上して天皇や皇妃・皇子の玩物にしたり、池に放たれて鳥養部によって飼いならされたりしたと述べた（志田1970：pp.189-198）。

鶏は動物を象った埴輪のなかでは最も古く登場し、墳頂部に置かれていた。人物埴輪が登場した後も人物の近くあるいは別の場所に置かれるなど、それぞれに違う意味があったように思われる。水鳥は鶏の次に登場する動物の埴輪である。津堂城山古墳などでは中島からまとまって出土している。あたかも墳丘外の水に浮かぶ島に水鳥が羽根を休めているかの様な姿である。雁・鴨類は食用としての鳥であった可能性もあるが、白鳥・鶴・鷺などについては、食用と考えるよりは、水辺に生息する生き物を埴輪として表現し、さらには鵜や鷹を含めて、首長（被葬者）がこれらの鳥類を所有しているということを示しているのではないだろうか。

3 馬の埴輪

馬の埴輪には、飾り馬、鞍馬、片手綱、裸馬という馬装の違いがあり、稀に乗馬像も作られた。飾り馬や飾り馬に乗る姿が最も上位の存在であり、馬具の豪華さという点に差異がある。特に同一古墳から出土した複数の馬の埴輪には明確にそのような違いが表現されているようである。馬は古墳時代中期に、朝鮮半島から日本列島に渡来してきた動物である。それまでは『魏志倭人伝』にあるように、日本列島に馬や牛などはいなかった。ただし、散発的渡来は弥生終末期にまで確実に遡るようである（諫早 2019）。

埼玉県行田市酒巻 14 号墳では西側から裸馬→飾り馬→蛇行状鉄器に旗を挿している飾り馬→詳細未詳の馬（飾り馬か？）の順に馬曳き人物（男子）を伴って並べられていた。斉藤国夫はこれらを幼馬から軍馬へと成長していく姿を表したのではないかとし、詳細不明の馬は死を表現していて、馬の一生を表すと考えた（斉藤 1989）。蛇行状鉄器は、関東地方で出土しているのは埼玉県行田市将軍山古墳のみである。将軍山古墳からは馬冑も出土している。いずれも朝鮮半島由来の渡来系資料であり、そのような器物を馬形埴輪に表現していることは、酒巻 14 号墳の被葬者が渡来人であり、将軍山古墳の渡来系資料と深く関わった人物であった可能性もあろう（日高 2015）。

石川県小松市矢田野エジリ古墳のものは、類例の少ない騎馬像である。騎馬像は関東地域に数例が確認されているが、近年の発掘調査で出土しているものはほとんどない。類例が非常に少ないことから、被葬者のパーソナリティーが騎馬埴輪に表されているのだと考えている。騎馬像の類例は全国各地で 17 例以上が知られており、飾り馬で盛装人物である場合は前方後円墳に並べられていた傾向があり、面繋や手綱のみのような簡便な馬装で人物も簡便な服装である場合には円墳に並べられていたようである（南雲 2019）。

横坐り用の馬具を備えた馬形埴輪も確認されている（杉山・井上・日高 1997）。特に、近年確認された栃木県下野市甲塚古墳のものは、出土した 4 体の馬のうち最も豪華な馬具が装着されたものに、横坐り用の足置きが表現されてい

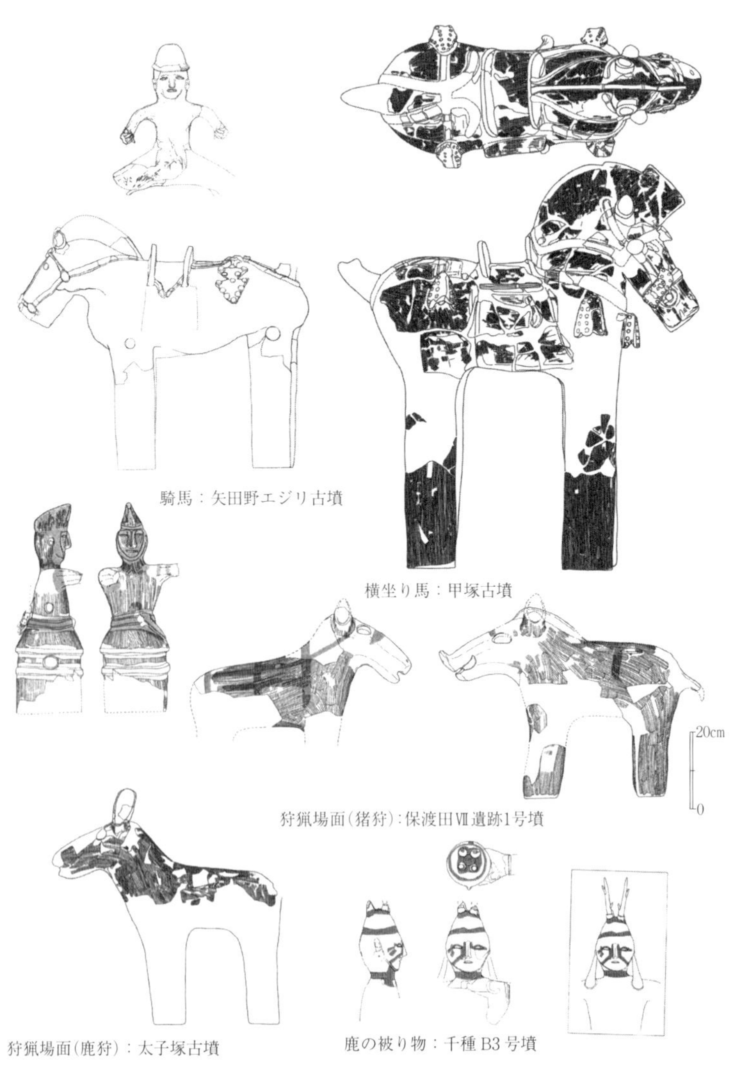

図2　各種の動物埴輪2（騎馬・横坐り馬・狩猟・鹿の被り物）
騎馬：矢田野エジリ古墳（樫田 1992）　横坐り馬：甲塚古墳（下野市 2014）　狩猟場面（猪狩）：保渡田Ⅶ遺跡1号墳（若狭 1990）　狩猟場面（鹿狩）：太子塚古墳（かみつけ博 2019）　鹿の被り物：千種B3号墳（下妻市 2017）

る。これは、女性専用の馬具と考えられるので、甲塚古墳の被葬者が女性であるからこそ、最も豪華な馬が女性用なのではないかと考えている。機織形埴輪（女性）の存在、女性埴輪の数の多さなども、被葬者が女性であることを示していると考えている（日高 2015・2016・2021a）。

茨城県小美玉市舟塚古墳からは破片を含めると 3 個体、伝承では騎馬像が出たという話もあるので、それを含めると 4 個体である。騎馬像はおよび破片の 1 個体は馬装がよく分からないので除くとして、比較的残存状況の良い 2 個体についてみると、報告書（佐々木・忽那編 2015）の馬 1 は f 字形鏡板、胸繋には鈴と馬鐸、左側に壺鐙、右側に短冊形水平版、尻繋に剣菱形杏葉と馬鐸、馬 2 は胸繋に鈴と馬鐸、左側に壺鐙？、右側に短冊側水平版、尻繋に素環杏葉を垂下する。この 2 体の馬は少なくとも尻繋の飾りに違いがみられ、相対的に馬 1 の方が優位な馬装といえる。いずれにしても、横坐り馬が 2 体あるというのは 18 例ほど知られているなかで他に類例がない。横坐り馬が出土している他の事例でも、数体ある馬の内横坐り馬は 1 体である。騎馬像があったとして、どのような馬装だったのか知りたいところである。舟塚古墳の箱形石棺の被葬者は若い男性が想定されており、挂甲も出土している。男性被葬者の古墳の埴輪になぜ女性用の馬が複数個体あるのか、俄かに結論は出せないが、わざわざ女性用の馬を作るには理由があったはずである。舟塚古墳の被葬者との関わりの中で、女性用をあえて 2 体も表現する必要があったのだろう。全国各地で出土している馬形埴輪のほとんどは、横坐り用ではない騎馬用の馬や裸馬・駄馬であり、横坐り用の馬は例外といってもよいくらいの数しか出土していないのである。

馬形埴輪の意味とは、豪華な馬具をつけた馬から鞍をつけた馬、裸馬・使役用の駄馬に至るまで、あらゆる馬が首長（被葬者）の所有物であることを示している。その姿は、被葬者の生前の活動と極めて密接に関わっていた可能性がある。前述の通り、酒巻 14 号墳の旗挿しをつけた馬、甲塚古墳の横坐り馬などは、被葬者の生前の活動を端的に示していると思われる。

4　狩猟場面を表現する犬、猪、鹿と狩人

群馬県伊勢崎市境町上武士天神山古墳からは猪 1 体と犬 1 体、見返りの牝鹿と思われるものが 1 体あり（国重要文化財指定では犬）、狩人の存在は未詳だが、狩猟対象獣としての猪とそれを追う犬という巻き狩りを表していたと考えられる。鹿は角がないので牝鹿と思われ、音に敏感な鹿が振り返っている姿である。これも狩猟対象獣と理解しておきたい。同様な場面は、群馬県高崎市

保渡田Ⅶ遺跡でも確認されており、狩人は腕先が欠損しているが、弓矢をつがえている表現と思われ、腰には象徴的に猪が吊り下げられている。猪には鏃が表現されており、そこから流れ出す血まで表現されている。巻き狩りの様子を示している。

巻き狩りの対象獣は猪ばかりではなく、鹿もその対象であった。群馬県高崎市太子塚古墳では狩人は未詳だが、牝鹿の左胴部に鏃が表現されており、そこから流れ出す血まで表現されている姿は、保渡田Ⅶ遺跡のものと同様である。牝鹿を弓矢で狩る様子なのだろう（かみつけの里博物館 2019）。

全国の事例を集めると、猪と鹿はほぼ同様の数であることが分かっているので、日本列島において多くの地域で猪狩り、鹿狩りが行なわれていたと考えられる（日高 2015）。装飾付須恵器にも同様の場面が小像として表されている。また、弥生時代の銅鐸絵画の中にも、同様の場面が確認できる。極めて重要な儀礼であったことがわかるだろう。

狩人の埴輪の腰に猪がぶら下っている造形がある。両足を上に向けてウリボウのような線刻がある造形と両足を下に向けたものがあり、大塚和義は前者をウリボウすなわち幼獣で、後者は成獣をシンボリックに造形したと理解した（大塚 1998）。腰にウリボウをぶら下げているのは、幼獣を持ち帰って飼養することを表しているのだろう。文献史料には、猪甘部あるいは猪養というように登場するが、これらは幼獣の猪を飼育して大きくすることを目的としていた（瀧川 1971）。飼育した猪は、成獣となったら食用として貢上したのであろう。猪と豚との違いについては、埴輪からは分からない。

鹿については、文献史料には鳴き声を聞く、土地の神が白い鹿として現れる、神祭りの料物として角・皮を納めるといったことがでてくる。鹿だけが特に神聖視されて稲と結びつくことについて、岡田精司は毛色の変化や角の生長･脱落が稲の季節的変化と対応していると述べた（岡田 1988）。そして『万葉集』第 16 巻 3885 にみる乞食者の歌には、狩人の前に現れた鹿が体の各部分を指しながらその役割を歌っており、岡田は「角のついた鹿の毛皮を身にまとって、語りつつ舞う芸能として演ぜられた姿」（岡田前掲：p.147）と述べたのである。

鹿の角がある被り物をつけた人物埴輪が、近年茨城県下妻市千種 B3 号墳で出土している。著名な茨城県桜川市青木出土の跪く人物（国指定重要文化財）

も、同様の被り物をつけている。また、鳥取県北栄町土下210号墳の女子埴輪は、鹿の子模様がついた服を着ている。何らかの儀式の場でそのような姿で登場し、舞い踊っていたのだろうか。

猪と鹿の意味について、猪は負の存在（凶兆）であり鹿は正の存在（吉兆）であると評価している。また、猪は多産であり鹿は1頭しか出産しない。つまり、猪と鹿はすべてにおいて正反対の存在であり、本来的に埴輪として両者を表現することが望ましかったのではないかと理解したが（日高2015：pp.46-47）、猪だけの例や鹿だけの例もあるので、被葬者との関わりのなかでそれぞれが選択されたのかもしれない。

5　他の動物埴輪

ここまで、鳥、馬、狩猟場面の動物埴輪などについて説明してきた。動物埴輪としては、他に牛・猿・魚・ムササビなどが確認されている。

牛は、馬と同様に古墳時代中期以降に日本列島に渡来してきた動物である。当初から畑を耕すために導入されたと思われるが、兵庫県朝来市船宮古墳の牛は鼻輪の表現がある。類例は少ないが、近畿地域と関東地域で14例が知られている（基峰2017）。破片になってしまうと、他の動物と区別ができないだろうから、西日本地域でも類例はあるだろう。牛の役割としては乳・農耕利用が考えられるが、特に6世紀以降には耕作に欠かせない動物として使役されていた。平安時代以降になると牛車もあるが、古墳時代には車輪そのものがなかった（加藤1993）。朝鮮半島から渡来した最新の生き物・技術を、被葬者が所有していることを示したのではなかろうか。

猿は、著名なものとして国指定重要文化財の伝茨城県行方市沖洲大日塚古墳出土品があり、その他にも今城塚古墳や奈良県天理市小墓古墳など少ないものの類例がある（森田2017、今西2018）。大日塚古墳のものは背中に剥離痕があり、小墓古墳のものは背中に小さな手足の痕跡があり、おそらく子猿を背負っていたのだろう。群馬県前橋市後二子古墳出土の円筒埴輪には口縁部近くに親子の猿が造形されていて、親猿は下を向いている。同じトレンチからは犬形の土製品が出土しており、剥離痕から上方を向いて貼り付けられていたようである。おそらく、これらがセットになって、円筒埴輪を木にみたてて下から犬が吠えかかっている様子を表現したものと思われる。

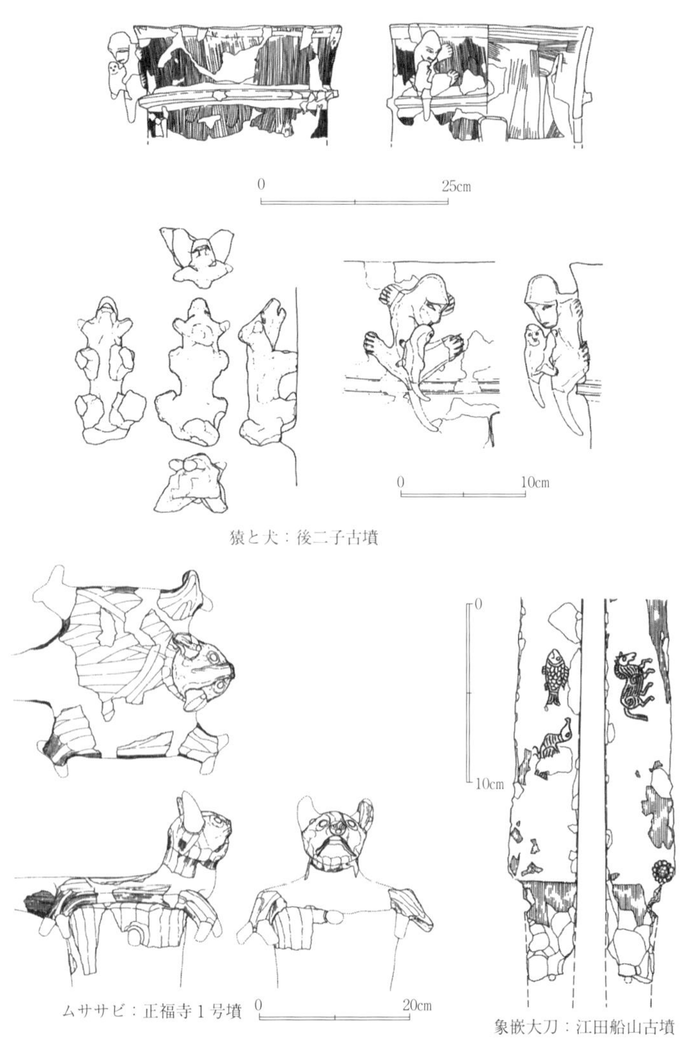

図３　各種の動物埴輪３と象嵌大刀（猿と犬・ムササビ）
猿と犬：後二子古墳（前原ほか 1992）　ムササビ：正福寺１号墳（宇田 1996）
象嵌大刀：江田船山古墳（東博 1995）

魚は、現在の利根川流域周辺で主に確認される埴輪である（若松 2008）。先にみた鵜飼の表現と同様に捕食の対象であろうが、その種類については河川を遡上する鮭や川を泳ぐ魚類を表していたのだろう。ボラ・ウグイ・コイなどが候補として挙げられている。

ムササビは、千葉県成田市南羽鳥正福寺1号墳だけで確認されるものである。もちろん食用ではなく、その姿は飛膜を広げて滑空する様子を表現しているようである。

猿を含めて、類例の少ない埴輪はその地域に生息している野生動物の日常的な姿を造形していると思われ、被葬者が治める土地の豊かさとともに様ざまな動物を所有しているという意味、あるいは被葬者とつながりが深い動物であったため表現されたのだろう。

6 動物埴輪の意味

形象埴輪は、外に晒すことを目的に立てられたものである。堤の上や墳丘の側面、低い前方部上など、外から見られることを意識して置かれていた。私は「公の芸術作品」と呼んでいる（日高2013）。副葬品が主体部に秘匿されたのに対して、埴輪が外部に置かれたのは見せることが目的である。

動物埴輪は、水鳥、馬、牛、猿、ムササビなどは首長（被葬者）がこれらを所有していることを示していて、犬と猪・鹿、鵜飼、魚、鷹飼などは狩猟そして獲物を主要なテーマとして作られたが、これらを所有していることも示していよう。鶏は異なる意義があったようで、結界のように世界を分ける意味があったのかもしれない。これらを外部に晒すことにより、被葬者の生前の活動・儀礼などを表したのではなかろうか。

おわりに

ここまで、動物埴輪における家畜や野生動物のあり様を述べてきたが、これらの動物が埴輪として古墳で立て並べられる意義は、それらを所有していると主張することにあったと考えられる。特殊な動物は、被葬者の生前の活動を具体的に示すために作られたのだろう。

本稿は日高2019bをもとに、その後の知見等を追記したものである。

引用・参考文献

諫早直人　2019「馬の流通、馬による交通」『月刊考古学ジャーナル』731、pp.15-19
今西康宏　2018「畿内の猿形埴輪」『埴輪論叢』8、pp.87-100
宇田敦司　1996『南羽鳥遺跡群Ⅰ』印旛郡市文化財センター
大塚和義　1998「イノシシの魂を所持する人物埴輪の考察」『時の絆―道を辿る―』石附喜三男

先生を偲ぶ本刊行委員会、pp.537-548
岡田精司　1988「古代伝承の鹿」『直木孝次郎先生古稀記念会 古代史論集』上、塙書房、pp.125-151
賀来孝代　2002「埴輪の鳥」『日本考古学』14、pp.37-52
賀来孝代　2009「鳥形埴輪の表現」『埴輪研究会誌』13、pp.19-32
賀来孝代　2017「古墳時代の鵜と鵜飼の造形」『古代』140、早稲田大学考古学会、pp.81-104
樫田　誠　1992『矢田野エジリ古墳発掘調査報告書』小松市教育委員会
加藤友康　1993「「くるま」の比較史」『アジアのなかの日本史Ⅵ　文化と技術』東京大学出版会、pp.91-112
加藤秀幸　1976「鷹・鷹匠、鵜・鵜匠埴輪試論」『日本歴史』336、pp.60-74
かみつけの里博物館　2019『第27回特別展 太子塚古墳を考える』
基峰　修　2017「文献と埴輪・壁画資料から見た牛甘（飼）」『人間社会環境研究』34、金沢大学大学院人間社会環境研究科、pp.77-98
斉藤国夫　1989「埼玉県行田市酒巻14号墳の埴輪配列について」『古代』87、pp.172-188
佐々木憲一・忽那敬三編　2015『舟塚古墳 埴輪編』茨城県教育委員会
志田諄一　1970「鳥取部と鳥養部」『遠藤元男博士還暦記念 日本古代史論叢』pp.177-203
島田孝雄ほか　1999『太田市指定重要文化財鷹匠埴輪修復報告書』太田市教育委員会
志村　哲　2002「熊形埴輪」『動物考古学』18、pp.111-116
下野市教育委員会　2014『甲塚古墳発掘調査報告書』
下妻市教育委員会　2017『千草B古墳群』
杉山晋作・井上裕一・日高　慎　1997「古墳時代の横坐り乗馬」『古代』103、pp.157-186
瀧川政次郎　1971「猪甘部考（上・下）」『日本歴史』272・273、pp.77-99・pp.108-123
東京国立博物館　1995『江田船山古墳出土　国宝銀象嵌銘大刀』
中島洋一ほか　1988『酒巻古墳群』行田市文化財調査報告書20、行田市教育委員会
南雲芳昭　2019「人が乗る馬形埴輪」『日本一の埴輪県 集まれ！ぐんまのはにわたち』pp.128-133、群馬県立歴史博物館
日高　慎　2013「公の芸術作品」だった人物埴輪」『新発見週刊日本の歴史』09、朝日新聞出版、pp.30-32
日高　慎　2015『東国古墳時代の文化と交流』雄山閣
日高　慎　2016「古墳時代の女性像と首長」『総合女性史研究』33、pp.30-43
日高　慎　2019a「東国における双脚人物埴輪」『日本一の埴輪県 集まれ！ぐんまのはにわたち』群馬県立歴史博物館、pp.114-121
日高　慎　2019b「ムササビ形埴輪の意味―動物埴輪にこめられたもの―」『（公財）印旛郡市文化財センター設立35周年記念講演会講演要旨』公益財団法人印旛郡市文化財センター、pp.11-18
日高　慎　2021a「古墳時代の首長と女性人物埴輪」『ジェンダー分析で学ぶ女性史入門』岩波書店、pp.27-46
日高　慎　2021b「人物が跪くのはどのような場面なのか」『埴輪研究会誌』25、pp.69-80
前原　豊ほか　1992『後二子古墳・小二子古墳』前橋市教育委員会
森　浩一　2008「鯨と日本人・日本文化」『鯨研通信』440、pp.6-12
森田克行　2017「猿形埴輪の真相―今城塚古墳出土獣脚埴輪の新解釈―」『高槻市文化財年報 平成27年度』高槻市教育委員会、pp.43-52
若狭　徹　1990『保渡田Ⅶ遺跡』群馬町教育委員会
若狭　徹ほか　2000『保渡田八幡塚古墳』群馬町教育委員会
若松良一　2008「魚形埴輪の出現背景」『埴輪の風景』六一書房、pp.225-231
若松良一　ほか1992『二子山古墳・瓦塚古墳』埼玉県教育委員会

東北アジア先史時代動物形製品からみた動物観

古澤義久
FURUSAWA Yoshihisa

1　緒言

動物形製品は当時の人々の動物観を表象する遺物の一つである。本稿では東北アジアの動物形製品について概観し、日本列島との関係について述べる。主たる対象地域は遼西地域から沿海州、韓半島にわたる地域で、各地域間の併行関係については表1のとおりである。

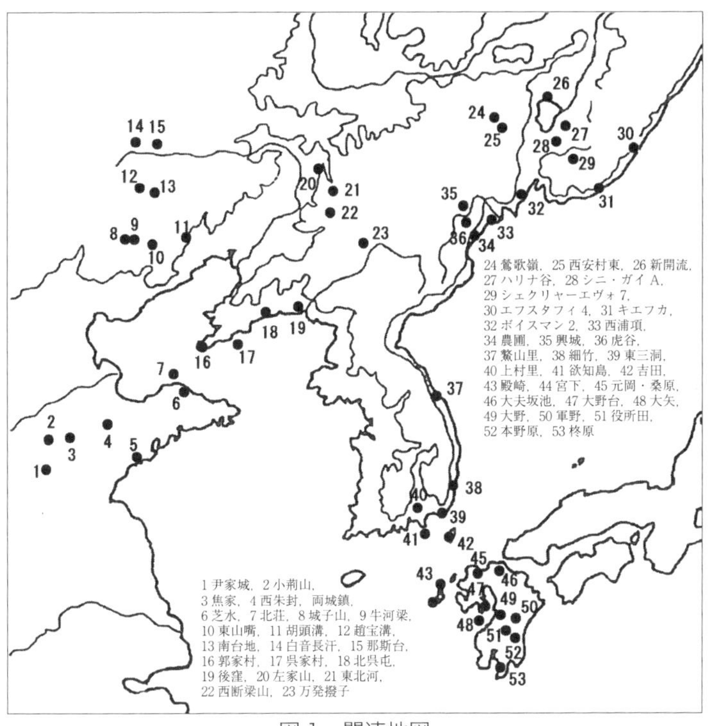

図1　関連地図

2　東北アジアの動物形製品の2つの位相

(1) 野生動物を中心とする位相

新石器時代前半期には野生動物を象った製品が広くみられる。鴨緑江下流域の後窪（コウワ）下層（図4-2～16）や上層（図4-18・19）が代表的でイノシシ・ブタ形、“猪龍（チョリュウ）”形、トラ形、タカ等の鳥形、魚形、セミ、カイコ等の虫形等の多彩な滑石製品・玉製品が出土している。滑石製品には片面に人面、片面に鳥が表現されたものもみられる（図4-4）。宋兆麟は鳥像が多いことや人鳥同体石彫像から鳥・トーテムとの関係を想定している（宋1989）。金鐘赫は後窪下層では鳥をはじめとする各種動物形製品がみられるのに対し、後窪上層では動物形製品の比率が減少し、人物像の比率が高まっていることからトーテム信仰から母神または父神信仰へ崇拝思想が変化したと指摘している（金1997）。大貫静夫はこれらの土偶、石製品が多く出土した後窪が特別な集落である可能性を検討する必要があるとする（大貫1998）。このような後窪下層・上層での組成は興隆窪（コウリュウワ）文化～紅山（コウザン）文化でもみられ（図3-1～11）、遼西地域との関係が想定される。紅山文化は既に農耕社会であったが、その祭祀は狩猟・採集文化の強い伝統下に肥大化したものであると秋山進午（1989）や大貫静夫（1998）は指摘している。吉長（キッチョウ）地区でも鳥形石製品（図4-17）や龍形石製品（図4-20）が出土しており、同様に遼西地域との関係が想定される。遼東半島の北呉屯（ホクゴトン）上層で出土した玉鳥（図4-21）は鴨緑江下流域の後窪下層（図4-9）や後窪上層（図4-19）に類例がみられ、両地域の関係が密接であったことを示す。

野生動物を象った土製品も多くの地域に分布している。中でもクマの出現頻度は東西を問わず高い（図3-1・5、図4-22、図5-4）。このようなクマをはじめとする野生動物の製品を用いて、祭祀を行うということは極東平底土器の分布する東北アジアの基層的な文化要素とみても支障はないものと考えられる。特に、韓半島東部および南部の新石器時代早期の土器は平底が主で、大貫静夫の定義する極東平底土器に含まれるが、ここでもクマ形（図7-1・3）やオットセイ形（図7-4）などの動物形製品が認められることは重要である。韓半島南部地域と東海岸地域の動物形製品に関連があるという指摘は既に金恩瑩によってなされている（金2007）。また、沿海州を中心とする地域の小さな動物形製品と密接な関係があるとする見解も提示されてきているが（金2008）、両者に直接の関係があるのかは今後追求しなければならない課題である。

野生動物は写実的なものもある一方で、相当程度変形したものも多く、“猪龍”（図4-16）などはその典型的な事例である。このような変形は精霊信仰（アニミズム）などとの関連が考えられよう。新石器時代前半期に東北アジア一帯を覆った野生動物の組成は、その後、地域によって異なる終焉を迎える。吉長地区では小珠山（ショウジュザン）中層期～呉家村（ゴカソン）期に併行する段階（図4-28）まで、豆満江（トウマンガン）流域では西浦項（ソポハン）3期（図5-5～7）、沿海州ではザイサノフカ文化新段階（図5-10～12）からプフスン上層類型（図5-26～28）を経て、シニ・ガイ文化（図5-30～33）といった青銅器時代まで継続する。シニ・ガイ文化に該当するシニ・ガイAでは土坑の中からアカシカの骨が出土したが、角が切られた頭骨と前肢は東を向き、後肢は曲げられていた。肋骨の間には粘板岩製の石鏃、肋骨右側には割られたノロの骨がおかれ、アカシカの遺体のそばに土器片と穿孔されたイノシシの犬歯、そしてシカ形土製品がおかれていた（図6）。このように動物形土製品が使用されていた状況が窺われる資料があるが、やはり祭祀に用いたものと考えられる。

（2）ブタとイヌを中心とする位相

野生動物の組成の後、東北アジア全体でブタやイヌを象った製品が広くみられるようになる。ブタ形製品はブタの馴化や飼育の普及と関連付けて考えられてきた（王ほか1986、李1987、加藤・山添2005）。大貫静夫は野生動物が消滅しブタ形土製品のみが出土するようになることについて華北型の農耕文化の拡大が精神世界の変化をも促したものと指摘している（大貫1998）。

ここでは、ブタ形製品とともにイヌ形製品も組成をなしていることを強調しておきたい。この変化が最初にみられるのは遼東半島の呉家村期で、イヌ形土製品（図4-25）とブタ形土製品（図4-26・27）が出土した。張仲葛によると郭家村（カッカソン）出土イノシシ・ブタ形土製品は体形がイノシシとは明瞭に区分されブタであるという（張1979）。

同時期の紅山文化では一部ブタもみられる（図3-9）ものの野生動物を中心とする組成が継続しているため、遼西地域からの影響ではない。海岱（カイタイ）地区では後李（コウリ）文化以降、ブタ（図2-1・2・4～6・9・12）、イヌ（図2-7）、鳥（図2-8・11）を主対象とした製品が継続してみられるため、遼東半島での初出は海岱地区の影響であると考えられる。呉家村期には膠東（コウトウ）半島と遼東半島間で活発な交流

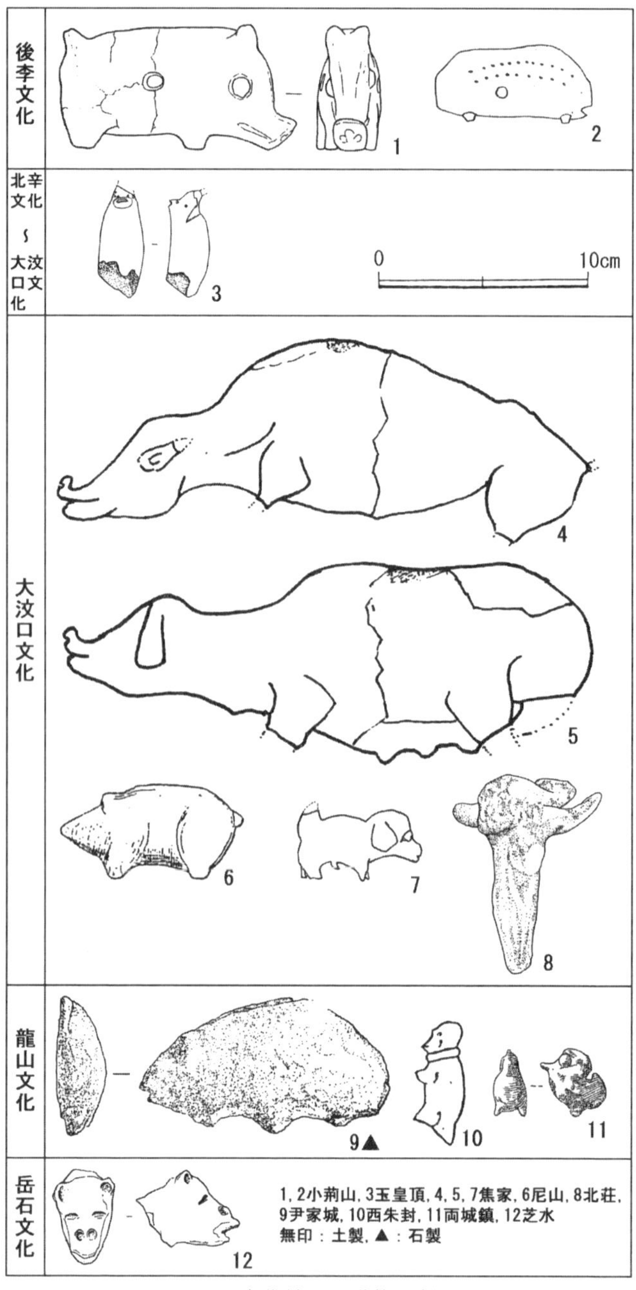

図２　海岱地区の動物形製品

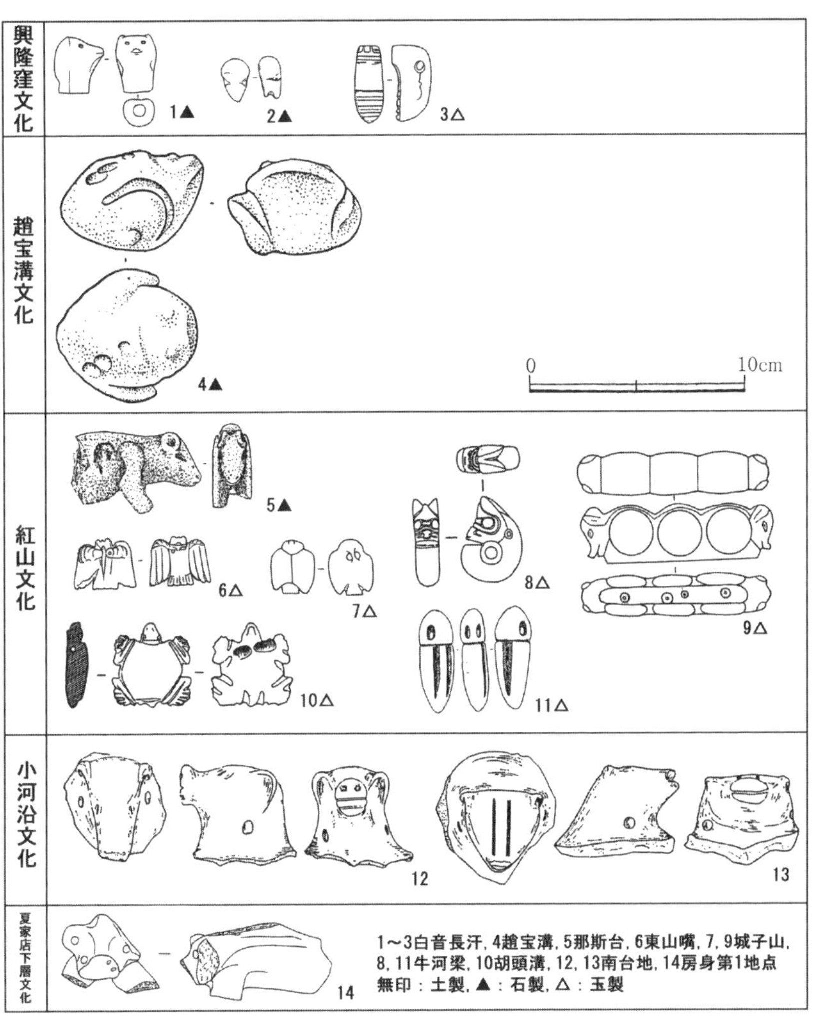

図３　遼西地域の動物形製品

があり、土器や紡錘車などにその影響関係を看取することができる。特に土器では膠東半島系の土器様式が遼東半島の土器様式に組み込まれる様相を示し、膠東半島からの移住があった可能性も想定され、精神文化においても影響関係があったことが想定される（古澤 2018）。ただし遼東半島のブタ形土製品（図4-26・27）自体は前段階の後窪下層・上層のイノシシ・ブタ形製品（図4-15・18）などの在地の系譜を引いた形態を示しているように、海岱地区の動物祭祀と完

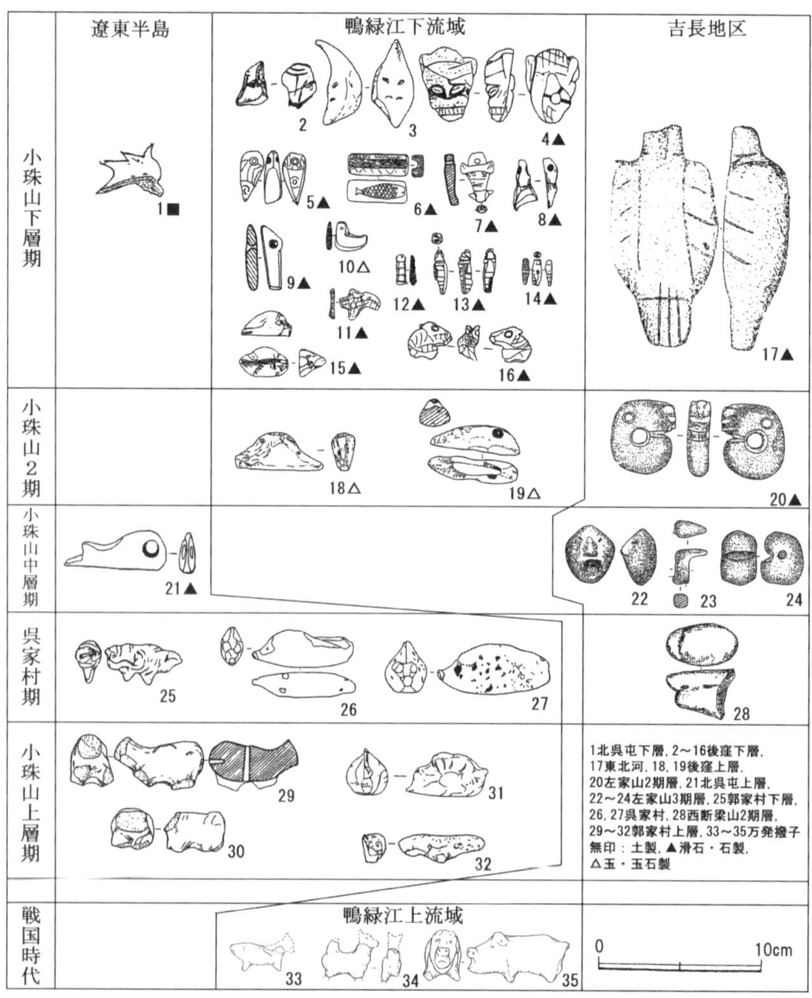

図４　遼東地域の動物形製品

全に一致するわけではない。また、海岱地区で隆盛する鳥形製品（何 1981）が遼東半島で盛行した形跡はこれまでのところ確認されないという差異もある。

今村佳子によると中国全土の動物意匠で最も多いのは鳥、次いでブタ（イノシシ）、イヌであるという（今村 2010）。その点を勘案すると海岱地区での在り方にみられるブタとイヌを中心とする動物形製品の組成は華北型農耕との関係を想定することができよう。このブタ形・イヌ形の組成は、遼西地域では

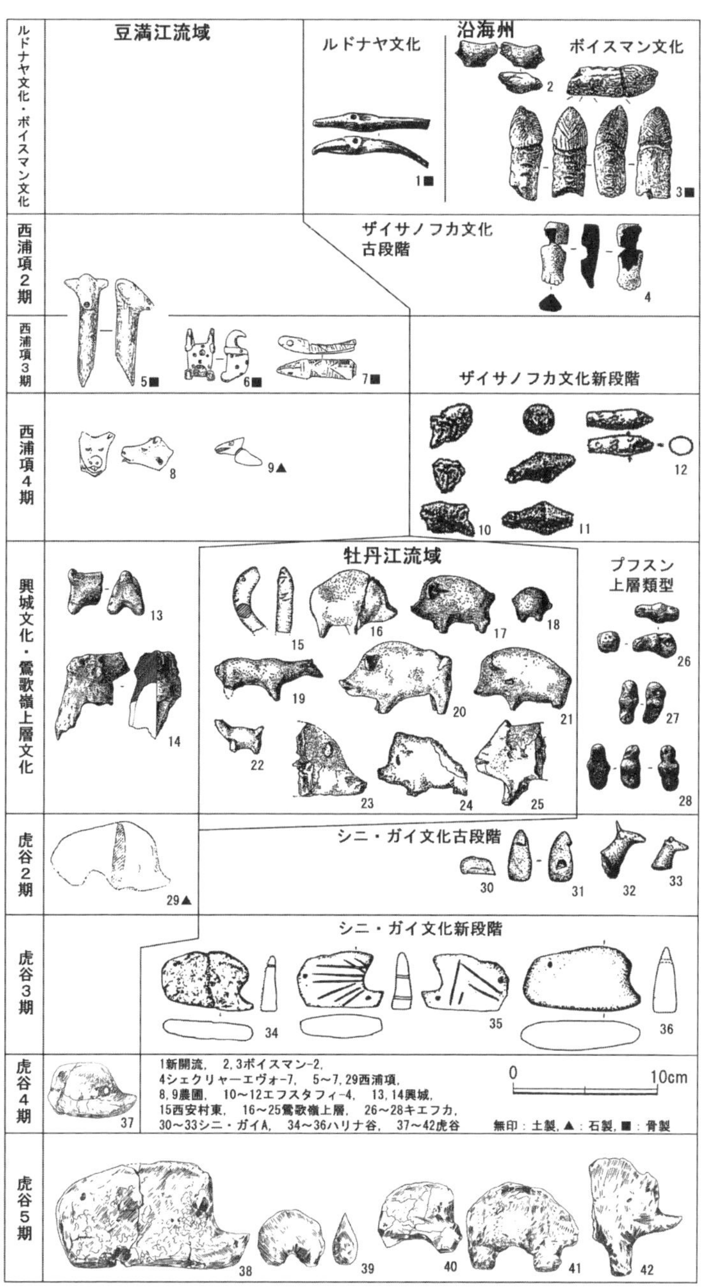

図５　豆満江流域の動物形製品

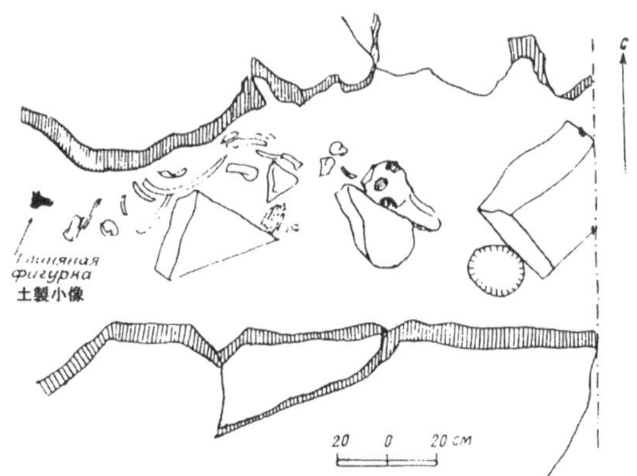

図6　アカシカ骨などが出土したシニ・ガイＡ土坑

（Бродянский 1987を改変）

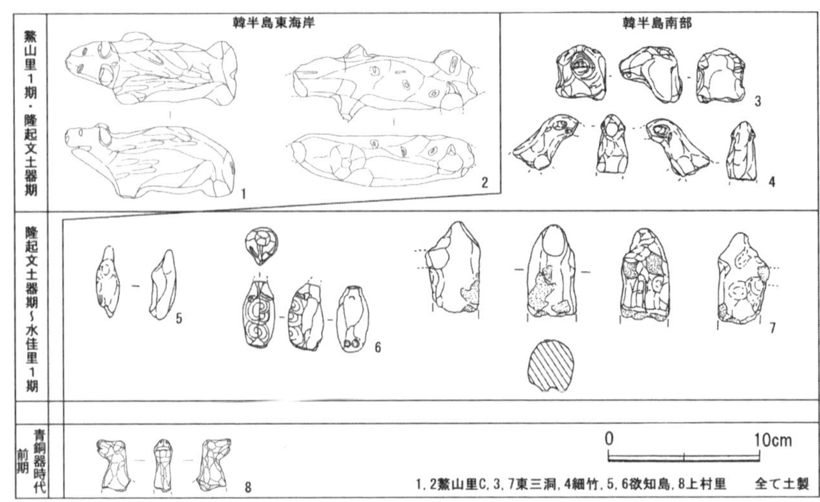

図7　韓半島東・南部の動物形製品

遅れて小河沿（ショウガエン）文化の段階（図3-12・13）に認められ、夏家店（カカテン）下層文化に継続する（図3-14）。遼東半島では前代の形態的様相を引き継いで小珠山上層期にもイヌ形土製品（図4-29・30）とブタ形土製品（図4-31・32）がみられる。そして、戦国時代に併行する鴨緑江上流域の万発撥子（マンハツハッシ）第3期後半でもブタ形土製品（図4-35）とイヌ形土製品（図4-33・34）が確認されているので、遼東地域の内陸山地などで、ブタ形・イヌ形の組成は製作・使用が継続した可能性が高い。豆満江流域では西浦項4期にイヌ形土製品（図5-8）と鳥形石製品（図5-9）がみられるので、華北由来のブタ形・イヌ形の組成が影響を与えた可能性も考えられるが、いまだ不分明である。確実にブタ形・イヌ形の組成がみられるのは、豆満江流域の興城文化（図5-13）や牡丹江流域の鶯歌嶺上層期といった青銅器時代前期である。ブタ形土製品（図5-16〜18・20・21・23・24）とイヌ形土製品（図5-19・22）は斉一性の高い形態で、動物形土製品の定型化が看取される。

豆満江流域周辺では以前の段階からヘビ形（図5-3・7・12）がよく用いられる伝統があるが、ブタ形・イヌ形の組成となっても継続してヘビ形（図5-15）やクマ形（図5-25）が用いられる点に地域性をみることができる。豆満江流域や牡丹江流域ではブタ形・イヌ形の組成が、在来の野生生物の祭祀の中に貫入したものと捉えることができる。その後、鶯歌嶺上層（図5-23）→西浦項7期層（図5-29）→ハリナ谷（図5-34〜36）→虎谷4期層（図5-37）→虎谷5期層（図5-38）と四肢が省略されたブタ形製品の系譜を戦国時代併行期まで追うことができ、継承関係が明確である。このように豆満江流域周辺では遼東地域とは明確に時間差をもってブタ・イヌ形組成が展開する。大貫静夫は極東西部にイノシシ類が多く東部にクマが多いと指摘したことがある（大貫1998）が、この差異は時期差を捉えたものである可能性がある。なお、虎谷5期の27号住居址で出土した脚付き（図5-39〜42）と脚なしのブタ形土製品について雌雄の別を表現しているという見解もある（甲元1997）。

新石器時代の韓半島南部ではブタ形・イヌ形の組成は明確にはみられない。動物形製品を用いた祭祀が発達しなかった韓半島中西部由来の韓半島丸底土器が南部に展開したためである。隆起文土器〜水佳里Ⅰ式土器が混在する包含層であるため、詳細な時期比定が困難であるが、南海岸の欲知島ではイノシシ形土製品が出土しており（図7-5・6）、東三洞でも動物形製品（図7-7）が出土している。なお、欲知島出土のイノシシ形製品と遼東半島の横長のブタ形土偶は形態が類似するため関連を想定する見解（甲元1997）もある。筆者は中間地域の韓半島中西部で動物形製品が発達せず、直接の伝播については否定的に考えている。青銅器時代前期（二重口縁土器期〜孔列土器期）の上村里で出土した動物形製品（図7-8）はイヌ形でまさにブタ形・イヌ形の組成の一角をなしていた可能性が想定される。同時代の遼東半島では既に動物形製品を用いる祭祀の痕跡が確認できない。しかし、青銅器時代の豆満江流域や牡丹江流域でブタ形・イヌ形の組成が認められ、戦国時代に併行する鴨緑江上流や豆満江流域でもブタ形・イヌ形の組成は残るので、遼東半島と豆満江流域間の中間地帯でブタ形・イヌ形の組成が存在した可能性が高い。筆者は韓半島中・南部の青銅器時代早期に該当する刻目突帯文土器期の土器、石庖丁、紡錘車などの文化総体は鴨緑江中・上流域からの影響で成立したと考えているので（古澤 2018）、そのような地域での今後の資料の増加を期待している。

（3）動物形製品の消滅

大貫は発展した農耕社会になると動物形製品が消滅すると指摘している（大貫 1998）。梁成赫は、大貫の見解を受けて、韓半島丸底土器の分布域で動物形製品がみられない理由について生業中における農耕の比重が大きかったためであると指摘している（梁 2009）。確かにこのような消滅現象は遼東半島などでは顕著に観察される。しかし、野生動物中心の動物形製品の組成が消滅した後、ブタ形・イヌ形の組成は、ブタ飼育を伴うアワ・キビ農耕が進展し、狩猟や採集を含めた複合的な生業形態を採用した鴨緑江上流域や豆満江流域周辺などでは、戦国時代に至っても継続しており、祭祀の時間的連続性を看取することができる。そのため、一概に農耕の発展や生業中の比重の増加と関連させられるかは不分明である。消滅の過程もある程度地域差がみられるようである。

3　家畜の展開との関係

組成としてみられたブタとイヌはともに先史時代の東北アジアで実際に飼育された家畜である。海岱地区では後李文化でイヌが発見されている。吉長地区では左家山（サカサン）1期の元宝溝などでイヌが検出されている。豆満江流域では西浦項1期に属する9号住居址でイヌが検出されている。沿海州ではボイスマン文化に属するボイスマン1における4号住居址などでイヌが確認されている（Вострецов и Тоизуми 1998）。韓半島南部では隆起文土器期の飛鳳里（ピボンニ）や細竹（セジュク）などの遺跡でイヌの検出例がある（金 2015）。このように新石器時代前半期にはすでに東北アジアの広い地域でイヌは普及していることがわかる。

一方、ブタはイヌよりも多くの地域で出現時期が遅れる。海岱地区では後李文化ですでにブタが飼育されているが、大汶口（ダイモンコウ）文化中期頃にブタ飼養が著しく進展したとされる（岡村 2002）。遼西地域では趙宝溝（チョウホウコウ）でブタ検出例が報告されているが、ブタであるかどうか論争があり（袁 2001）、ブタの飼育が普及するのは紅山文化とされる（大貫 1995）。ただし大貫が述べるように吉長地区の元宝溝（ゲンボウコウ）や左家山1期層でブタが確認されているので、趙宝溝文化でブタが飼育されていても不自然ではない。遼東半島では小珠山中層期以降、諸遺跡で多くのブタ骨が検出されており、ブタ飼育が活発化していることが想定される。さらに郭家村2号住居址ではブタ一頭分の骨が検出され、祭祀にも用いられたものとみられる（袁2009）。また、鴨緑江上流域の万発撥子新石器時代層でもブタが確認されている。豆満江流域では西浦項新石器時代層でも出土したとされるが、報告書が指す新石器時代層には興城（コウジョウ）文化に該当する層も含まれるので、西浦項4期（ザイサノフカ文化新段階）までに伴うかどうかが不分明である。確実な新石器時代の事例としては虎谷1期層で確認されたブタが挙げられるが（金1970）、西浦項4期よりやや新しい。ただし沿海州のザイサノフカ文化新段階のシニ・ガイAでは飼育されたブタの歯が出土していると報告されており（Бродянский 1987）、豆満江流域周辺におけるブタの初現には注意が必要である。韓半島南部ではブタの検出例がほとんどなく、青銅器時代や円形粘土帯土器段階でもブタの飼育を欠き、ウシやウマが先に家畜として導入されたとする見解（庄田2009）もある。しかし金憲奭らは紀元前5世紀頃の円形粘土帯土器段階の芳芝里（パンジリ）出土イノシシ類にブタが含まれているとし、韓半島南部におけるブタ飼育の年代はさらに遡る可能性が高いという（金・西本2013）。西本豊弘は「弥生ブタ」を一貫して韓半島からの渡来人がブタを持ち込んだものとみている（西本1991・1993）ので、韓半島南部でのブタ飼育も「弥生ブタ」と連動した議論となっている。

以上のようにおおむねイヌの普及の後にブタが普及するが、これは狩猟採集社会に猟犬として必要なイヌが先に普及し、アワ・キビ農耕の普及とともにブタ飼育も広まったということを想定させる。

家畜としてのイヌとブタの出現時期とは異なり、東北アジア各地ではブタ形とともにイヌ形の動物形製品が同時に主たる組成をなして出現する。従来の指摘のとおりブタ形製品はブタ飼育の普及とおおむね同時期にみられるようになる。吉長地域では左家山1期からブタが存在するようであるが、左家山3期に至ってもクマなどの野生動物を中心とした組成（図4-22～24）を示すのは、同様にブタを家畜として飼育していながら、紅山文化まで野生動物形製品を用いた遼西地域の影響を考えることができる。

反対にイヌは家畜として早くから普及したものの、野生動物を中心とする組成の中でイヌ形製品はさほど突出した役割を与えられない期間が長く続き、ブタ飼育の普及とともにようやくイヌ形製品が主たる組成としてみられるようになる。

農耕・牧畜が進展するにつれ、ブタとイヌが動物形製品に選ばれるということは何を意味するのであろうか。岡村秀典は中国新石器時代の集落内における動物犠牲では紀元前6千年紀にはイヌやブタが用いられ、紀元前3千年紀にはブタを主とする供犠が盛行したこと（岡村2001）や、大汶口文化で墓に殉葬される家畜にブタとイヌがあり、互換性があったものと指摘している（岡村2002）。そのためブタ形とイヌ形の動物形製品は動物供犠と関わりの深い使用法がとられたものと推定される。鶯歌嶺上層では住居址と土坑からブタ形・イヌ形製品、虎谷では住居址からブタ形製品が出土している。甲元眞之は虎谷では特定の遺構からまとまって破損した状況で出土していることから鶯歌嶺との用途的差異を想定している（甲元1997）が祭祀に用いられたことは共通する。

イヌは猟犬として重要な動物であるが、ブタが原則的に食用に利用されることを考慮すると、ブタと組成をなして現れるイヌ形製品は、イヌも猟犬であるとともに食用動物として利用されていたことを反映している可能性を考えてもよいのではないかと思う。ブタとともにイヌ骨が検出された郭家村下層では、ブタ、シカそしてイヌの骨に焼いた痕跡があるものが多く認められたことが報告されており（傅1984）、イヌも食用に供された可能性を示唆する。

4　九州の動物形土製品

以上の東北アジアの様相と日本列島との関係を考えるにあたって大陸の影響が最も及びやすい九州を取りあげる。これまで発見されている動物形土製品の古い例として阿高（あだか）式〜南福寺（なんぷくじ）式期に伴う事例（図8-1・2）がある。坂の下式に伴うイノシシ形製品も福江島（図8-3）や対馬島（図8-4）で確認されている。

縄文時代後期中葉の動物形土製品としてイノシシの鼻部を表現した遺物が知られるが（図8-5・6）、土器の突起部である可能性も提示されている。

縄文時代後期後葉にもイノシシなどを象った動物形土製品がみられる（図8-7・8）。このほか縄文時代後期に伴うと考えられるが、詳細な帰属時期がわからないいくつかの事例がある（図8-9〜11）。

このような縄文時代の九州における状況は、韓半島南部の動物形製品の形態や時期と全く一致することはなく、新石器時代〜縄文時代の動物形製品については、韓半島南部と九州間で交流関係も影響関係も全くなかったと述べざるをえない。ただし、今後、玄界灘島嶼部における韓半島からの渡航集団の滞在・居住地から韓半島系の動物形製品が発見される可能性はある。そうであっても九州の縄文社会に影響を及ぼすものではなかったであろう。

縄文時代の九州の動物形製品について山崎純男は東日本の文化要素であるとした。足形土器などのそのほかの意匠遺物との関連から、具体的な伝播経路として北陸地域から日本海側に沿った影響関係が想定され、その後九州で独自に展開したものとみている（山崎 2012）。

弥生時代の九州では動物形製品はほとんどみられないが、北九州市大夫坂池（だいふざかいけ）で表面採集された2点のイノシシ形土製品が知られており（図 8-12・13）、共伴遺物から弥生時代前期末から中期中頃の所産であると報告された。佐藤浩司は岡山県下でも弥生時代のイノシシ形土製品がみられるものの、岡山県では弥生時代後期〜古墳時代のものが多く（猪原 2002）、大夫坂池例とは時期的に合わないことを指摘している（佐藤 2007）。

また、福岡市元岡・桑原では弥生時代中期後葉〜後期後葉の溝埋土から動物形土製品が出土している（図 8-14）。常松幹雄は対象獣についてイノシシ、ブタ、イヌを候補に挙げ、特にブタの可能性について漢代明器と対比しながら指摘した（常松 2010）。

先に触れたように縄文時代にもイノシシ形土製品があるが、縄文時代後期頃を中心とし、縄文時代晩期まで下る事例はあまりなく、系譜関係にあるかどうかは不分明である。そこで、韓半島南部の上村里（サンチョンニ）でイヌ形土製品が出土していることが改めて注目される。上村里例の時期は青銅器時代前期（二重口縁土器期〜孔列土器期）で、九州の御領〜黒川式期頃に併行するため、大夫坂池例とはまだ時間的な懸隔が埋めきれていない。

しかし、夜臼式期の菜畑での下顎骨懸架が大陸との関係を示すように（渡辺 1982、春成 1993）、「弥生ブタ」は導入初期から大陸的な祭祀と密接に関わっていた点を勘案すると、大夫坂池例や後続する元岡・桑原例も、大陸的なブタ形・イヌ形製品組成の影響を受けたものである可能性も残っている。

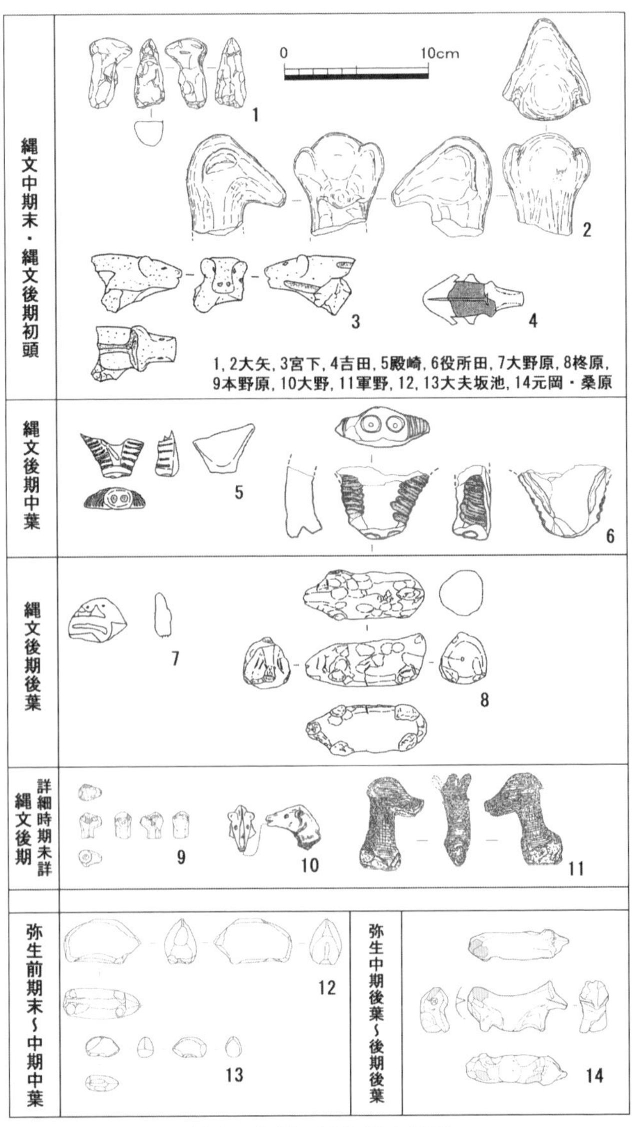

図８　九州の動物形土製品

5　結語

本稿では東北アジアにおける先・原史時代動物形製品について検討し、野生動物を中心に精霊信仰的な動物観を持った段階から、ブタとイヌを中心と

表1　各地の併行関係

海岱地区	遼西地域	遼東地域		豆満江流域等		韓半島東・南部	九州
		遼東半島・鴨緑江流域	吉長地区	豆満江流域	沿海州		
後李文化	興隆窪文化					鰲山里1期・隆起文土器期	
北辛文化	趙宝溝文化	小珠山下層	左家山1期	西浦項1期	ルドナヤ文化・ボイスマン文化	隆起文土器期	
大汶口文化	紅山文化	小珠山2期	左家山2期	西浦項2期	ザイサノフカ文化古段階	瀛仙洞式期	
		小珠山中層期	左家山3期				
		呉家村期	西断梁山2期	西浦項3期	ザイサノフカ文化新段階	水佳里Ⅰ期	
	小河沿文化	三堂村1期		西浦項4期		水佳里Ⅱ期	
龍山文化		小珠山上層期					
	夏家店下層文化	双砣子1期		虎谷1期		水佳里Ⅲ期	縄文後期初頭～中葉
岳石文化		双砣子2期		興城文化	ブフスン上層類型		縄文後期後葉
				虎谷2期	シニ・ガイ文化古段階	青銅器時代早期	縄文晩期
				虎谷3期	シニ・ガイ文化新段階	青銅器時代前期	
				虎谷4期			
戦国時代	戦国時代	万発撥子3期		虎谷5期			弥生前期末

野生動物組成　ブタ・イヌ組成　ブタ・イヌ組成の可能性

する家畜による供犠を行うような段階に変化したことを述べた。併せてこの段階にイヌは猟犬としての役割の他に食用に供された可能性について指摘した。中国中原では商代にウシ優位の供犠がはじまりブタ優位は終焉すると指摘されているが（岡村 2002）、豆満江流域や鴨緑江上流域などでは戦国時代に至るまでブタ形とイヌ形製品の組成が展開し、海岱地区の大汶口文化頃に端を発する古い習俗が形を変化させながら遺存する。その一派は青銅器時代の韓半島南部、そして弥生時代の九州に到達した可能性についても考えてみた。

従来、縄文時代には狩猟の伴侶として大切に扱われたイヌが弥生時代に入り大陸からの影響で食用とされたと指摘されてきた（西本 2008、内山 2014 など）。しかし、イヌの食用に関する大陸での具体的な跡づけは十分とはいえない現状である。本稿では東北アジア動物形製品の展開を追うことで、具体的なイヌ食の軌跡の一端を示してみたつもりである。

本稿で扱った内容についての着想は 18 年の生涯を過ごした徐ユンバルとの関係なしには、なしえなかったことを明記し、感謝とともに哀悼の意を捧げる。

引用・参考文献

秋山進午　1989「紅山文化と先紅山文化」『古史春秋』5
猪原千恵　2002「弥生時代後期から古墳時代前半の岡山県出土のイノシシ形土製品について」『環瀬戸内海の考古学―平井勝氏追悼論文集―』古代吉備研究会
今村佳子　2010「中国先史時代の動物意匠」『中国考古学』10
内山幸子　2014『イヌの考古学』同成社

大貫静夫　1995「環渤海初期雑穀農耕文化の展開」『東北アジアの考古学研究』同朋舎
大貫静夫　1998『東北アジアの考古学』同成社
岡村秀典　2001「殷周時代の動物供犠」『中国の礼制と礼学』朋友書店
岡村秀典　2002「中国古代における墓の動物供犠」『東方学報・京都』74
加藤里美・山添奈苗　2005「山東省・遼寧省新石器時代偶像研究の現状と課題」『東アジアにおける新石器文化と日本Ⅱ』國學院大學
金　憲奭・西本豊弘　2013「韓国におけるブタ飼育の始まりについて」『動物考古学』30
甲元眞之　1997「朝鮮先史時代の土偶と石偶」『宗教と考古学』勉誠社
佐藤浩司　2007「北九州市小倉南区横代所在大夫坂池採集のイノシシ形土製品」『九州考古学』82
庄田慎矢　2009「東北アジアの先史農耕と弥生農耕」『弥生時代の考古学5 食糧の獲得と生産』同成社
常松幹雄　2010「弥生時代の動物形土製品—福岡市元岡・桑原遺跡群出土資料—」『動物考古学』27
西本豊弘　1991「弥生時代のブタについて」『国立歴史民俗博物館研究報告』36
西本豊弘　1993「弥生時代のブタの形質について」『国立歴史民俗博物館研究報告』50
西本豊弘　2008「イヌと日本人」『人と動物の日本史1 動物の考古学』吉川弘文館
春成秀爾　1993「豚の下顎骨懸架」『国立歴史民俗博物館研究報告』50
深澤太郎　2006「第Ⅲ章遼寧省における調査 第2節土製品（1）呉家村遺跡 a. 猪形土製品」『東アジアにおける新石器文化と日本Ⅲ』國學院大學
古澤義久　2018『東北アジア先史文化の変遷と交流』六一書房
山崎純男　2012「西日本における蛇の装飾」『尖石縄文考古館開館10周年記念論文集』尖石縄文考古館
梁　成赫（金　憲奭訳）　2009「韓半島の新石器時代の造形物に関する試論」『新弥生時代のはじまり4 弥生農耕のはじまりとその年代』雄山閣
渡辺　誠　1982「動物遺体1 哺乳類」『菜畑遺跡』唐津市文化財調査報告5
〈韓文〉
金信圭　1970「우리 나라 原始遺蹟에서 나온 哺乳動物相」『考古民俗論文集』2
金恩瑩　2007「高城 文岩里遺蹟을 通해 본 新石器時代 平底土器文化의 展開」『文化財』40
金材胤　2008「先史時代의 極東 全身像 土偶와 環東海文化圈」『韓国上古史学報』60
金鐘赫　1997「後窪遺蹟의 彫塑品에 대하여」『朝鮮考古研究』1997-3
金憲奭　2015「新石器時代 出土 動物遺体의 研究 成果와 향후의 方向性」『考古学誌』21
〈中文〉
傅仁義　1984「大連郭家村遺址的動物遺骨」『考古学報』1984-3
何徳亮　1981「山東史前彫塑浅談」『美術史論叢刊』1
李宇峰　1987「東北地区原始彫塑芸術初探」『史前研究』1987-2
宋兆麟　1989「後窪遺址彫塑品中的巫術寓意」『文物』1989-12
王　宇・陳麗華・王珍仁　1986「大連沿海地区原始文化芸術芻論」『遼寧師範大学学報』1986-5
袁　靖　2001「中国新石器時代家畜起源的問題」『文物』2001-5
袁　靖　2009「中国新石器時代使用猪進行祭祀和随葬的研究」『兪偉超先生紀念文集　学術巻』文物出版社
袁　靖　2010「中国古代家養動物的動物考古学研究」『第四紀研究』30-2
張仲葛　1979「出土文物所見我国家猪品種的形成和発展」『文物』1979-1
〈露文〉
Бродянский Д. Л. 1987. *Введение в Дальневосточную археологию.* Владивосток.
Вострецов Ю. Е., Тоизуми Т. 1998. Охотничья деятельность.*Первые рыболовы в заливе Петра великого.* Владивосток.

第2章

家畜のはじまりと広がり

西アジア・中央アジアにおける牧畜のはじまり

新井才二
ARAI Saiji

はじめに

牧畜の起源地は西アジアにあり、その成立は完新世の初頭にまで遡る。これが数千年をかけ、時に形を変えながらユーラシアの各地へと波及した。本節ではまず西アジアにおいて牧畜が成立した過程を、現在までに得られている知見に基づいて述べる。その後に、牧畜が西アジアの外側、特に東方の中央アジアへいつ・どのように拡散したか、近年の研究成果を交えて紹介したい（図1）。

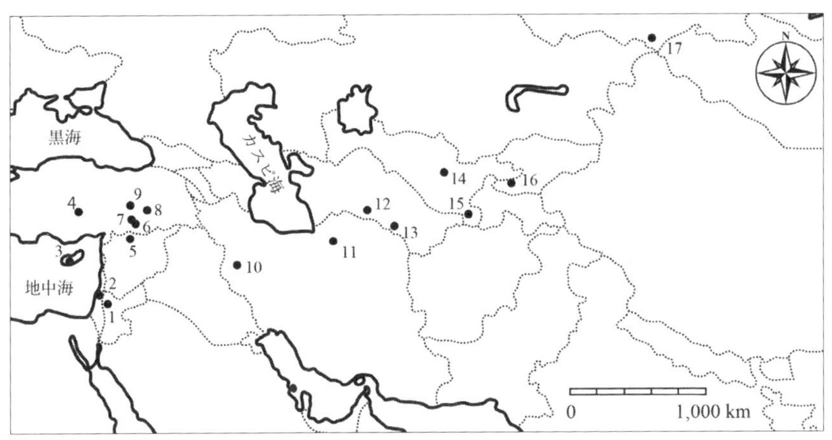

図1　本稿で言及する遺跡

1：ウユン・アル＝ハンマーム　2：アイン・マラッハ、ハヨニム・テラス
3：アクロティリ＝アエトクレムノス　4：アシュクル・ホユック
5：テル・ムレイベト、ジェルフ・エル＝アハマル、テル・アブル3、ジャーデ、テル・ハルーラ
6：ギョベクリ・テペ　7：ネヴァル・チョリ　8：ハラン・チェミ　9：ジャフェル・ホユック
10：ガンジ・ダレ　11：タペ・サンギ・チャハマック　12：ジェイトゥン
13：モンジュクリ・デペ　14：アヤカギトゥマ　15：カイナル・カマル　16：オビシールV
17：ニジュニャヤ・スール

1　家畜化前夜の動物利用

牧畜の成立条件である偶蹄類の家畜化が進行した背景を探るには、その直前の時期における人―動物間の関係の検討が有効である。ここでは上部旧石器時代末から新石器時代初頭の様相について概観する。西アジアの時代区分において、上部旧石器時代の終わりから完新世の開始の間にあたる約1万年間は、終末期旧石器時代（Epi-Palaeolithic）として一般に区別される。地中海東岸部にあたるレヴァント地方では、上部旧石器時代の開始以来、ガゼル（*Gazella sp.*）やダマジカ（*Dama mesopotamica*）などの中型偶蹄類を中心に、ノウサギ（*Lepus sp.*）やアカギツネ（*Vulpes vulpes*）などの小型狩猟獣や鳥類を対象とした多角的な狩猟が行われていた。

この時代に、いくつか注目すべき人間と動物の関係の変化を示す証拠が見られる。ヨルダン北部ではウユン・アル＝ハンマーム（'Uyun al-Hammam、図1-1）（紀元前14000年頃）において、アカギツネ（*Vulpes vulpes*）が人間の墓に共に埋葬された例が見つかっている（Maher *et al.* 2011）。後述するように、新石器時代の初頭にキツネの表現が特殊遺構に残された例もあり、当時の人々がキツネに対して特別な念を抱いていたらしいことがうかがわれる。さらに終末期旧石器時代の後半にあたるナトゥーフ期（紀元前12500～9700年頃）のアイン・マラッハ（'Ain Mallaha、図1-2）やハヨニム・テラス（Hayonim terrace、図1-2）では、人間と共にイヌが埋葬された例が知られている（Davis and Valla 1978；Tchernov and Valla 1997）。これはイエイヌ（*Canis familiaris*）の出現を示す、完全な形での最古の考古学的証拠である。一方でナトゥーフ期の遺跡では、それ以前の時期と比較して、動物遺存体におけるガゼルの比率が明らかに増加する傾向が見られる。これに関し、性比や齢構成の検討結果を基にして、この時期にガゼルが管理的に狩猟されていたことが指摘されている（例えばLegge 1972）。ただし反論もあり、この問題は現在も決着を見ていない。こういった例が示すように、旧石器時代の末にはすでに特定の動物が野生状態にありながらも人間の管理下にあった可能性がある。

更新世が終わり完新世になると、レヴァント地方や北メソポタミアなどに定住村落が形成される。これらの地域の編年で、先土器新石器時代A（Pre-Pottery Neolithic A：PPNA）（紀元前9700年～8700年頃）と呼ばれる時期である。PPNA期には栽培型の形質を示す植物は知られていないが、膨大な量のムギ類やマメ類が出土する遺跡や、後の時代と同程度の耕地雑草（畑に生える雑草）が見つかる遺跡があるなど、前栽培化農耕（Pre-domestication cultivation）と呼ばれる、原初的な農耕を行っていたと考えられる遺跡が現れる。

動物狩猟の点でいえば、PPNA期は基本的に終末期旧石器時代と大差ない。ガゼルやイノシシなどの中型偶蹄類と多様な小型獣の狩猟が組み合わされるというのが一般的なこの時期の狩猟戦略であり、家畜化が進行していた痕跡は認められない。唯一、南東トルコのハラン・チェミ（Hallan Çemi、図1-8）において、多数の若獣が存在していることを根拠としてブタの家畜化が行われていた可能性が指摘されているが（Rosenberg *et al.* 1998）、やはり誰もが認めるには至っていない。ところが近年のキプロス島のアクロティリ＝アエトクレムノス（Akrotiri-Aetokremnos、図1-3）における調査成果は、この時期においてすでに西アジア本土でイノシシの管理が行われていた可能性を支持している。キプロス島は西アジア本土から最低でも69㎞ほど離れた場所に位置する地中海の離島であり、氷河期においても大陸とつながることはなかった。本来この島にはコビトカバ（*Phanourios minutus*）を含む2〜3種を除き、有用な狩猟対象獣が存在していなかったが、これらの動物は完新世の初頭までに姿を消してしまう。しかし紀元前9400年頃になって、突如としてイノシシ（*Sus scrofa*）の遺存体が出土するようになる。出土するイノシシは本土のものと比べて小型であるが、同時期の西アジア本土では未だイノシシと比べ体躯の小さな家畜ブタがいた証拠は現れていないため、島に来てから島嶼化の影響で小型化したものと考えられる（Vigne *et al.* 2009）。キプロスにおけるイノシシの出現は、狩猟対象獣の存在しない在地の動物相への対処として、本土から人為的に持ち込まれたものとされている。

図2　ギョベクリ・テペ出土の石柱の一つ
イノシシ、キツネ、水鳥の彫刻が見られる（筆者撮影）。

一方で、PPNA期には象徴的な側面での動物の利用は大きく発達する。まず動物表現の施された遺構や遺物が北メソポタミアを中心に数多く報告されている。その代表である南東トルコのギョベクリ・テペ（Göbekli Tepe、図1-6）では、高さ数mにも及ぶ、人間を模したT字型石柱が無数に発見されており、その表面にはキツネやオーロックス、イノシシ、蛇、水鳥など様々な動物表現が彫刻されていた（図2）。はっきりとした証拠は存在しないものの、トーテミズムのようなものを示しているのかもしれない（Peters and Schmidt 2004）。動物骨の特定の部位を象徴的に用いたと考えられる例も知られており、北シリアのテル・ムレイベト（Tell Mureybet、図1-5）、ジェルフ・エル＝アハマル（Jerf el-Ahmar、図1-5）やテル・アブル3（Tell ʻAbr 3、図1-5）では、住居の床面に大きな角を有したオーロックス（*Bos primigenius*）の頭骨が置かれていた（Helmer *et al.* 2004など）。かつてフランスの先史学者J.コヴァンは、新石器時代初頭におけるウシの象徴的利用と女性土偶の出現を根拠として、この時期にそれらを題材とした神話が生まれ、それが動植物の栽培家畜化を進行させたという説を唱えた（Cauvin 2000）。つまり、人間を自然の一部とみなすアニミズム的思想から、自然を支配することが可能と考える一神教的な思想への転換である。直接的な関連を立証することは不可能としても、このような考古学的文化が栽培家畜種出現の直前の時期に見られることは十分に考慮されるべきである。

2　家畜化の進行

続く先土器新石器時代B（PPNB）（紀元前8700〜7000年頃）になって、はじめて形態学的に同定可能な栽培家畜種が出現する（丹野2017）。南東トルコのネヴァル・チョリ（Nevalı Çori、図1-7）では、PPNB前期の層（紀元前8500年頃）から脱落性を失ったことを示す小穂を持つアインコルンコムギ（*Triticum monococcum*）が出土しており、これは栽培型穀物の最古の例となる。

植物の栽培化に少し遅れ、動物の家畜化も開始された。西アジアの新石器時代に家畜化されたのはヒツジ（*Ovis aries*）、ヤギ（*Capra hircus*）、ウシ（*Bos taurus*）、ブタ（*Sus domesticus*）の四種であり、ブタを除いた三種はいずれも群居性のウシ科偶蹄類であるという点で共通している。ここでは偶蹄類の家畜化の最初期の証拠が見られる三つの地域を順に紹介したい。

まず最も年代が古く、かつ上記四種の家畜化が進行したと考えられているのは、南東トルコから北シリアにかけての地域である。この地域ではPPNA

期からPPNB前期（紀元前8700年頃～）へと移行すると、上記四種の年齢構成と体躯に変化が生じ始める。例えばPPNA期のギョベクリ・テペとPPNB期のネヴァル・チョリから出土したヒツジやヤギを比較すると、消費年齢パタンに違いが認められ、ネヴァル・チョリでは全体の70％以上が若い段階（3歳半以下）の個体で占められている。それと同時に、ネヴァル・チョリでは体躯の小型な個体の割合が多く、この傾向は時期を下るごとに顕著になる（Peters *et al.* 1999）。この現象は家畜化に伴うものであると解釈することができる。なぜなら、これらの変化はヒツジ、ヤギ、ウシ、ブタにのみ認められ、同じく主要な狩猟対象であったガゼルやアカシカなどには見られないからである。若獣の増加と体躯の小型化は、家畜化の指標としてよく用いられる。狩猟獣と異なり、家畜動物は成長段階を過ぎて体重が増加しなくなると、餌を多く必要とするだけで飼養するメリットがない。特にオスは仔を産まず、乳も分泌しないため、比較的早くに間引いてしまうのが一般的である。体躯の小型化は野生状態と比べて餌の量が限られてしまうことや、人間が管理しやすい小型の個体を選別していったなどの理由によって生じたと考えられる。

一方、家畜化の進行は性的二形（sexual dimorphism）も減少させたらしい。北シリアPPNB前期のジャーデ（Dja'de、図1-5）から出土したウシ属の中節骨近位端から得られた骨計測値の分布を調べてみると、雌雄に対応すると考えられる大小二つの値のピークが明確に確認された。ところがこの分布をPPNA期のテル・ムレイベトと比較してみると、わずかながら大きい方のピークの値が減少しており、二つのピークの値が互いに近接していた。さらにPPNB中期（紀元前8000年頃～）のテル・ハルーラ（Tell Halula、図1-5）出土の資料では両者の分布をもはや区別することはできず、一つの大きなピークが見られるだけとなった。このことから、ジャーデではPPNB前期の段階から、すでにウシの家畜化が開始されていたと解釈されている（Helmer *et al.* 2005）。

南東トルコや北シリアとほとんど同時期に、イラン西部のザグロス地域では独立してヤギの家畜化が進行していたらしい。その最古の証拠を提出したガンジ・ダレ（Ganj Dareh、図1-10）では、遺跡の下層（紀元前8000年頃）においてすでにヤギが家畜として利用されていたことが示唆されている（Zeder and Hesse 2000）。ここでは牧畜民に特有の雌雄の消費パタンがその証拠として用いられた。すでに述べたように、家畜動物は成長段階を過ぎてしまうとすぐに消費される。この傾向は特にオスに顕著で、群れの再生産に必要な数匹を除き、オスが生後間もなく間引かれてしまう場合も存在する。ガンジ・ダレ出土のヤギの遺存体を調べると、骨計測値の大きな個体は関節が癒合しておらず、反対に小さな個体は関節の癒合が完了していた。つまり、体躯の大きなオスは若い段階で消費されていた一方で、体躯の小さなメスは比較的長く生存していたことになる。このことから、ガンジ・ダレのヤギには未だ形態的な変化が生じていないが、すでに家畜として利用されていたと考えられている。

近年になって特に注目を浴びているのは、トルコ中西部に位置するアシュクル・ホユック（Aşıklı Höyük、図1-4）である。以前よりヒツジが原家畜化状態にあると指摘されてきた遺跡であるが、近年のM.スタイナーらによる研究によって、下層から上層にかけてヒツジ／ヤギ（おもにヒツジ）の増加と年齢構成の変化が明らかとなった（Stiner *et al.* 2014）。スタイナーらの研究によると、アシュクル・ホユックでは紀元前8200年頃までにはヒツジの管理が開始されていたという。

以上、三つの地域において紀元前8000年頃までに偶蹄類の家畜化が開始されていたことを紹介した。これらの地域でそれぞれ独自のアイデアの元に家畜化が進行したのか明らかではないが、年代の直接的な比較ではわずかに南東トルコから北シリアにかけての地域が先行していたようだ。ところで家畜化されたそれらの動物は、当初から必ずしも経済的に重要なわけではなかった。例えばネヴァル・チョリではPPNB前期から中期にかけて動物遺存体におけるヒツジの割合はわずか数％程度であり、ほとんど重要でなかったように見える。また、その管理技術に関しても当初は一様ではなかった。ガンジ・ダレのように計画的にオスを間引いていたと考えられる遺跡は、PPNB前期から中期にかけてほとんど存在していない。明らかな変化が起きたのは、PPNB後期（紀元前7500年頃〜）のことである（Vigne 2008）。この時期になると遺跡から出土する動物遺存体の主体は四種の家畜動物（特にヒツジ）となり、野生動物はほとんど存在しなくなる。同時にヒツジ／ヤギの群れ構成におけるメスの比率が明らかに高くなっており、この時期以降に若オスの間引きが一般化したらしい（Arbuckle and Atici 2013）。乳利用を示す年齢構成パタンもよく報告されている（Helmer *et al.* 2007）。これらの変化は、PPNB後期の段階においてようやく家畜利用、つまり牧畜が生業として確立したことを意味する。家畜に特徴的な捻じれた角芯のヒツジが見つかるようになることも、この時期の人々が単に集落に動物を繋留していただけでなく、生殖に介入していたことを示している。

それでは、偶蹄類の家畜化が開始された動機とはどのようなものであったのだろう。すでに述べたように、最初期の家畜には経済的有用性がほとんど認められない場合がある。というよりも、すでに多くの研究者によって指摘されているように、食糧として利用するためならば家畜化するメリットはほとんどない。ヒツジ／ヤギなどのウシ科動物は、年に一頭ずつしか出産しないためである。つまり再生産率が低いので、屠殺してしまえばすぐに群れは消滅してしまう。必然的に消費を控えることとなり、結果飼養する意味を失う。この矛盾を解決するために、いくつかの仮説が唱えられてきた。その代表は、乳の利用を目的としていたというものである。ヒツジ／ヤギなどの家畜がその有用性を真に発揮するのは、屠殺しなくても得られる資源を提供する場合である。実際、現代の民族例では牧畜民が乳の獲得を最大限化するように群れを管理する場合がよく見られる。ただし、この仮説は二つの点で問題がある。一つは家畜化の開始期において、動物側が人間に乳を提供したのかという点である。当然であるが、哺乳類は自らの産んだ仔以外には普通授乳せず、ましてや他種に対して簡単にそれを許すことはない。そのため、何とかして家畜に乳を分泌させるために、多くの牧畜民は何らかの催乳技法を使用している。また、品種改良の進んだ現代の種と比べ、初期の家畜が大量の乳を分泌していたとは考えにくい。もう一つの問題は、動物考古学的データから PPNB 前期に乳を利用していた痕跡が、南東トルコのジャフェル・ホユック（Cafer Höyük、図 1-9）を除いて得られていない点である（Helmer *et al.* 2007）。最初期の家畜化過程が報告されている遺跡から出土したヒツジやヤギの年齢構成データはほとんどの場合、若い成獣の利用に集中しており、肉の利用が主目的であったように見える。すでに述べたように、若オスの間引きがほとんど行われていない点も、家畜化の最初期に乳利用が行われていたとするには不利な点である。したがって、ヒツジやヤギを飼い始めて間もなく乳利用が開始されたということはあったとしても、それが当初からの目的であったとするには問題があるだろう。

一方近年になって注目されているものに、動物を所有すること自体が重要であったという見方がある。すでに見てきたように、西アジアでは動物の家畜化の痕跡が現れ始める直前の時期において、動物の象徴的利用が発達する。また最古の証拠が得られている南東トルコや北シリアでは、家畜化が開始して最初の数百年から1000年ほどは家畜と考えられる個体がほとんど出土せず、それらは経済的にほとんど貢献していなかったように見える。このような状況を考慮するのであれば、家畜化の動機として経済面よりも文化的側面に注目するのは妥当であるように思われる（Peters *et al.* 1999）。しかしその動機が何であれ、家畜動物が動物遺存体アセンブリッジの主体となるまでに数百年以上もの時間を要したという事実は重要である。最初に動物を管理し始めた人々も、それがやがて牧畜という生業に帰結することを予想していなかったのだろう。

3　中央アジアへの牧畜の拡散

西アジアのいくつかの地域で偶蹄類の家畜化が開始して間もなく、その周辺へと家畜動物の拡散が始まる。西アジアを越えて南東ヨーロッパや中央アジアへと牧畜が到達するのは、紀元前7千年紀末のことになる。本書は東アジアにおける家畜利用を主に扱っているので、ここでは西アジアと東アジアの結節点にある中央アジアにおける牧畜の開始に関して紹介したい。

中央アジアにおいて古くから知られる最古の農耕牧畜文化は、トルクメニスタン南部、コペト・ダグ北麓に分布するジェイトゥン（Jeitun 図1-12）文化である。紀元前6200/6100年頃に開始する同名の遺跡の名を関したこの文化は、泥壁住居や彩文土器に加え、ムギやヒツジなどの栽培動植物を伴った完全な形の農耕文化であり、当地における初期農耕の様子をよく示している。西アジア方面からの農耕文化の波及がその形成に大きく関わっていると考えられ、実際イラン北西部のタペ・サンギ・チャハマック（Tappeh Sang-e Chakhmaq 図1-11）と彩文土器などの文化要素が酷似している。ジェイトゥンの発掘では家畜種としてヒツジとヤギが報告されているが、ウシやブタは伴っていない（Harris 2010）。ところが同地域にあるモンジュクリ・デペ（Monjukli Depe 図1-13）では新石器時代層からもウシが報告されており（Pollock and Bernbeck 2011）、遺跡間でも動物遺存体の構成が若干異なっているようだ。

ジェイトゥン文化の分布域から北に、キジル・クムと呼ばれる砂漠が広がる。この砂漠地帯を中心にして、ケルテミナル（Kelteminar）文化（同名の遺跡に由来）が紀元前7千年紀以降に展開する。ソビエト時代より狩猟・漁撈・牧畜・採集を生業とした半定住的文化であることが指摘されてきたが、近年のポーランド・ウズベキスタン合同調査隊や、フランス・ウズベキスタン合同調査隊によるアヤカギトゥマ（Ajakagytma、図1-14）の再発掘調査によって、紀元前7千年紀末頃からヒツジ、ヤギ、ウシが利用されていたことが報告されている（Brunet 2005）。どうやら南部のジェイトゥンとほとんど同時期に、中央アジア西部では砂漠へと牧畜が導入されていたらしい。

さらに最近になって注目を浴びているのは、山地への牧畜の導入である。中央アジア南部、タジキスタンからアフガニスタンにかけての山岳地帯では、ヒッサール文化（山脈名に由来）と呼ばれる在地の文化が知られていた。ヒッサール文化ではソビエト時代より牧畜の存在が指摘されていたが、その詳細は不明なままであった。日本・ウズベキスタン合同調査隊による、ウズベキスタン南部マチャイ渓谷のカイナル・カマル（Kaynar Kamar、図1-15）における2015年から2019年にかけての発掘では、完新世初頭から紀元後300年頃にかけての断続的な居住の痕跡が確認された（Nishiaki *et al.* 2022）（図3）。注目したいのは紀元前6千年紀中頃に相当するピリオド3において、ヒツジ／ヤギが急増し、ウシが突如として出現する点である。この時期を境として動物遺存体アセンブリッジの主体はヒツジ／ヤギとなり、それまで数多く存在していた小動物類は減少する。また、ピリオド3に出土するヒツジ／ヤギの体躯はそれ以前の時期と比べて小型となる（図4）。これらの事実から、当遺跡では紀元前6千年紀において牧畜が導入されたと解釈された。同様の成果はフェルガナ盆地（キルギス領）にあるオビシールV（Obishir V、図1-16）においても得

図３　カイナル・カマル遺跡遠景
矢印の部分が遺跡（筆者撮影）

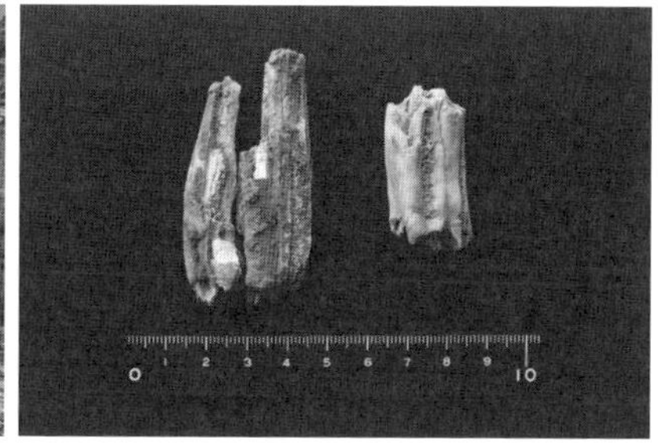

図４　カイナル・カマル出土、ヒツジ／ヤギの上顎第三大臼歯の比較
左：ピリオド6、右：ピリオド3（筆者撮影）

られており、出土動物骨のタンパク質配列と古代DNAの分析から、紀元前6000年頃に西アジア由来のヒツジが出現することが報告されている（Taylor *et al.* 2021）。興味深いことに当遺跡から出土する植物遺存体は、下層から一貫してピスタチオ（*Pistacia vera*）が大半を占めており、栽培種と考えられるオオムギ（*Hordeum vulgare*）の出土は紀元前2千年紀末に開始するピリオド1に限られる。したがって、農耕の有無に関しては判然としないが、少なくとも牧畜の開始するピリオド3にはイラン・ザグロス地域の新石器時代と類似した石器技術が出現するため、イラン方面から牧畜が当地へと波及してきたと考えることができる。

これらの調査成果を基にすると、中央アジア西部では紀元前6000年ごろには低地・砂漠・山岳と異なる環境で牧畜が営まれていたようである。ところが、このカスピ海の南を通過した農耕牧畜文化は、順調に東アジア方面へと波及することはなかった。ヒッサール山脈を含むパミール・アライ山系のすぐ東方に位置する天山山脈域では、農耕牧畜の開始は紀元前2000年頃まで待たなければならない。

以東への牧畜の波及にはもうひとつの経路、北方の草原地帯の開発が関係していたように見える。西アジアで生じた農耕牧畜が北方の草原地帯へと展開した経緯には不明な点も残されているが、紀元前7千年紀末／紀元前6千年紀初頭に黒海の北岸まで広がっていた牧畜は、少なくとも紀元前5000年頃には北コーカサス・ヴォルガ川下流域に到達している（Kulkova *et al.* 2019）。カザフスタン以東の草原地帯では、紀元前4千年紀後半から3千年紀のアファナシェヴォ（Afanasievo）文化の諸遺跡において、家畜ヒツジやヤギ、ウシ、そしてウマ（*Equus caballus*）が報告されている（Anthony and Brown 2014）。近年、ロシア領アルタイ山脈域のアファナシェヴォ文化の遺跡であるニジュニャヤ・スール（Nijhnyaya Sooru、図1-17）から出土したヒツジの骨の年代と遺伝学的系統が報告され、紀元前3300年から2900年に西アジア起源のヒツジが到達していたことが明らかとなっている（Hermes *et al.* 2020）。さらに、東モンゴルでの調査成果をまとめたW. テイラーによると、同地域においてもやはり紀元前3千年紀にはヒツジ／ヤギ、ウシを伴った牧畜が到達している（Taylor *et al.* 2020）。

これらの情報を総合するのであれば、以下のようになるだろう。まず紀元前6000年頃にカスピ海の南岸を通り、西アジアの牧畜が中央アジア西部へと到達した。波及の過程で農耕牧畜のパッケージは解体され、牧畜、少なくともヒツジ、ヤギ、ウシ牧畜が山岳地帯を通過してより東方へと伝わったが、天山山脈以東へは到達しなかった。一方で、西アジアから黒海北岸へと拡散した牧畜は、北コーカサス、ウラルと次第に波及し、紀元前3000年頃にはアルタイやモンゴルにまで広がっていった。

中央アジアは広大であり、多様な環境条件を有する。しかしこれを東西の移動経路としてみた場合、北方草原地帯のステップルートと南方農耕地帯のオアシスルートという、南北二つのルートに大きく分けられる。この南北の移動経路は先史時代より存在していたと考えられ、やがてそれが整備されることでシルクロードとして知られるようになった。農耕牧畜の拡散を考える際にも、複数の経路のそれぞれに目を配りながら議論を進める必要がある。

引用・参考文献

Anthony, D. W. and D. R. Brown 2014 Horseback riding and Bronze Age pastoralism in the Eurasian Steppes. In V. H. Mair and J. Hickman（eds.）*Reconfiguring the Silk Road: New Research on East-West Exchange in Antiquity*. University of Pennsylvania Museum of Archaeology and Anthropology, Philadelphia. pp.55-71

Arbuckle, B. S. and L. Atici 2013 Initial diversity in sheep and goat management in Neolithic south-western Asia. *Levant* 45（2）. pp.219-235

Brunet. F. 2005 Pour une nouvelle étude de la culture néolithique de Kel'teminar, Ouzbékistan. *Paléorient* 31（2）. pp.87-106

Cauvin, J. 2000 *The Birth of the Gods and the Origins of Agriculture*. Cambridge University Press.（English translated by T. Watkins）

Davis, S. J. and F. R. Valla 1978 Evidence for domestication of the dog 12,000 years ago in the Natufian of Israel. *Nature* 276. pp.608-610

Harris, D. R. 2010 *The Origins of Agriculture in Western Central Asia*. University of Pennsylvania Museum of Archaeology and Anthropology, Philadelphia.

Helmer, D., L. Gourichon, H. Monchot, J. Peters and M. Saña Segui 2005 Identifying early domestic cattle from Pre-Pottery Neolithic sites on the Middle Euphrates using sexual dimorphism. In J.-D. Vigne, J. Peters and D. Helmer（eds.）*The First Step of Animal Domestication: New Archaeological Approaches*. Oxbow Books, Oxford. pp.86-95

Helmer, D., L. Gourichon and D. Stordeur 2004 À l'aube de la domestication animale. Imaginaire et symbolisme animal dans les premières sociétés néolithiques du nord du Proche-Orient. *Anthropozoologica* 39（1）. pp.143-163

Helmer, D., L. Gourichon and E. Vila 2007 The Development of the exploitation of products from Capra and Ovis（meat, milk and fleece）from the PPNB to the Early Bronze in the Northern Near East（8700 to 2000 BC Cal.）. *Anthropozoologica* 42（2）. pp.41-69

Hermes, T. R., A. A. Tishkin, P. A. Kosintsev, N. F. Stepanova, B. Krause-Kyora and C. A. Makarewicz 2020 Mitochondrial DNA of domesticated sheep confirms pastoralist component of Afanasievo subsistence economy in the Altai Mountains（3300–2900 cal BC）. *Archaeological Research in Asia* 24.

DOI: 10.1016/j.ara.2020.100232.

Kulkova, M. A., A. A. Vybornov, A. Yudin, N. Doga and A. Popov 2019 New interdisciplinary research on Neolithic-Eneolithic sites in the Low Volga River region. *Documenta Prehistorica* XLVI. pp.376-387

Legge, A. J. 1972 Prehistoric exploitation of the gazelle in Palestine. In E. S. Higgs (ed.) *Papers in Economic Prehistory*. Cambridge University Press. pp. 119-124

Maher, L., J. T. Stock, S. Finney, J. J. N. Heywood, P. T. Miracle and E. B. Banning. 2011 A unique human-fox burial from a pre-Natufian cemetery in the Levant (Jordan). *PLoS ONE* vol.6 (1). DOI: 10.1371/journal.pone.0015815.

Nishiaki, Y., O. Aripdjanov, S. Arai, C. Akashi, H. Nakata, B. Sayfullayev, O. Ergashev and R. Suleimanov 2022 Neolithization during the 6th millennium BCE in western Central Asia: New evidence from Kaynar Kamar Rockshelter, Hissar Mountains, Southeast Uzbekistan. *Archaeological Research in Asia* 30. DOI: 10.1016/j.ara.2022.100352.

Peters, J. and K. Schmidt 2004 Animals in the symbolic world of Pre-Pottery Neolithic Göbekli Tepe, south-eastern Turkey: a preliminary assessment. *Anthropozoologica* 39 (1). pp.179-218

Peters, J., D. Helmer, A. von den Driesch and M. Saña Segui 1999 Early Animal Husbandry in the Northern Levant. *Paléorient* 25 (2). pp.27-48

Pollock, S. and R. Bernbeck 2011 Excavations at Monjukli Depe, Meana-Čaača Region, Turkmenistan, 2010. *Archäologische Mitteilungen aus Iran und Turan* Band 43. pp.169-237

Rosenberg, M., R. Nesbitt, R. W. Redding and B. L. Peasnall 1998 Hallan Çemi, pig husbandry, and post-Pleistocene adaptations along the Taurus-Zagros arc (Turkey). *Paléorient* 24 (1). pp.25-41

Stiner, M. C., H. Buitenhuis, G. Duru, S. L. Kuhn, S. M. Mentzer, N. D. Munro, N. Pöllath, J. Quade, G. Tsartisou and M. Özbaşaran 2014 A forager–herder trade-off, from broad-spectrum hunting to sheep management at Aşıklı Höyük, Turkey. *PNAS* 111 (23). pp.8404-8409

Taylor, W. T. T., J. Clark, J. Bayarsaikhan, T. Tuvshinjargal, J. Thompson Jobe, W. Fitzhugh, R. Kortum, R. N. Spengler III, S. Shnaider, F. Valeur Seersholm, I. Hart, N. Case, S. Wilkin, J. Hendy, U. Thuering, B. Miller, A. R. Ventresca Miller, A. Picin, N. Vanwezer, F. Irmer, S. Brown, A. Abdykanova, D. R. Shultz, V. Pham, M. Bunce, K. Douka, E. Lena Jones and N. Boivin 2020 Early pastoral economies and herding transitions in Eastern Eurasia. *Scientific Reports* 10. DOI: 10.1038/s41598-020-57735-y.

Taylor, W. T. T., M. Pruvost, C. Posth, W. Rendu, M. T. Krajcarz, A. Abdykanova, G. Brancaleoni, R. N. Spengler, T. Hermes, S. Schiavinato, G. Hodgins, R. Stahl, J. Min, S. Alisher Kyzy, S. Fedorowicz, L. Orlando, K. Douka, A. Krivoshapkin, C. Jeong, C. Warinner and S. Shnaider 2021 Evidence for early dispersal of domestic sheep into Central Asia. *Nature Human Behaviour* 5. pp.1169-1179

Tchernov, E. and F. R. Valla 1997 Two new dogs, and other Natufian dogs, from the Southern Levant. *Journal of Archaeological Science* vol.24 (1). pp.65-95

Vigne, J.-D. 2008 Zooarchaeological aspects of the Neolithic Diet Transition in the Near East and Europe, and their putative relationships with the Neolithic Demographic Transition. In J.-P. Bocquet-Appel and O. Bar-Yosef (eds.) *The Neolithic Demographic Transition and Its Consequences*. Springer. pp.179-205

Vigne, J.-D., A. Zazzo, J.-F. Saliége, F. Poplin, J. Guilaine and A. Simmons 2009 Pre-Neolithic wild boar management and introduction to Cyprus more than 11,400 years ago. *PNAS* 106 (38). pp.16135-16138

Zeder, M. A. and B. Hesse 2000 The initial domestication of goats (Capra hircus) in the Zagros mountains 10,000 years ago. *Science* 287. pp.2254-2257

丹野研一　2017「西アジアにおける農耕起源とムギ類の栽培化」アジア考古学四学会編『農耕の起源と拡散』高志書院、pp.161-185

牧畜のきた道

菊地大樹
KIKUCHI Hiroki

はじめに

中国には、古来より「五谷豊登、六畜興旺」という言葉があり、稲、黍、粟、麦、豆の豊作を願う五穀豊穣に加え、六畜の繁殖も祈願されている。「六畜」とは、ウシ（牛）、ウマ（馬）、ヒツジ（羊）、ブタ（豕）、イヌ（狗）、トリ（鶏）を指し、2000年以上前に編まれた『周礼』や『左伝』などの書物には、すでに「六畜」という言葉が登場する。家畜や家禽の繁殖も家業の繁栄には欠かせないものとして、中国ではこうした観念が今日に至るまで続いている。

六畜がいつ、どのようにして中国で成立したかは議論が続いているものの、当時の社会・経済システムのなかで重要な役割を担ってきた。なかでも、外来のウシ、ウマ、ヒツジは、ブタやトリに代表される「農耕的家畜」と対照させて「牧畜的家畜」と呼ばれ（福井 1987）、初期国家形成過程のなかで中核的な役割を果たす（岡村 2005・2021、宮本 2005、袁 2015）。本稿では、中国における牧畜的家畜の受容過程に焦点をあてて、近年の成果とともに概観する。

1　六畜の出現

中国の新石器時代は、江西省万年県仙人洞（センジンドウ）遺跡や湖南省道県玉蟾岩（ギョクセンガン）遺跡などに代表されるように、およそ12000 BPに始まる（中国社会科学院考古研究所 2010）。新石器時代前期の遺跡からは、これまで土器、石器や骨角器などとともに栽培植物の利用が明らかとなっているが、いまだ家畜動物は確認されず、その登場は、およそ10000 BPまで待たなくてはならない（袁 2015、任ほか 2016）。最も早く馴化された動物は、最初に人類の身近となったイヌである。中国の遺跡出土例で最も古いものは、河北省徐水県南荘頭（ナンソウトウ）遺跡（およそ10000 BP）のイヌであり、形態学的分析から中国最古の家畜であると考えられている。イヌは、仰韶（ギョウショウ）文化期（7000-5000 BP）以降に各地へと展開し、4000-2000 BPには中国全土に分布する。

農耕民の副次的な生業のなかで飼養され、「農耕的家畜」を代表するブタもまた、中国では早くから出現し、いまのところ河南省舞陽県賈湖（カコ）遺跡（9500-8000 BP）の出土例が最も古い。この年代は世界的にも古く、トルコ南東部で見つかった新石器時代集落のチャユヌ（Çayönü）遺跡（およそ9000 BP）とほぼ同時期となる。中国では、複数の異なる地域から同時期にブタが出現していることから、多元的な起源地をもつと考えられており、4000-2000 BPの間に各地へ展開し、ウシやヒツジ／ヤギが伝来するまでの間、主要な肉食資源や犠牲となっていた。

中国のウシには、黄牛、水牛、犛牛（ヤク）がおり、黄牛には普通牛（*Bos taurus*）と瘤牛（*Bos indicus*）の2種が含まれる。ここでは普通牛について述べるが、中国での出現は、西北地域の甘青地区（甘粛省と青海省一帯）に展開した馬家窯（バカヨウ）文化（およそ5600 BP）からと考えられている。たとえば、甘粛省礼県西山（セイザン）遺跡から出土したウシは、計測値や動物組成の割合から家畜ウシの存在が指摘されており、また、同省武山県傅家門（フカモン）遺跡ではウシの肩甲骨の卜骨が出土し、そこにはS字形の記号が刻まれていることが根拠となっている（呂ほか2014）。その後、斉家（セイカ）文化や中原龍山文化（4500-4000 BP）の遺跡からは、広範囲にウシが確認されるようになる。古代DNA分析では、これまで中国の遺跡で確認されているウシの大部分が近東由来のT3系統であり、広く分布する。伝播経路については、新疆―西北地域―中原ルート（T2系統）か、ユーラシア草原地帯―東北地区―中原ルート（T4系統）が想定され（蔡ほか2014）、新石器時代後期までには華北地域にてウシの飼養が始まる。

西アジアで家畜化されたヒツジ／ヤギは、5600-4000 BPに西北地域へと伝わる。最も早いヒツジ／ヤギの出土例をみると、たとえば、甘青地区の馬家窯文化前期（5600-4800 BP）の甘粛省天水市西山坪（セイザンヘイ）遺跡の墓葬にはヒツジの下顎骨が副葬されており、青海省民和回族土族自治県核桃荘（カクトウソウ）遺跡では、ヒツジの全身骨格が出土している。また、仰韶文化後期（5500-5000 BP）の陝西省西安市姜寨（キョウサイ）遺跡や同省華県泉護村（センゴソン）遺跡などからもヒツジが出土しており、早い段階から漢中地区にはヒツジが伝来していた可能性が指摘されている（任ほか2016）。

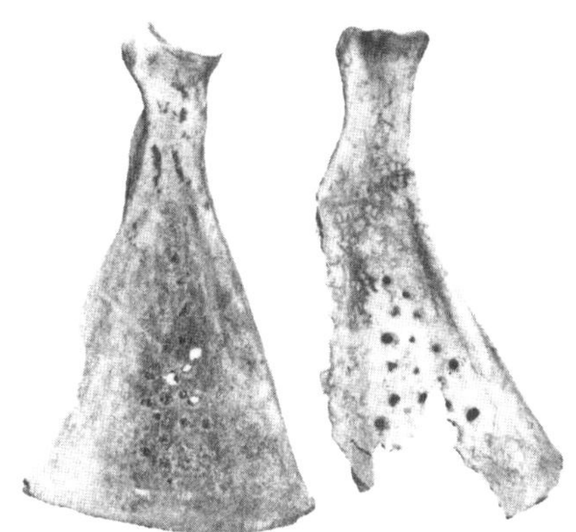

図１　ヒツジ肩甲骨の卜骨

図２　殷墟梅園荘 41 号墓車馬坑

ヒツジ／ヤギは、龍山文化期（4500-4000 BP）には黄河中下流域へと展開するが、上流域の斉家文化後期（4000-3600 BP）では、甘粛省永靖県大何荘（ダイカソウ）遺跡においてヒツジの肩甲骨の卜骨が出土しており（図1）、ウシの卜骨と合わせて注目される。

馬車の伝播とともに議論されるウマは、5500 BP 頃に中央アジアで馴化され、西北地域の甘青地区へ伝来したと考えられている（傅ほか 2009）。しかし、斉家文化後期（4000-3600 BP）の甘粛省永靖県大何荘遺跡や秦魏家（シンギカ）遺跡で報告されているウマは、早くから家畜馬との指摘があるものの詳細が不明であり、黄河上中流域を中心とした他地域の遺跡出土馬も分析が進展していないため、今のところ最も古い家畜馬の出現は、殷代後期（およそ 3300 BP）まで待たれる（菊地 2017）。河南省安陽市殷墟（インキョ）遺跡や陝西省西安市老牛坡（ロウギュウハ）遺跡からは、馬車に繋がれたウマが埋葬される車馬坑が突如として出現する（図2）。近年、龍山文化後期の陝西省楡林市神木県石峁（セキボウ）遺跡では、ウシを挟んで左右にウマが配置される石彫が見つかり（口絵4）、出土馬骨の分析とともに、ウマの伝播経路解明の手がかりとしても注目されている。

セキショクヤケイが家禽化されたニワトリは、かつて河北省武安市磁山（ジザン）遺跡（8000 BP）が最古の出土例として、ブタと並ぶほど早くから家禽化されていたと考えられてきた。しかし、近年の研究により磁山遺跡のニワトリは家禽の特徴を持ち合わせていないことが明らかとなり（Eda *et al.* 2016）、改めて全面的な検証が進められた。そして、現時点ではかなり時代が下り、新石器時代後期の河南省淅川県下王崗遺跡（5000-2700 BP）や、西周時代の陝西省淳化県棗樹溝脳遺跡（3200-3050 BP）にニワトリの可能性が見出されている。近年のニワトリ研究については、本書の江田論考に詳しい。

このように、六畜の出現過程をみてみると、それぞれの起源や伝播経路は複雑であるが、ブタを主体とした農耕社会での利用を基盤とし、その後、ウシ、ヒツジ／ヤギ、ウマが、西北地域や草原地帯を経て、中原地区へと伝播したことがわかる。次に、牧畜的家畜が到来する西北地域のさらに辺疆の様相についてみてみることにしよう。

2　西北辺疆地域の生業

六畜の成立過程をみるなかで、ウシ、ヒツジやウマは、西方で家畜化された後に草原地帯を経て西北地域へ伝播したルートが想定されている。その玄関口である現在の新疆ウイグル自治区は、地理的環境の特徴や考古学文化の特性から、環東天山地区、環タリム盆地地区と環ジュンガル盆地地区の大きく三地区に分かれる（図3）。

当該地区における新石器時代遺跡の動植物考古学的研究は、中原地区などに比べると進展著しくはなく対象とされる時代もやや下るが、これまでの研究成果から半農半牧の生業を営んでいたと考えられている（董 2019）。調査が比較的進んでいる環東天山地区と環タリム盆地地区をみると、まず環東天山地区の蘇貝希文化に属する鄯善県の洋海墓地（3250-2150 BP）と蘇貝希墓地（2450-2150 BP）では、裸麦や小麦の栽培に加え、ウシ、ヒツジやウマが飼養されていた。裸麦は耐寒性があるほか家畜の飼料としても最適であることから、畑作とともに牧畜が営まれていたのであろう。また、焉不拉克文化に属する哈密市艾斯克霞爾墓地（およそ 2950 BP）でも、裸麦栽培のほかヒツジの牧畜を営んでいたことが明らかとなっている。一方、環タリム盆地の羅布泊地区では、小河文化に属する古墓溝墓地（4450-3450 BP）と小河墓地（3950-2150 BP）の人々は、小麦栽培とともにヒツジやウシの牧畜を営んでいた。

このように両地区の動植物資源利用は似通っており、草原や砂漠といった環境に適応可能な裸麦や小麦を栽培しつつ、ヒツジを主体としながらウシや

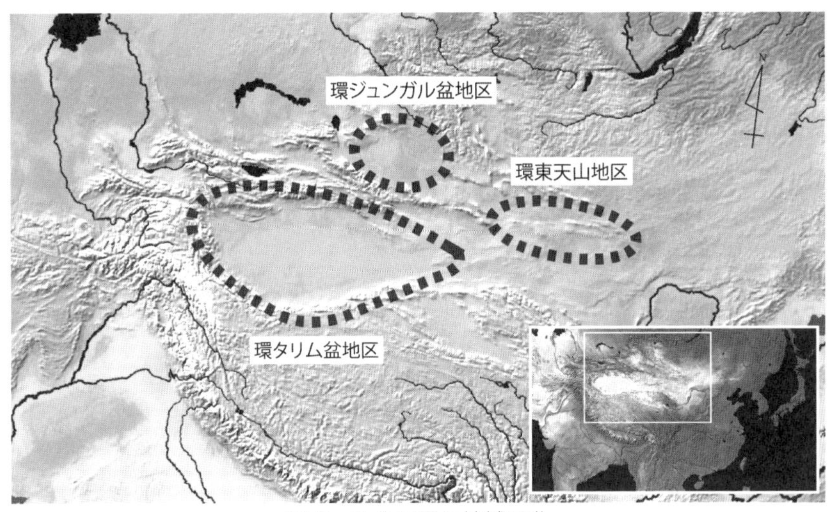

図３　西北辺疆の地域区分

ウマを飼養していた。当該地区の炭素・窒素安定同位体比を用いた食性分析の結果をみても、当時の人々の窒素同位体比は高い傾向にあり、動物性たんぱく質を多く摂取していたことがわかる（張ほか 2010）。つまり、彼らは牧畜業を営むなかで、ヒツジやウシを肉食資源の対象としてだけでなく、ミルクなども利用していたのであろう。

3　牧畜業の畜産物：毛、皮革やミルクの利用

ヒツジ／ヤギやウシを所有する暮らしを営むなかで、そうした家畜は、肉食資源のほか、毛、皮革やミルクなどの貴重な畜産物も提供してくれる。最も確実な羊毛利用は、新疆ウイグル自治区羅布泊地区を流れる、孔雀河北岸の古墓溝墓地で確認されている（王炳華 2014、李 2021）。古墓溝墓地では、中国語で「胡楊樹」と称される、ポプラの一種を杭状にして地面に打ち込む特殊な墓が発見され、主体部の棺は、底板と蓋板をもたず、ただ被葬者を複数の木板で方形に囲うだけの簡素なものである。乾燥地帯であることから、多くの有機質遺物が保存状態良く残っており、特徴的な木製品、骨製品や植物で編んだ籠類のほか、ヒツジ、ヤギやラクダの毛を原料とした毛糸、縄、マント、フェルト、帽子などが発見されている（図 4）。38 号墓の棺材、羊皮やマントから測定した年代は、3980-3765 cal BP（およそ二里頭文化併行期）となる。出土

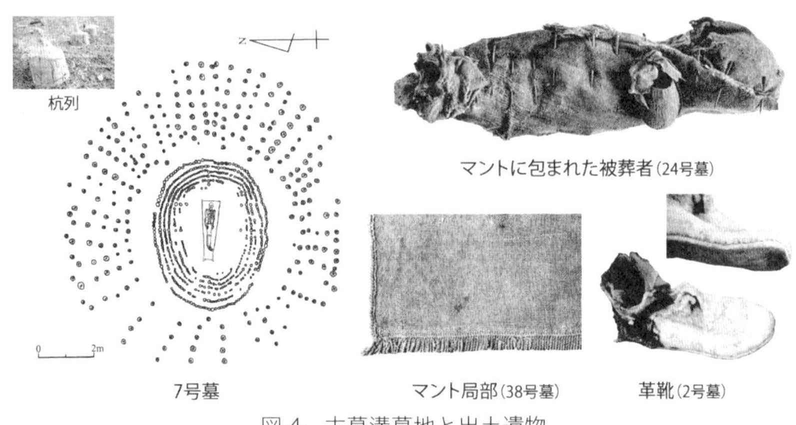

図４　古墓溝墓地と出土遺物

した毛織物製品をみると、帽子に使われるフェルトには太い毛を、全身を覆うマントには細い毛を用いるなど、用途や利用する性別にあわせて製品の獣毛を使い分けており、マントに使われた羊毛は70本もの細い毛を撚り合わせ、柔軟で弾力性を持ち合わせていた（王路力 2014）。こうした細い羊毛を安定的に得るため、ヒツジは遊牧民の長きにわたる交流のなかで培われた牧畜技術により、品種改良されていたと考えられている。

おなじく孔雀河の支流に位置する同地区の小河墓地でも、古墓溝墓地と同じように羊毛のマントや腰巻き、フェルト製の帽子など、大量の毛織物が出土している（新疆文物考古研究所 2004・2007）。小河墓地は、有名な楼蘭古城の西およそ175㎞に位置し、小高い砂丘に無数の木柱列がそびえ立つ墓地である（図5）。小河墓地の年代は、出土したフェルトや麦類の年代測定により3600-3400 cal BPという値がでており、古墓溝墓地よりやや年代が下る。また、成形した木板を船形に合わせ、複数の板材で蓋をした木棺を牛革で覆うなど、同じ小河文化に属する古墓溝墓地とは異なる墓葬形態も注目される。かつて、スウェーデンの考古学者 F. Bergman により命名された当該墓地からは、「小河姫」と称される女性のミイラが発見され、彼女の懐に供えられていた淡い黄色の固形物を分析したところ、ケフィア（kefir）乳酸菌と酵母菌が検出されたことから、ウシのミルクによる最古のチーズであることが明らかとなった（Yang *et al.*2014）。こうした乳製品の分析は、古墓溝墓地でも実施されており、出土した編籠の内面に乾燥して残っていた有機質堆積物を分析したところ、

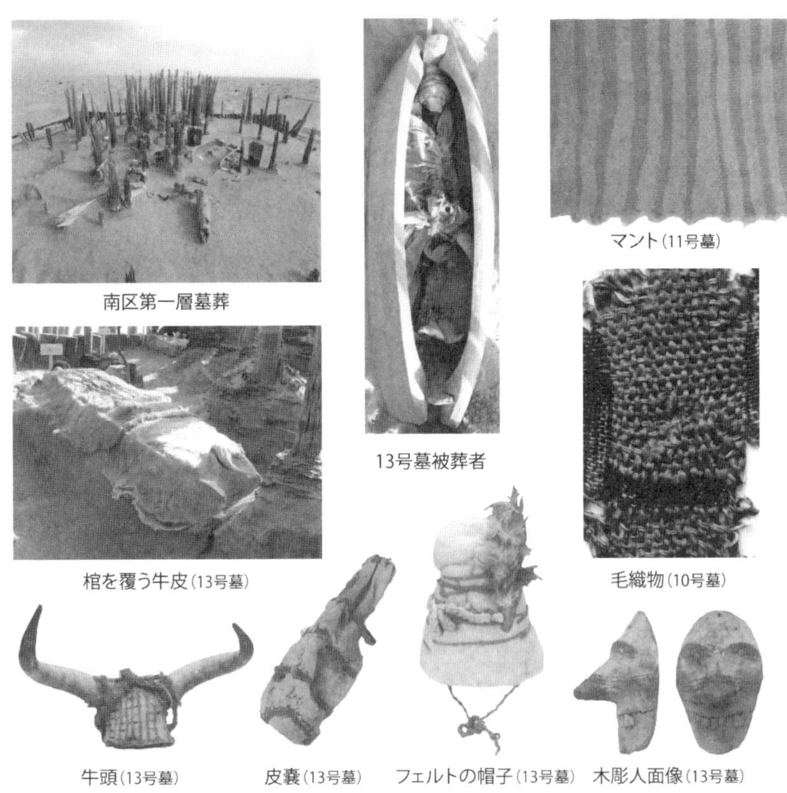

図５　小河墓地と出土遺物

ウシ科のミルクを絞った酸乳であることが判明した。ただし、小河墓地のものとはタンパク質の組成が異なっていることから、乳糖不耐性への対応や、乾燥冷涼化へと変遷する、当時の気候への適応による製造工程の違いによるものと考えられている（Xie *et al.* 2016）。

タリム盆地における古人骨の古代DNA分析の結果、小河墓地の人々は、青銅器時代のユーラシア草原地帯の他集団と直接的な遺伝関係を持たず、混血の進んでいない独立した系統を保っていたことが明らかとなっている（Zhang *et al.* 2021）。その背景として、当時の厳しい環境が天然の障壁となり、長期的な隔離状態に置かれていたためと考えられている。しかし、ミイラに残された歯石の分析から、彼らが長期的に乳製品を食用しており、また、墓葬には黍や小麦も供えられていたことから、おそらく周辺の牧畜民や農耕民との交流があった可能性が高く、更なる研究の進展により新たな交流史が提示されるであろう。

このように、タリム盆地では早い段階から毛、皮革やミルクの利用が始まっていたことが明らかとなっているが、近年、こうした現象が龍山文化後期から二里頭文化期の黄土高原地帯や中原地区においてもすでに出現していた可能性が指摘されている。

大規模な城壁をもつ拠点集落として注目されている、陝西省楡林市神木県石峁遺跡では、出土動物骨の分析から、牧畜的家畜の利用形態が復元されている。それによると、主要な肉食資源であったヒツジ（ヤギを含む）の最小個体数は、全体の42.22％を占めており、そのなかでヤギの死亡年齢構成は、6～12ヶ月の幼齢が35.29％、老齢は29.41％、若獣は17.65％であり、6ヶ月以下の個体は確認されない。一方、ヒツジの死亡年齢構成は、6～12ヶ月と1～2歳の若い個体が71.43％と圧倒的であり、老齢は4.76％であった。この結果を受けて分析者は、石峁の人々が、ヒツジとヤギを肉食資源対象とするほか、ヤギはミルク利用もしていたと推察しており（胡ほか2016）、隣接する同時代の環濠集落である木柱柱梁（モクチュウチュウリョウ）遺跡においても、同様の結論が導かれている（楊ほか2017）。つまり、ヒツジとヤギとでは利用戦略が異なっていたのである。

こうした現象は中原地区にもみられ、山西省臨汾市陶寺（トウジ）遺跡では、ヒツジの歯の萌出段階と咬耗度合いから、4割ほどが4～6歳かそれ以上の年齢で屠殺されており、四肢骨関節の癒合状態からみても、7割以上が3歳を超えていた。このことから、陶寺遺跡のヒツジは羊毛を目的として利用されていたと考えられており（博2011、李ほか2014）、河南省新密市新砦（シンサイ）遺跡においても同様の現象が認められる（戴ほか2014）。

初期国家形成期における二里頭文化の中心にある河南省洛陽市偃师区二里頭（ニリトウ）遺跡では、ヒツジの二次的な利用形態について詳細な分析が進められており、二里頭遺跡2～3期では、主に肉食資源対象として品種改良に重点が置かれていたが、4期になると羊毛を目的とした利用へと変化するという（楊2008）。このように副次的な畜産物を目的とした利用形態は、ヒツジ／ヤギの導入とともに、次第に中国初期王朝の領域内に浸透していったのである。

4 もうひとつの牧畜的家畜

これまで、ヒツジ／ヤギ、ウシ、ウマに注目してきたが、最後に、ユーラシア大陸の東西交流で活躍した、もうひとつの代表的な牧畜的家畜についてみてみることにしよう。

東西交通路として栄えたシルクロード（絲綢之路）は、古来より多くの人々が往来し、さまざまな物質文化や情報が行き交ってきた。洛陽、長安から河西回廊をわたり、天山北路から中央アジアを経由して西方のローマへと続く悠久の道は、砂漠を中心とした乾燥地帯にあることから、そうした環境に最も適応した動物として、野生のラクダが馴化され、遊牧社会の移動手段として重宝されてきた。

ラクダは、ヒトコブラクダ（*Camelus dromedarius*、中名：単峰駝）とフタコブラクダ（*Camelus bactrianus*、中名：双峰駝）に大きく分類される（本郷 2006、Reitz *et al.* 2008）。およそ 6000 BP に西アジアで家畜化されたヒトコブラクダの野生種はすでに絶滅しており、フタコブラクダの野生種は、中国ではタクラマカン砂漠やゴビ砂漠などで生息が確認されている（羅 2013、張ほか 2014）。およそ 4500 BP に中央アジアで家畜化されたフタコブラクダは、体高が 2 m ほど、体重は 450～900 kg で、暑さや乾燥への耐性のほか、長期間水を飲まなくても行動できる生理的な特徴を持ち合わせていることに加え、寿命が 35～40 歳と長い。特に砂漠の移動では力を発揮し、別名「砂漠の船」とも称される。

この乾燥地帯に適応したフタコブラクダの伝来にかんする記載は、漢代以降の多くの書物に登場する。たとえば『史記』匈奴列伝には、「唐虞以上有山戎、獫狁、葷粥，居于北蠻，隨畜牧而轉移。其畜之所多則馬、牛、羊，其奇畜則橐駞（駱駝の意）、驢、羸（騾の意、牡驢と牝馬の雑種）、駃騠（牡馬と牝驢の雑種）、騊駼（青毛の野生馬）、驒騱（野馬）。」とあり、草原地帯の遊牧民たちが、当時からウシ、ウマやヒツジのほか、羸や駃騠といった特殊

図６　ラクダが描かれた土器

な家畜とともにラクダも飼養していたことがわかる。これまでラクダは、漢武帝によるシルクロードの開通とともに伝来したと考えられており、それを証明するように、漢昭帝の平陵陪葬坑には、実に33個体のフタコブラクダが埋葬されていた（袁2007）。しかし近年、陝西省西安市臨潼区の秦始皇帝陵園外城西側にある大型陪葬墓が発掘調査され、平面が中字形を呈する一号墓（QLCM1）から金銀製のラクダ像が発見されたことで、その導入時期が更に遡る可能性がでてきている（蒋2021、菊地2022、口絵4下）。

ラクダの最も古い出土例は、内蒙古自治区伊克昭盟伊金霍洛旗の朱開溝（シュカイコウ）遺跡（3685±103 cal BP）であり（内蒙古文物考古研究所ほか2000）、二里頭時代の文化層からは、ラクダの上顎臼歯が出土しているほか、詳細は不明であるが、肩甲骨を利用した卜骨も報告されている（黄1996）。

100基にもおよぶ円形または楕円形のマウンドをもつ墓群である、新疆ウイグル自治区輪台県群巴克（ンバク）墓地では、三つの墓域のうちⅡ号墓地にて、マウンド中央に配置された竪穴土坑墓にともなう縁辺の小型墓に、幼児や成人のほか、イヌ、ウマ、ヒツジやラクダが犠牲となっていた（中国社会科学院考古研究所新疆工作隊ほか1991）。こうした現象は、隣接する和静県察吾呼（チャウフ）墓地と酷似しており、西周時代中期から春秋時代中期（2905-2445 cal BP）という年代幅をみても、察吾呼墓地の年代と相違ない。ただし、察吾呼墓地ではラクダ骨は発見されておらず、ラクダを描いた土器だけが見つかっている（新疆文物考古研究所1999・図6）。察吾呼一号墓地の315号石室墓からは、ラクダ意匠をもつ挟砂紅陶の陶帯流罐が出土し、頸部には7頭のラクダが隊列を組みつつ、伏して休憩している様子が描かれており、背中には瘤が二つあることから、フタコブラクダだとわかる。

このように、群巴克墓地や察吾呼墓地に代表される天山山脈一帯では、ウシ、ヒツジやウマに遅れること西周時代併行期にラクダの利用が始まる。その後、ラクダは天山北路に沿って東へと展開し、シルクロード開通前の原始的な交易路を経て、春秋戦国時代には関中盆地附近まで普及していた可能性が高い。

おわりに

陝西省楡林市靖辺県廟梁（ビョウリョウ）遺跡では、出土動物骨の分析と周辺遺跡における動物相の動向をてがかりに、陝北黄土高原における牧畜業の導入過程が検討されている（胡ほか 2022）。それによると、遺跡が継続した 5300-3800 BP を大きく三段階に分け、動物利用の変遷過程が捉えられている。まず、第一段階の仰韶文化後期～龍山前期前葉（5300-4500 cal BP）では、主に野生動物のウサギやノロジカを獲りつつ、イヌやブタを飼っていた。この段階での家畜動物が占める割合は全体の 4 割にも満たず、ヒツジ／ヤギやウシも認められない。しかし、次の第二段階の龍山文化前期後葉（4500-4300 cal BP）では、一定数のヒツジやウシが出現する。ただし、依然として野生動物のウサギや家畜ブタの利用が中心であり、ヒツジやウシは全体の 1 割ほどに留まる。廟梁遺跡の住居址や土坑から出土したヒツジ骨 3 点の年代は 4406-4151 cal BP、廟梁遺跡に隣接する同時期の紅梁遺跡から出土したヒツジ骨 1 点は 4407-4237 cal BP、ウシ骨 2 点は 4406-4158 cal BP という値が出ており、現時点において、実年代が明らかな中国で最古のウシとヒツジになる。第三段階の龍山文化後期（4300-3800 cal BP）では、家畜であるウシ、ヒツジ、ヤギやブタの占める割合が軒並み 8 割以上となり、そのなかでもヒツジ、ヤギとウシは 6 割以上を占めている。ヤギだけは陝北地区における龍山文化後期の遺跡に限定され、同時期の朱開溝遺跡や陶寺遺跡などでは確認されていないことは注目されよう。

このように、第二段階から第三段階への転換期にヒツジ、ヤギやウシの比率が明確に上昇する。その背景には、当時、地球規模で乾燥冷涼化して環境適応戦略が迫られるなかで、ユーラシア草原地帯から伝播した牧畜経済を受容する条件として、降水量、気温、土壌や植生といった環境面などの諸条件が適していた当該地区が、早くからウシやヒツジ、ヤギの選択的な受容を可能にしたと考えられる。そして、これら牧畜的家畜の東伝には、現在のところ、大きく二つの経路が想定されている。ひとつは、黒河に沿って南下し、河西回廊の黒河流域、張液附近や河套地区（中国北西部の黄河が大きく流れを湾曲させる地域）に到達するルートである。もうひとつは、陝北地区へ直接到達するルートであり、その後、黄河やその支流を経て中原地区への伝播経路が想定されている（胡ほか 2022）。およそ 4500 BP という早い段階に黄河中下流域でヒツジやウシが出現する現象も、このルートを経由した可能性が高いとされ、新たな伝播経路が提示されたことは大変興味深い。ただし、そこにはウマはおらず遅れて中原地区に出現する。

寧夏回族自治区隆徳県沙塘北塬（サトウホクゲン）遺跡（4150-3850 BP）より出土したウシの古

代DNA分析をみると、T3系統を主体としながら僅かにT4系統が確認され（趙ほか2021）、この結果は、隣接する同時期の同省彭陽県打石溝（ダセキコウ）遺跡や、同じ黄土高原地帯の石峁遺跡や陶寺遺跡の結果と同様である（Cai *et al.* 2014、蔡ほか2016・2018）。当該地区でT2系統が確認されるのは春秋戦国時代からであり、廟梁遺跡で想定されたルート上には遺跡が乗らないため、主要な伝播ルートからさらに枝分かれしたルートの存在が想定される。

近年、龍山文化後期（4200 BP）の河南省淮陽県平粮台（ヘイリョウダイ）遺跡や殷代前期（3700 BP）の洛陽市偃師区偃師商城（エンシショウジョウ）からは轍の跡が検出されており、車の伝播経路を考えるうえでも注目されている（岡村2021）。黄河上流の斉家文化の遺跡からは、初期の家畜馬を考える資料がいくつも確認され、また初期青銅器時代の甘粛省庄浪県徐家碾（ジョカテン）墓地では車馬坑が発見されているが、未解決のままで課題も多い。今後、中国における牧畜の受容過程を詳細に描くうえで、こうした資料も含め、西北地域における調査研究の進展がますます期待される。

引用・参考文献

岡村秀典　2005『中国古代王権と祭祀』学生社
岡村秀典　2021『東アジア古代の車社会史』臨川書店
菊地大樹　2017「中国古代家畜馬再考」『駒澤考古』42、pp.11-32
菊地大樹　2022「初期東部絲綢之路の駱駝」『金沢大学考古学紀要』43、pp.59-66
福井勝義　1987「牧畜社会へのアプローチと課題」『牧畜文化の原像』日本放送出版協会、pp.3-60
本郷一美　2006「ヒトコブラクダの家畜化と伝播」『西南アジア研究』65、pp.56-72
宮本一夫　2005『神話から歴史へ　神話時代夏王朝』講談社
袁　靖　2007「動物考古学揭密古代人類和動物的相互関係」『西部考古』第二輯、三秦出版社、pp.82-95
袁　靖　2015『中国動物考古学』文物出版社
王炳華　2014『古墓溝』新疆人民出版社
王路力　2014「古墓溝出土毛織物」『古墓溝』新疆人民出版社、pp.209-247
胡松梅・楊苗苗・孫周勇・邵　晶　2016「2012～2013年度陝西神木石峁遺址出土動物遺存研究」『考古与文物』2016年第4期、pp.109-121
胡松梅・楊　曈・楊苗苗・邵　晶・邸　楠　2022「陝西靖辺廟梁遺址動物遺存研究兼論中国牧業的形成」『第四紀研究』2022年第42巻第1期、pp.17-31
黄蘊平　1996「朱開溝遺址獣骨的鑑定与研究」『考古学報』1996年第4期、pp.515-536
蔡大偉・孫　洋・湯卓煒・周　慧　2014「中国北方地区黄牛起源的分子考古学研究」『第四紀研究』2014年第34巻第1期、pp.166-172
蔡大偉・胡松梅・孫偉璐・朱司祺・孫周勇・楊苗苗・邵　晶・周　慧　2016「陝西石峁遺址後陽湾地点出土黄牛的古DNA分析」『考古与文物』2016年第4期、pp.122-127
蔡大偉・張乃凡・朱存世・朱司祺・郭家龍・邵鑫月・郭雅琦・楊東亜　2018「寧夏新石器時代晩期至春秋戦国時期黄牛的分子考古学研究」『辺疆考古研究』第23輯、科学出版社、pp.315-329
蔣文孝　2021「秦始皇陵陵西墓葬的勘探与発掘」『芸術品鑑』2021年第7期、pp.66-69
新疆文物考古研究所　1999『新疆察吾呼』東方出版社

新疆文物考古研究所　2004「2002 年小河墓地考古調査与発掘報告」『辺疆考古研究』第 3 輯、科学出版社、pp.338-398
新疆文物考古研究所　2007「新疆羅布泊小河墓地 2003 年発掘簡報」『文物』2007 年第 10 期、pp.4-42
戴玲玲・李志鵬・趙春青・胡耀武　2014「河南新砦遺址出土羊的死亡年齢及畜産品開発策略研究」『考古』2014 年第 1 期、pp.95-103
中国社会科学院考古研究所　2010『中国考古学　新石器時代巻』中国社会科学出版社
中国社会科学院考古研究所新疆工作隊・新疆巴音郭楞蒙古自治州文管所　1991「新疆輪台県群巴克墓葬第二、三次発掘簡報」『新疆文物』2006 年第 3-4 期、pp.684-736
趙　欣・東暁玲・劉　銘・張　樺・侯富任・楊　剣・王暁陽・陳相龍・張雅軍・楊東亜　2021「寧夏隆徳県沙塘北塬遺址出土家養黄牛的 DNA 研究」『南方文物』2021 年第 5 期、pp.167-172
張小雲・羅運兵　2014「中国駱駝馴化起源的考古学観察」『古今農業』2014 年第 1 期、pp.47-55
張全超・常喜恩・劉国瑞　2010「新疆哈密天山北路墓地出土人骨的穏定同位素分析」『西域研究』2010 年第 2 期、pp.38-43
董寧寧　2019「新石器時代至先秦時期新疆地区的生業研究」『南方文物』2019 年第 4 期、pp.196-204
内蒙古自治区文物考古研究所・鄂爾多斯博物館編　2000『朱開溝』文物出版社。
任楽楽・薫広輝　2016「「六畜」的起源和伝播歴史」『自然雑誌』第 38 巻第 4 期、pp.257-262
博凱齢　2011「中国新石器時代晩期動物利用的変化個案研究」『三代考古』4、科学出版社、pp.129-182
傅羅文・袁　靖・李水城　2009「論中国甘青地区新石器時代家養動物的来源及特征」『考古』2009 年第 5 期、pp.80-86
楊　傑　2008「二里頭遺址出土動物遺骸研究」『中国早期青銅文化 二里頭文化専題研究』科学出版社、pp.470-539
楊苗苗・胡松梅・郭小寧・王煒林　2017「陝西省神木県木柱柱梁遺址羊骨研究」『農業考古』2017 年第 3 期、pp.13-18
羅運兵　2013「我国駱駝的早期馴養与拡散」『中国『活獣慈舟』学術研討会論文集』四川省威遠県人民政府、pp.13-21
李志鵬・Katherine Brunson・戴玲玲　2014「中原地区新石器時代到青銅時代早期羊毛開発的動物考古学研究」『第四紀研究』2014 年第 14 巻第 1 期、pp.149-157
李志鵬　2021「十年来中国動物考古学中動物次生産品開発計画」『科技考古』第六輯、科学出版社、pp.93-102
呂　鵬・袁　靖・李志鵬　2014「再論中国家養黄牛的起源：商榷「中国東北地区全新所世早期管理黄牛的形態学和基因学証拠」一文」『南方文物』2014 年第 3 期、pp.48-59
Cai, D.W., Sun, Yang., Tang, Z.W., Hu, S.M., Li, W.Y., Zhao, X.B., Xiang, H., Zhou, H. 2014 The origins of Chinese domestic cattle as revealed by Ancient DNA analysis. *Journal of Archaeological Science* 41, pp.423-434.
Eda, M., P. Lu., H. Kikuchi., Z. Li., F. Li., and J.Yuan. 2016. Reevaluation of early Holocene 301 chicken domestication in northern China. *Journal of Archaeological Science*. 67, pp.25-31.
Reitz, E.J. & Wing, E.S. 2008 Zooarchaeology（second edition）, Cambridge University Press.
Xie, M.S., Shevchenko, A., Wang, B.H., Shevchenko, A., Wang, C.S., Yang, Y.M. 2016 Identification of a dairy product in the grass woven basket from Gumugou Cemetery（3800 BP, northwestern China）. *Quaternary International* Vol. 426, pp.158-165.
Yang, Y.M., Shevchenko, A., Knaust, A., Abuduresule, I., Li, W.Y., Hu, X.J., Wang, C.S., Shevchenko, A. 2014 Proteomics evidence for kefir dairy in Early Bronze Age China. *Journal of Archaeological Science* 45, pp.178-186.

Zhang, F., Ning C., Scott, A., Fu, C.M. *et al.* 2021 The genomic origins of the Bronze Age Tarim Basin mummies. *Nature* vol.599, pp.256-261.

※紙幅の都合で主要遺跡以外の報告書は割愛した。

図版出典

図1：中国科学院考古研究所 1974「甘粛工作隊甘粛永靖大何荘遺址発掘報告」『考古学報』1974年第2期より転載／図2：中国社会科学院考古研究所安陽工作隊 1998「河南安陽市梅園荘東南的殷代車馬坑」『考古』1998年第10期より転載／図3：董寧寧 2019をもとに筆者作成／図4：王炳華 2014より筆者一部改変して転載／図5：新疆文物考古研究所 2007より転載／図6：新疆文物考古研究所 1999より転載

草原地帯の牧畜

キルギス共和国アク・ベシム遺跡における動物の利用

植月　学
UETSUKI Manabu

はじめに──貝塚から草原へ

動物考古学の世界に入ってかれこれ30年ほどになる。もともと海が好きで、学生時代に貝塚調査に参加すると、縄文時代の海辺が目に浮かぶような気がして、貝殻や魚骨の分析の虜になった。そんな私がなぜ海と縁のない草原の家畜の話を書くことになったのか。

始まりはやはり海とは縁のない内陸県、山梨県の博物館への学芸員としての就職だった。「なぜ貝塚屋が」という驚きをもって迎えられたことを覚えている。当然それまでの研究テーマはほとんど役に立たない。そこで目を付けたのが馬であった。山梨とその近県は古代より馬の産地として知られ、聖徳太子の黒駒伝説もある。中世には武田の騎馬隊が名を轟かせた。これなら地域にも貢献できそうである。山梨の馬との関連でモンゴル展、ウクライナ展という草原地帯に関連した巡回展を担当する機会も得た。今にして思えばこれが草原との最初の出会いで、山梨周辺でこぢんまりと馬の骨を見ていた自分に、そのルーツに目を向けさせるきっかけになった。

日本の馬だけ見ていても、その特徴はわからない。大陸の馬との比較をしたいと思った。中国や韓国ではすでに本書を執筆している研究仲間たちが着実に研究を進めていた。そんな折、知人たちが中央アジアで遺跡を調査して、骨がたくさん出ているという。よし、そこの馬を見せてもらおう。

本稿はそのような経緯で何となく辿り着いて始めた研究の経過報告である。草原というフィールドではまだほんの入り口に立ったばかりの初心者である。草原地帯の牧畜などという壮大なテーマについて執筆するのはおこがましいのだが、私のささやかな経験が動物考古学を志そうという方に何らかの参考になればと思い、紹介させていただくことにした。

1　シルクロードの交易都市 アク・ベシム遺跡

(1) 遺跡の概要

本稿で取り上げるアク・ベシム遺跡はキルギス共和国に位置する。実は私も帝京大学の調査団に参加するまで、キルギスという国にはまったく馴染みがなかった。中央アジアの「〜スタン」の国々の一つ、という程度の認識であった。中央アジアの中ではもっとも東に位置し、中国と国境を接している。面積は日本の半分程度だが、人口は千葉県よりやや多い程度である。国の大部分は草原に覆われ、牧畜が主要な生業となってきた。文明の十字路として古来様々な民族が行き交った中央アジアでは人々の顔つきも多様だが、キルギスには比較的日本人に近い顔つきの人も多く、何となく安心感がある。

アク・ベシム遺跡では2011年以来、日本隊がキルギスの国立科学アカデミーと共に継続的に発掘調査をおこなっている。本遺跡はシルクロードの天山北路沿いの交通の要衝に位置する。2014年には「シルクロード：長安—天山回廊の交易路網」として世界文化遺産に指定された構成資産のうちのひとつでもある。中でも本遺跡がユニークなのは東西二つの都市が隣り合って存在している点である。その始まりは交易の民としてユーラシアの東西をつないで活躍したペルシャ系のソグド人が紀元5世紀頃に築いたスイヤブと呼ばれた都市であった。8世紀には東方より進出してきた唐帝国が築いた最前線の軍事拠点「砕葉鎮」がその東側に構築されたが、存在していたのは679〜719年頃の40年間ほどであった。この地域がイスラム化した11世紀初頭頃には、当地を支配していた遊牧民国家カラハン朝が都市機能を近隣のブラナ

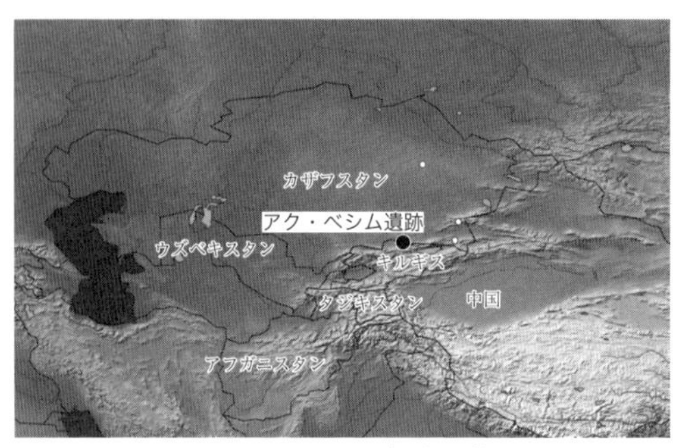

図1　遺跡の位置（左）と調査地点名（右）

に移し、都市としてのスイヤブはその役割を終えた。

(2) 動物遺体の出土

帝京大学では2016年(平成28)よりアク・ベシム遺跡の発掘調査を実施している。調査地点は複数にまたがるが、本稿で取り上げるのは動物遺体が多く出土し、分析をおこなったAKB13とAKB15の二地点である(AKBは遺跡の略号で、数字は地点番号。目を引く略号は筆者が付けたものではない。念のため)。

AKB13は、西側の都市(第1シャフリスタン)を南北に貫く大通りに設けられた地点である。最上層の10世紀代の遺構より掘り始め、現在は7〜8世紀の文化層まで調査が進んでいる。何層にもわたって重なる道路と道路沿いの建物群などが見つかった。道路や建物内のゴミ穴などからは膨大な量の動物骨が出土した。

AKB15は東側の区画、つまり唐の砕葉鎮の中枢部に設けられた調査区である。在来の建築材ではない夥しい量の瓦の出土や、花柄模様の敷石、中国

図2 アク・ベシム遺跡の調査

1:AKB13の道路遺構 2:道路遺構から出土した動物骨

3:AKB15のゴミ穴から出土したヒツジ下顎骨 4:ホテルでの同定作業風景

風の版築に似た工法で構築された建物基壇など、この場所が砕葉鎮であったことを裏付ける証拠が見つかっている。残念ながら唐代の動物利用を示す動物遺体は未発見である。その代わり、都市としては衰退した時期の10〜12世紀に属するいくつかのゴミ穴が見つかっており、AKB13の動物遺体群に後続する時期のデータが得られた（図2）。

2　動物遺体を調べる

上記の地点から出土した動物遺体群を対象に様々な分析をおこなった。まだ基礎的な分析段階であり、動物考古学としてはごくオーソドックスな分析項目ではあるが、どんな情報を読み取っていくのか、順に見ていこう。

（1）タフォノミー

タフォノミーは「化石生成論」などと訳されるが、動物考古学では動物遺体がどのような変成作用を受けて現在に至ったか（我々の手元にあるか）を意味する。過去の人びとが動物を解体・調理・加工し、廃棄後はイヌにかじられ、風化・埋没・腐食し、調査時に回収されたりされなかったり、同定できたりできなかったり、と様々なプロセスを経てかつて存在した動物遺体の一部がデータになる。あらゆる要因を評価することはもちろんできないのだが、こうした要因を一切考慮せずして過去に迫ることは難しい。アク・ベシム遺跡の場合は、人間が解体や調理のために叩き割っていることが多かった。イヌによる咬み痕も多く、人が捨てた後にはイヌが柔らかい骨の関節部分を齧り取ってしまっている場合も多い。我々が調べているのは、イヌも食わぬ動物の成れの果てともいえる。

（2）同定された動物

残された関節などの特徴から部位を、次いで種を同定していく。どこまで同定できるかは部位によって異なる。同定レベルも種まで判明する場合もあれば、その上の属、あるいは科レベルまでしかわからないこともある。

図3に示したように、本遺跡で主体となるのはヒツジ、ウマ、ウシの3種である。ヒツジとヤギは近縁で骨もよく似ている。区別できない部位も多いが、区別できる部位はほぼヒツジなので、ヒツジ／ヤギに分類した標本も実際にはほとんどヒツジと考えられる（以下、ヒツジとする）。

次いでやや目立ったのがイヌとイノシシ属である。イヌは埋葬か遺棄か

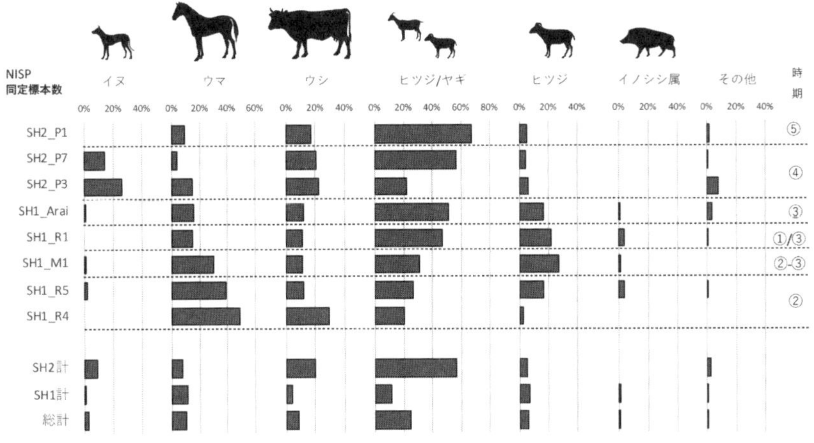

図３　動物遺体組成の変化（同定された破片数の集計）
上部は遺構ごと、下部は地区ごとの集計。それぞれ上に行くほど時期が新しい。

はっきりしないものの、全身骨格を留める例が複数見つかっている。あまり食用にはならなかったのかもしれない。イノシシ属としたのは頭蓋骨の形状や、太く短い四肢骨から野生のイノシシではなく、ブタと推測された標本も含まれるためである。その他、グラフには表れていない希少種としてネコやラクダなどの家畜、狩猟獣であるシカの仲間などがある。

詳細に見ると地区間、あるいは地区内で組成に違いも認められた。AKB13（SH1・第1シャフリスタン）では古い遺構（図3下方）ほどウマが多く、新しい遺構では減少する。その減少分を埋めるのはヒツジである。イノシシ属も古い時期に特徴的である。ウマからヒツジへ、イノシシ属の欠落という特徴はそのままAKB15（SH2・第2シャフリスタン）にも当てはまり、これらが新しい時期の特徴であることを裏付けている。

（3）部位の偏り

動物を丸々利用すれば、全身の骨格が個体内に存在する数に応じて出土するはずである。しかし、埋葬などを除けば実際にはそのような例はまずない。先述のように骨は様々な要因により破壊され、脆い部位から消滅していく。したがって部位の強度に応じた偏りが生じる。しかし、遺構によってその傾向が大きく異なる場合には、少なくともその一方は自然要因ではなく、人為的要因

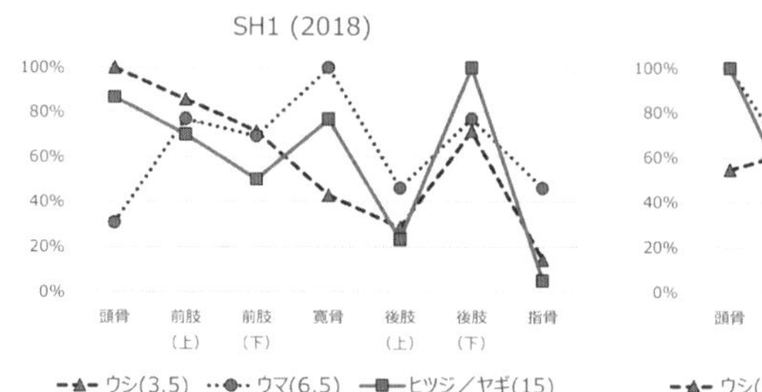

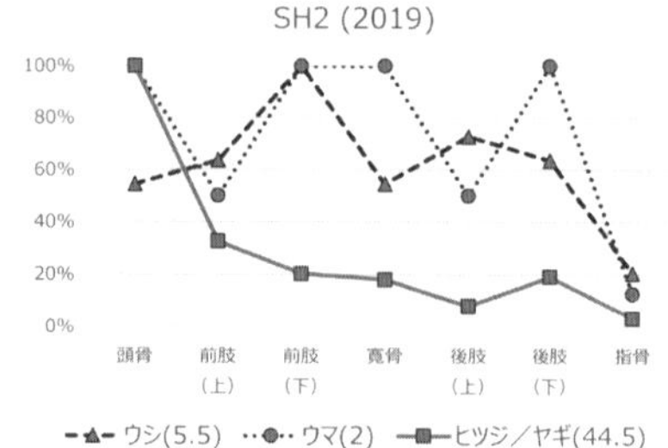

図４　主要３種（ウシ、ウマ、ヒツジ）の部位組成の比較
第２シャフリスタン(SH2)のヒツジは胴部が極端に少ない(頭部が多い)。下図は部位の区分を示す。

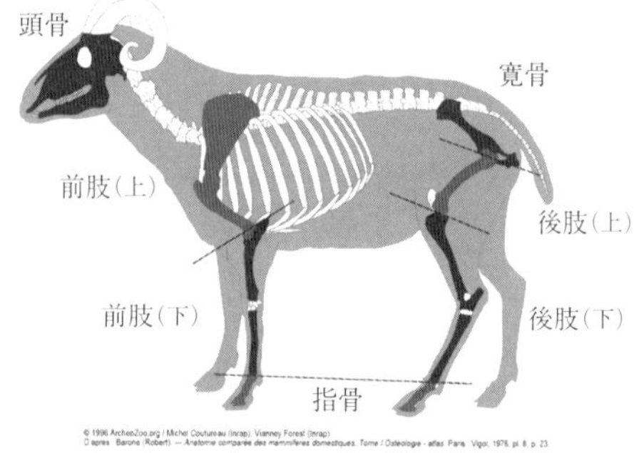

が作用している可能性が高まる。

主要なウマ、ヒツジ、ウシの３種のうち、特に地点による差が顕著だったのがヒツジである（図４）。AKB15（SH2）はAKB13（SH1）に比べて明らかに頭部が多く胴部の少ないいびつな組成を示した。このような極端な偏りは珍しく、胴部は別の場所に廃棄された可能性が高い。

（4）死亡年齢

死亡年齢からも様々なことがわかる。たとえば肉用、乳用、使役用では屠畜する年齢が異なる傾向にある。肉用であれば肉量が最大となる頃に屠畜するのが合理的だし、乳用や毛用であればより長く飼育してそれら二次的産物（secondary product）を回収すると予想される。

年齢の推定には様々な方法があり、乳歯から永久歯への生え変わりや、永久歯の咬耗度合いなどが用いられる。本遺跡ではウマについては臼歯の高さ（咬耗の進行程度）から推定する方法を用いた。ヒツジ、ウシについては顎歯の観察が完了しておらず、四肢骨の骨端癒合状況を用いた。この方法は四肢骨骨端が幼少時には軟骨によって骨幹と繋がっているが、加齢とともに骨化して癒合することと、その時期が部位によって異なることを利用する。

ウマについては地区や調査年次にかかわらず、一貫して４歳前後と10～12

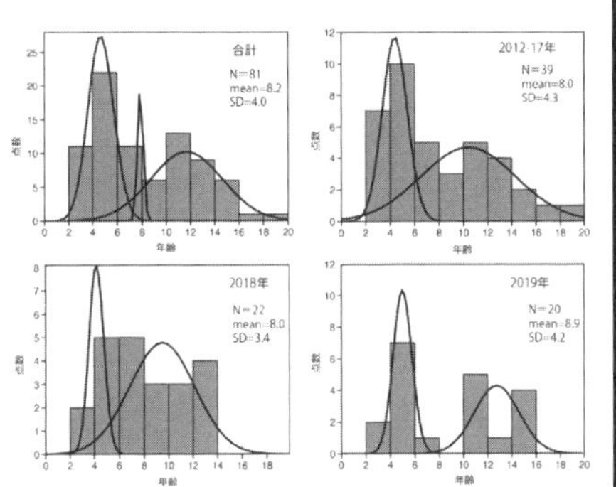

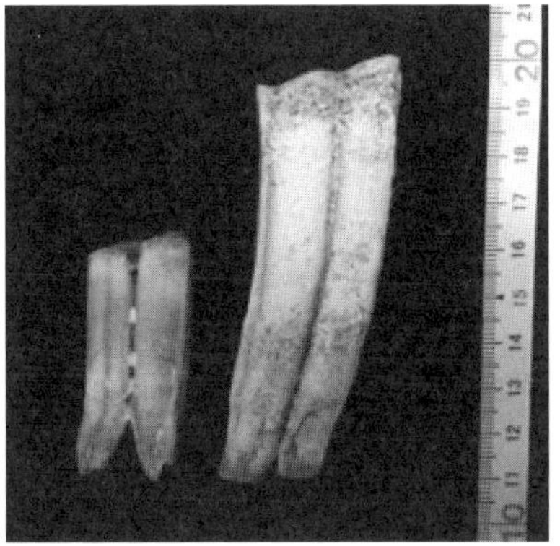

図５　ウマの推定死亡年齢構成

臼歯の高さによる。左の写真は加齢による咬耗進行の実例。右は４歳、左は 10 歳程度の個体。

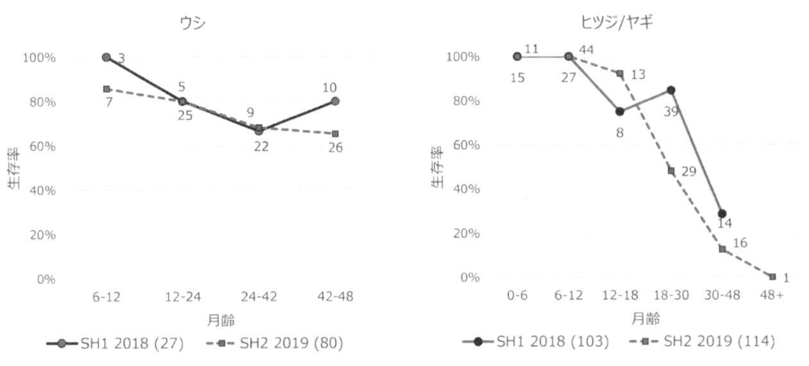

図６　ウシとヒツジ／ヤギの月齢ごとの生存率

月齢の判定は四肢骨骨端の癒合状況による。

歳前後という二つの死亡年齢ピークを持っていた（図５）。前者は自然死とみなすには明らかに若すぎ、後者も一般的なウマの寿命からするとまだ若い。モンゴルやカザフスタンの民族例を参考にすると、前者は繁殖における余剰個体（主に牡馬）の処分年齢に近い。成長が完了する、つまり肉量が最大に達した頃に処分、食用にしたと推測される。後者は繁殖や使役の盛期を過ぎた個体の処分で、やはり最終的には食用となったものだろう。

ヒツジは地区によってやや異なるものの、過半数が１歳半～４歳までの間に屠畜された（図６）。これは典型的な食肉用の屠畜パターンに類似する。ちなみに羊毛利用であればより高齢個体の割合が高くなるとされる。ただし、あくまでも本遺跡に持ち込まれたヒツジの用途であって、地域全体で羊毛利

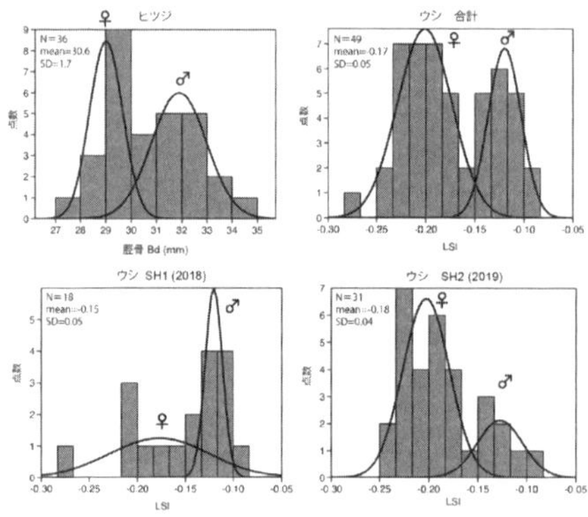

図７　ヒツジとウシの計測値の分布
それぞれ大型がオス、小型がメスにおおむね対応すると推定される。下段はウシの地区別の結果。

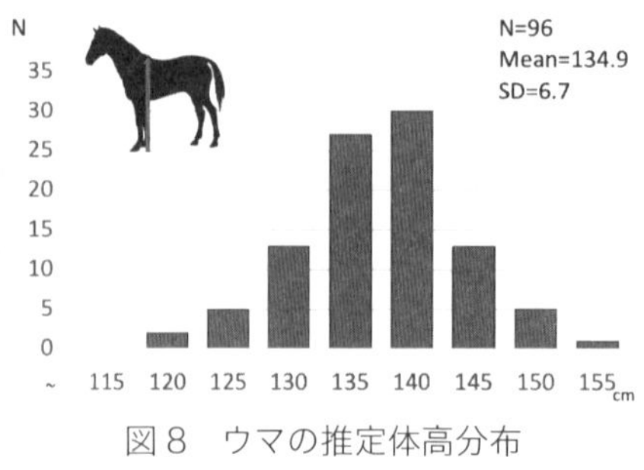

図８　ウマの推定体高分布

図９　現在のキルギスのウマ

用が低調であったことを示す訳ではない。

ウシについては骨端癒合からは約4歳までの生存率しかわからないため、多くが4歳以降まで生存したとしか言えない（図6）。少なくとも、ヒツジとは異なるパターンであり、肉用ではなく、一定の年齢まで使役されたものだろう。ただし、四肢骨の多くが打ち割られていることから、やはり最終的には食用として持ち込まれたと推測される。

（5）体高と性別

ヒツジは雌雄で体の大きさが異なる。特に性差がよく現れるとされる脛骨の幅では2群に分かれた（図7）。小型の一群がメスに、大型がオスに相当すると推定される。メスの割合は約4割で雌雄が比較的均衡する結果となった。

ウシも雌雄による大きさの違いが比較的大きい動物である。計測可能な標本数が少なかったため、様々な部位について基準標本との対数比を求め、結果を合わせて示した（図7）。2地区とも2群に分かれ、やはり小型がメス、大型がオスに対応すると推定される。一方で性

図10　ウマの銜痕（下顎第2後臼歯）
左はアク・ベシム遺跡、右は鎌倉市由比ガ浜中世集団墓地遺跡の例。典型的な銜痕は右のように銜と接触する部分が摩耗し、内部のエナメル質が帯状に露出する。アク・ベシムではこうした例は確認できず、左のように全体的に摩耗したような例がまれに見られるだけであった。

比には差があり、AKB13では雌雄がほぼ均衡するのに対し、AKB15ではメスが約8割と卓越していた。

ウマの体高（肩の高さ）は四肢骨の長さから推定すると平均135㎝程度であった（図8）。ウマは大きさの性差が小さい動物なので、この方法では性比はわからない。犬歯の有無によって判別できるのだが、顎の犬歯部分の標本数が少なすぎた。

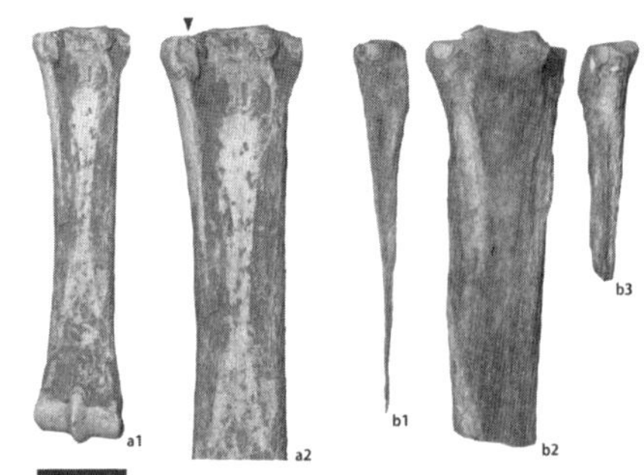

図11　アク・ベシム遺跡のウマ中手骨
人間で言えば中指に連なる手の甲の骨が発達する。両脇の骨とは靭帯で繋がっており、出土例ではbのように分離する。負荷をかけ続けると靭帯が骨化し、aのように一体化する。

(6) 骨に残るストレス

骨に残る病気やストレス（負荷）の痕跡から動物の利用方法を探る古病理学と呼ばれる分野がある。ここではウマの観察結果を紹介する。一つは銜（はみ）（轡）をかませた場合にそれと接触する下顎臼歯に残る銜痕と呼ばれる摩耗痕である。二つ目は人間の手や足の甲に相当する中手骨、中足骨という骨をつなぐ靭帯の骨化度合いである。高い負荷がかかるほどこの部位の骨化が進行することが知られる。いずれも病気というよりは使役の方法、程度を物語る痕跡である。

銜痕についてはアク・ベシムでは明確な例が認められなかった（図10）。近隣に比較可能な例がないが、例えば乗用に多く用いられたと推測される鎌倉の中世馬では8割程度で確認している。銜を噛ませるのは当然のように思えるが、同じ中世でも主に荷駄用に使われたと推測される茨城県の製塩遺跡の小型馬では割合は低くなる。曳き馬とされた駄馬の場合には、口中に銜を噛ませない馬具が使用されたためと考えている。アク・ベシムに関しては当時使われた馬具の種類や餌の影響などさらに調査すべき点が多いが、鉄製の轡は存在したはずである。となると、出土した馬は何らかの理由で銜を咬ませていなかったことになる。

足への負荷では、特に前肢で骨化が顕著な例が多かった（図11）。やはり周辺に比較可能なデータがないが、骨化の程度は鎌倉と茨城県の製塩遺跡の間に位置づけられた。前者が主に乗用、後者が主に荷駄用の例とすれば、その中間的な使われ方、ないし両方の個体がいたと見ることができる。

3　アク・ベシム遺跡の動物利用の特徴と草原の家畜利用

最後にこれまで紹介した分析結果から見えてきたアク・ベシム遺跡における動物資源利用の特徴と、その時期的変化について現状での見通しを示す。アク・ベシム遺跡の大きな特徴は「都市的資源利用」である。時期的変化は都市の衰退に伴う「牧畜民的資源利用」への変化と捉えられる。

（1）都市的資源利用

アク・ベシム遺跡の動物組成の特徴として古い段階におけるウマの多さ、イノシシ属の存在を挙げた。同時期の比較対象に恵まれないため、青銅器時代から近代という非常に粗い比較になってしまうが、この特徴は周辺遺跡と比較しても際立っている（図12）。図によりさらに野生の狩猟獣（主にシカ類）の少なさも特徴として加えることができる。

この特徴は都市的、ないし消費者的利用パターンとして理解できる。アク・ベシムには特定の家畜（ヒツジ、ウマ、ウシの3種）が選択的に主に肉用として持ち込まれた。周辺遺跡では消費されていた狩猟獣は少なくとも骨つきの状態では持ち込まれていない。

ウマの多さは遊牧民であれば当然のようにも思えるが、他の遺跡ではそれほど高率で出現している訳ではない。ポイントは遺跡で確認されるのがあく

図 12　周辺遺跡との動物遺体組成の比較

下に行くほど新しい。アク・ベシムは年代的には矢印の位置に相当する。

までも消費の結果、つまり「遺体の組成」である点だ。例えばヒツジとウマの屠畜のサイクルは異なり、2〜4 歳で屠畜されるヒツジはより長く使われるウマに比べて遺体の数も多くなる。つまり、ある一時点で目にする「生きた家畜構成」とは異なるのである。このように考えてみると、アク・ベシムにおけるウマの多さこそ不自然である。その理由として、交易都市であったためにウマが多く、損耗した個体が消費されたためと考えている。周辺村落から肉用として集積されたことも一因だろう。銜痕が明瞭でないという特徴も、ウマ全体の特徴ではなく、食用として持ち込まれたウマの特徴を示しているとすれば乗用はいなかったのかという疑問も解消される。

イノシシ属の存在も興味深い。図 12 により時期によらずこの地域ではイノシシ属が一般的な存在でないことがわかる。アク・ベシムにはそうした地域一般の動物利用とは異なる習慣を持った人々が存在した可能性が高い。つまり都市ではより多様な文化的背景を持った人々が存在したことに原因を求め得る。その場合、わざわざ持ち込まれた非在地のイノシシ属は野生のイノシシよりは飼育されたブタであった可能性が高い。ブタを多く利用するキリスト教徒の存在や、ブタを忌避するイスラム教の受容との関係も検討課題である。

(2) 地区差からみた場の変質（図13）

実は上に見た特徴はAKB13（第1シャフリスタン）の特に古い段階の特徴で、新しくなるほど薄れる。さらに後続する時期であるAKB15（第2シャフリスタン）の遺構にも受け継がれる。すなわち、ウマは減少し、イノシシ属はまったく見られなくなる。この変化は逆に都市的性格の消失として理解可能である。アク・ベシムの中心域は10世紀から遅くとも11世紀初頭には廃絶され、都市の機能はベラサグン（ブラナ遺跡）など他の地域に移ったことははじめに述べたとおりである。分析対象となったAKB15の複数のゴミ穴は、都市衰退以降の10世紀後半～12世紀に属する。この時期の遺構は唐代の建物基壇の間に掘られた少数のゴミ穴しか見つかっておらず、この場は小規模な居住地として使われていたと推測される。

動物遺体の特徴からも、小規模な牧畜民居住地という性格が窺われる。上記のようにウマやイノシシ属は減少し、ウシとヒツジが主体となる。これは近隣の牧畜民集落遺跡と大差ない。さらに細かく見るとヒツジ、ウシの属性にも変化があった。ヒツジは頭部主体という特異な部位組成を示した。ウシはAKB13とは異なり、メスが主体であった。

ヒツジの胴部は肉用として消費地に搬出された。牝牛は乳用として村落に残す一方、牡牛は肉用としてやはり消費地に運ばれた。このように考えると、ヒツジとウシの変化も都市的・消費者的利用から、牧畜民的・生産者的利用への変化と解釈できる。なお、山麓の牧畜民集落で一定

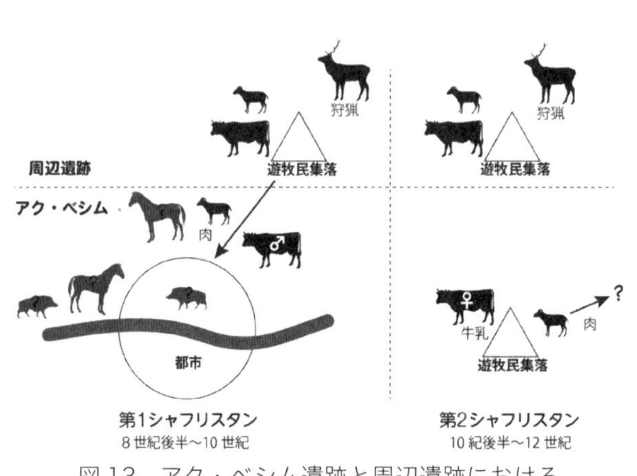

図13　アク・ベシム遺跡と周辺遺跡における動物利用の変化の模式図

数見られる野生狩猟獣の希少性は一貫した特徴であり、遺跡立地、環境に応じた生業形態の差も認められる。

(3) 今後の課題

中央アジアにおける動物考古学的調査はまだまだ少なく、それも青銅器時代など古い時代の、家畜や遊牧の起源といったテーマが好んで取り上げられる傾向にある。そのような中で、アク・ベシム遺跡は中世都市遺跡における動物利用を知ることができる稀有な事例である。都市遺跡という遺跡の特性上、本稿に与えられた課題である草原地帯の家畜といった時にイメージされる牧畜民・生産者の家畜利用実態とはおそらくギャップがあろう。その意味では、AKB15にみられた牧畜民の小規模居住地的様相の方がテーマに合致しているかもしれない。しかし、本遺跡は都市民・消費者の家畜利用との対比において牧畜民・生産者の家畜利用を浮き彫りにできるという利点がある。

とはいえ、まだいくつかの遺構を分析しただけであり、課題は多く残されている。本遺跡ではゾロアスター教、仏教、東方キリスト教など多様な宗教の存在が遺構、遺物より確認できる。このような多様な宗教、多様な集団、多様な食文化の存在も都市の特徴である。特定の動物の利用と宗教や集団の関係性を証明するのは容易ではないが、現在キリスト教会の発掘にも着手しており、唐代の砕葉鎮の調査も継続している。キリスト教徒や中国系集団の食料残滓を発見し、その家畜利用を在来の牧畜民の家畜利用と比較するのも重要なテーマである。

本稿で紹介したオーソドックスな動物考古学だけでなく、異なる分析手法の適用も予定している。たとえば歯や骨の各種同位体比分析により、家畜が育った場所や食べてきた餌といった個体の来歴に関する情報が得られる。都市においては多様な資源が持ち込まれるのに対し、牧畜民村落では在地の家畜や野生獣が主体であったと予想される。この仮説に対して、同位体比分析は有力な検証ツールとなり得る。草原地帯を舞台に西と東が出会ったこの遺跡において、人と動物の関係を通して多様な文化の存在と共生の実態を今後さらに解き明かしていきたい。

おわりに

日本考古学では動物考古学はマイノリティである。本書のような動物考古学に関する一般書、しかも家畜に絞った書籍が刊行されるというのは、少しは裾野が広がったようで喜ばしい。しかし、まだまだ海外に比べると研究者の数は少なく、カバーできていない地域、時代が多い。私のような門外漢がこうして中央アジアについて書かせていただいているのも専門家の少なさゆえである。逆に言えば参入できる余地は大きいので、ぜひ多くの若い方に加わってほしい。

土器は、ところ変わればまったく顔つきが違う。ゼロから編年を打ち立てなければならない。しかし、ウマはどこでもウマだし、ウシはどこでもウシである。このハードルの低さは動物考古学のメリットである。もちろん、単に骨がわかったということと、それを地域の歴史や社会の中に正しく位置付けるのとは別次元の問題であることは自覚している。もっと気力、体力が充実していた若いうちにチャレンジできていたらと思わないでもない。一方で、日本で経験を積んだことで比較のモノサシができたという利点もある。いくつになっても新しい世界を知るのは楽しいことだ。このささやかな体験談が、一人でも多くの方が動物考古学の世界に飛び込むきっかけになってくれれば幸いである。

謝辞　本稿は帝京大学シルクロード調査団による成果にもとづいている。団長の山内和也教授や団員諸氏、現地カウンターパートであるバキット・アマンバエヴァ博士を始めとするキルギス共和国科学アカデミーの方々には様々なご協力・ご教示をいただいている。鎌倉市教育委員会には所蔵資料の掲載を許可いただいた。また、本稿は新井才二氏との共同研究の成果にもとづいている。以上の方々に深く感謝申し上げる。なお、本稿は『金属』91（8）に掲載された拙稿をもとに加筆、修正したものであることをお断りしておく。

参考文献

新井才二　2016「キルギス共和国、中世アク・ベシム遺跡の動物経済について」『東京大学考古学研究室研究紀要』30

植月　学・新井才二　2020「キルギス共和国アク・ベシム遺跡における動物資源利用」『帝京大学文化財研究所研究報告』19

帝京大学文化財研究所編　2020『アク・ベシム（スイヤブ）2019（帝京大学シルクロード学術調査団 調査研究報告 3）』帝京大学文化財研究所・キルギス共和国国立科学アカデミー歴史文化遺産研究所

山内和也、バキット・アマンバエヴァ編　2021『アク・ベシム（スイヤブ）2018（帝京大学シルクロード学術調査団 調査研究報告 2）』帝京大学文化財研究所・キルギス共和国国立科学アカデミー歴史文化遺産研究所

遊牧民の動物文様からなにがわかる？

スキト・シベリア動物文の歴史的意義

松本圭太
MATSUMOTO Keita

遊牧民の文様としてまず思い浮かぶのは、色とりどりの絨毯であろう。テントの中に敷く生活用具として、あるいは商品としての絨毯は、我々の目にすることが出来る、最も身近な遊牧民の芸術の一つといってよい。こうした絨毯が、今から少なくとも2500年ほど前には存在したことを、ロシア・山地アルタイの凍結古墳、パジリク5号墳出土品が語ってくれる（図1）。パジリク絨毯の生産地に関しては多様な説があるけれども、少なくとも構図や表現において、アケメネス朝ペルシアの影響が見受けられる（Руденко 1961、林2017）。パジリク古墳群では、本論の主役である、スキト・シベリア動物文も数多く知られ、さらにはエジプト、西アジアに由来すると考えられるロータス（蓮）の文様も存在する（図2）。つまり、前1千年紀の半ば頃の草原地帯では、内

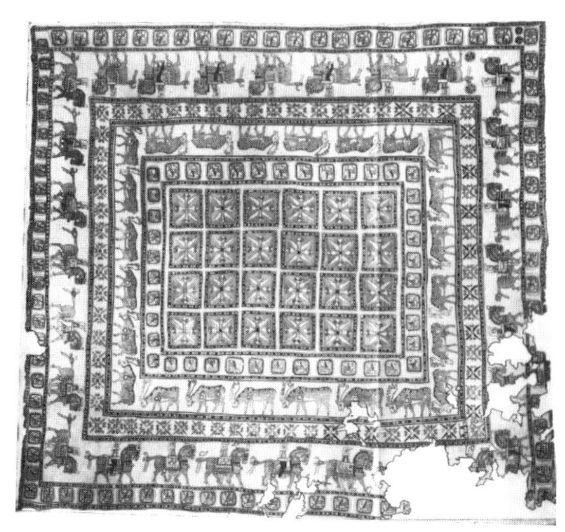
図1　パジリク5号墳出土絨毯

図2　パジリク2号墳出土品におけるロータス文様

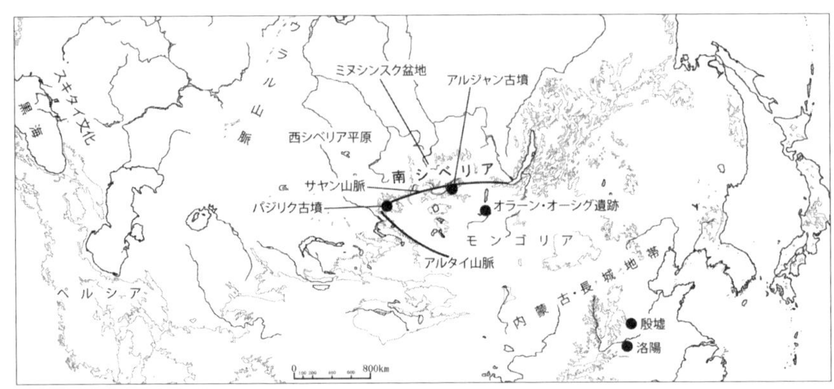

図３　ユーラシア草原地帯とその位置

外に由来する多様な文様が組み合わされ、使用されていたのである。こうした状況の背景の一つは、オリエントやギリシアなどの外部との関係であり、草原地帯を介して、日本を含めた東アジアに伝わった文様も少なくないと思われる。一方で、スキト・シベリア動物文のような洗練された独自の文様を持っていた草原の民が、どのようにして他地域の文様を取り入れるに至ったのであろうか。その経緯を、単に外部との接触だけに帰するのではなく、草原内部の動物文の変化から探っていくのが、本論である。

1　スキト・シベリア動物文と初期遊牧民文化

前１千年紀の前半を中心にユーラシア草原地帯に分布するのが、初期遊牧民文化である。古くから調査が進んで、かつ文献との対比も行われてきた黒海北岸のスキタイ文化をその代表として、スキタイ系文化あるいは、スキト・シベリア文化とも呼ばれている。初期遊牧民文化は、スキタイ文化、ウラル地方のアナニノ文化、南シベリアのタガール文化などの総称であり、それぞれの地域色を持っている。一方で、これらの諸文化は極めて類似し、相互の密接な関係を伺わせる、特有の武器、馬具、そしてスキト・シベリア動物文を持っている。以下に述べるように、スキト・シベリア動物文は、丸まったネコ科動物やつま先立ちの有蹄類など、非常に独特なものである。

初期遊牧民文化やスキト・シベリア動物文の形成は、文献史料におけるスキタイなどの集団の動向と密に関連しながら議論されてきた。以前では、スキト・シベリア動物文に関して、スキタイが西アジアへ侵入するに伴って形成されたという西アジア起源説と、ユーラシア草原地帯由来説が拮抗する状況にあった。ところが、アルジャン1号墳をはじめ草原地帯東部において、この文様がいち早く出現することが判明し、後者の説が有力となっている（林2017）。後者からは、ヘロドトスの『歴史』におけるスキタイ東方起源説も想起されよう。さらに、初期遊牧民文化やその直前に位置づけられる段階には、草原地帯東部から西部へと広がる他の要素もあり、当該期（前2千年紀末〜前1千年紀初頭）においては、主に東から西への文化の流れが指摘されている（高濱1995・2019、松本2018）。

2　スキト・シベリア動物文の構造とその変化

初期遊牧民文化の起源問題をはじめ、以上の研究がもたらした成果は非常に大きいが、スキト・シベリア動物文そのものの構造や、その段階的変化を捉えるような視点も存在する。ピリヴォーチコバ（Переводчикова 1986・1994）は、早期のスキト・シベリア動物文における、例えば猛獣形全体に共通する諸特徴に注目した。それらは「捕食者一般」という概念に相当し、ヤギやヒツジ形をした「有蹄類一般」そして、両者の中間にあたるイノシシ形と対比できるとした。そして、こうした特徴が、動物界に対する当時の認識や、上・中・下のような世界観を示しており、当該期の草原地帯ではこれらの斉一化が起こっていたと考えた。さらに、この独自の表現システムを基礎にして、前5世紀以降、草原各地が農耕文化と接触する中で、ギリシアやペルシアなどの外来要素（グリフィンなど）を主体的に取り込みつつ、地域色のある動物文が発展したと考えている。

ピリヴォーチコバの研究は、文様間の関連から、動物文全体の表現システムを読み解きかつ、文様の変化を内外双方の要因の中で説明していく、重要な視点を持っている。一方で、草原地帯東部における各種動物文や、その表現媒体である青銅器の動態は、彼女の研究以降、明らかになってきた部分も大きい。本論では、草原地帯東部（青銅器時代〜前1千年紀半ば）を中心とする動物文全体が、段階ごとにどのように変化していったのかを、筆者がこれまで研究してきた青銅器文化の動態（松本2018・2020a・b）を基に概観するが、ピリヴォーチコバの指摘した文様の動物種や形態以外に、表現の規範、空間認識を捉えることで、変化の内容をより具体的に明らかにしたい。

3　スキト・シベリア動物文以前：青銅器時代の動物文

前2千年紀、草原地帯全体に銅冶金が普及し、各地で独自の青銅器文化が形成された（図4）。このうち、モンゴリア青銅器様式は、前2千年紀後半の、サヤン・アルタイ山脈と大興安嶺に囲まれた、モンゴリア（モンゴル高原）を分布の中心としている。曲柄剣、刀子などの武器・工具を中心に構成され、ちょうど同じ頃の黄河中流域で栄えた殷文化が、祭祀具の青銅容器を発達させたのと対照的である。こうした武器・工具類の多くは無文であるが、動物意匠を持つものも存在する。

図5-3の剣柄の先端（柄頭）はウマのような動物を表現しており、目と鼻が突出して表現されている。刀子（図5-1）の柄頭はヤギあるいはヒツジに似ているが、やはり目鼻が突出している。これらを簡素化したと考えられるものが、図5-2の柄頭であるが、これも目鼻の部分が球状に表現されている。従って、これらの動物意匠は、その祖形となる動物としてウマやヒツジなどが想定されるものの、表現の中核は、目鼻を突出させることに

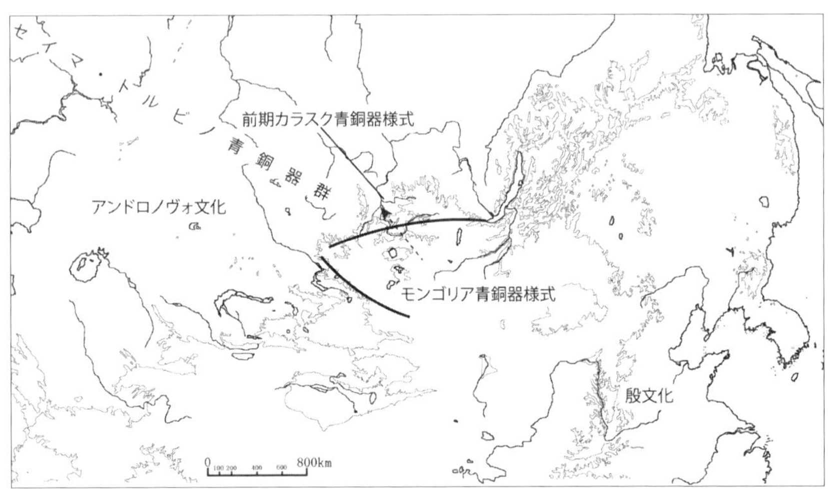

図4　前2千年紀のユーラシア草原地帯

あったと考えられる。さらに、これらは、青銅器では剣や刀子の柄頭にほぼ限って見られ、頭部のみで体躯を明確に表現しない。同種の意匠の別の表現としては、鹿石（同時期のモンゴリアを中心として見られる、数十cmから数m程度の石柱。口絵1参照）における長い嘴を持つ鹿が該当する（図5-4右）。この種の鹿は、鹿石の表面から、鹿の部分を薄く彫窪めて表現される。鹿石には、剣や刀子の表現も見られ（図5-4左）、ここから考えると、剣や刀子の全体が動物の体躯と考えられていた可能性がある。

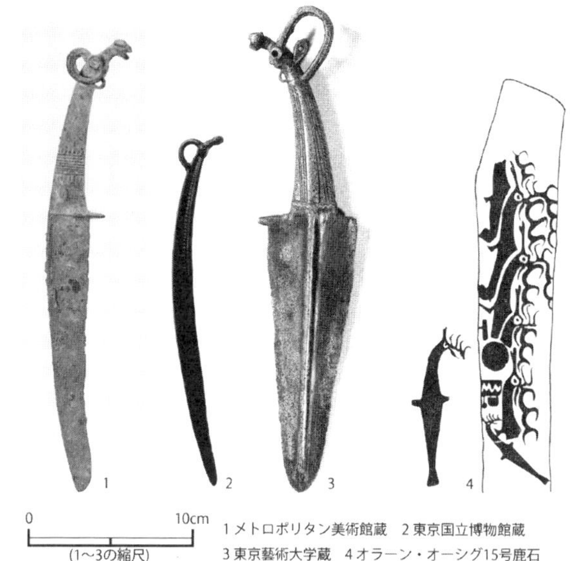

1 メトロポリタン美術館蔵　2 東京国立博物館蔵
3 東京藝術大学蔵　4 オラーン・オーシグ15号鹿石

図5　モンゴリア青銅器様式の動物意匠

つまり、モンゴリア青銅器様式において動物が表現される際には、その形態、表現法・箇所に関する、極めて厳格な規範が存在したと考えられる。筆者は、これらの動物意匠が、当該期のモンゴリアの諸集団が一定のまとまりを形成していく際の、集団指標となった可能性を考えている。当該期のモンゴリアは、こうした特殊な動物意匠などを媒介として、より大きな集団を形成していく段階にあった。

ところで、モンゴリア青銅器様式とその動物意匠は、モンゴリアにおおよそ限られている。モンゴリア全体に共通の動物意匠が広がるという現象は、この段階が初めてなのであるが、それらはあくまでモンゴリア内部の意匠であった。モンゴリアを超えた西シベリア平原以西が、モンゴリアと同様の意匠を共有するのは、次段階以降であり、それに合わせて、モンゴリア青銅器様式とその動物意匠は衰退していく。前2千年紀の青銅器時代における動物意匠、そして青銅器自体の広がりは、こうした限界を持つものなのである。

当該期のユーラシア草原地帯における他の青銅器文化も、同様の性質を持つものであったと筆者は考えている。

4　スキト・シベリア動物文の起源（前11〜10世紀頃）

モンゴリア青銅器様式と同時期、サヤン山脈を越えて北側に位置するミヌシンスク盆地でも、在地色濃い青銅器文化が存在していた（前期カラスク青銅器様式）。そして、本盆地でこれに先行するオクネフ文化（前3〜2千年紀前半）には、人面表現のほか、長い舌を持つ4本足の動物意匠が知られている（図6-1）。続く前期カラスク青銅器様式には動物意匠はほとんど確認できず、オクネフ文化の意匠の多くもまた、前2千年紀における他の青銅器文化と同じ運命を辿ったと考えられるが、「長い舌を持つ4本足の動物」だけは、次に展開していく、ネコ科の動物の祖形として注目されてよいと思う。

さて、ミヌシンスク盆地では前11世紀頃、モンゴリア青銅器様式の要素を部分的に取り入れながら、後期カラスク青銅器様式が発生した（図7）。後期カラスク青銅器様式は、スリットの入った中空柄の剣（いわゆるカラスク式短剣）（図6-2）などを特徴とするが、この様式の最大の特徴は、東はモンゴリアや長城地帯、西はウクライナ付近にまで、各地の従来の青銅器文化を駆逐しつつ広域に分布することである。従来の青銅器文化の境界を越えて青銅器が分布する背景として、筆者はユーラシア草原地帯全体における社会変化と、それに伴う青銅器の役割の変化を考えている。従来、主に集団指標として用いられてきた青銅器が、次第に実用・機能面に特化していくのである。このことは、草

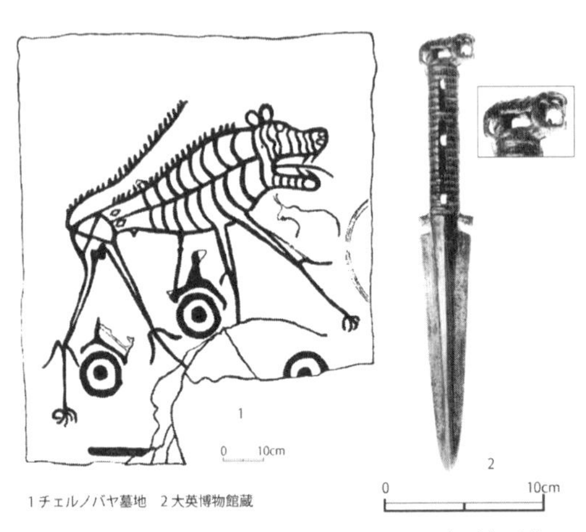

1チェルノバヤ墓地　2大英博物館蔵

図6　岩画（オクネフ文化）・カラスク式短剣のネコ科動物

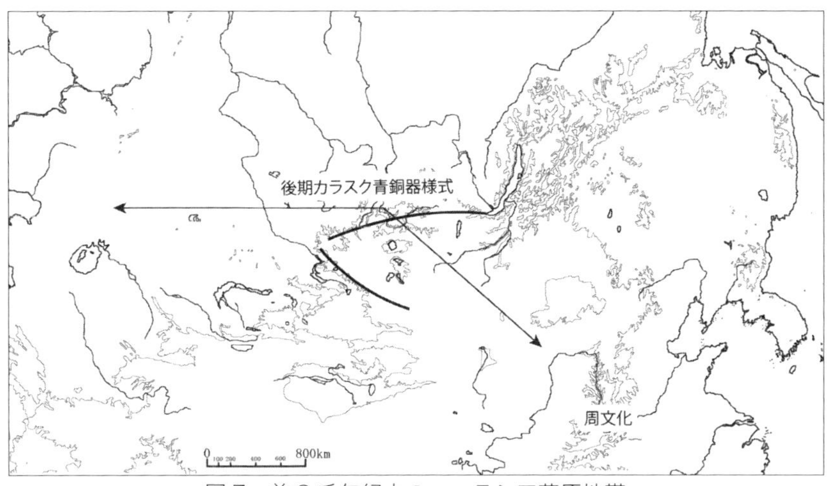

図７　前２千年紀末のユーラシア草原地帯

原地帯東部でこの時期頃から本格化してきた、騎馬を伴う遊牧とも関わるものである。

後期カラスク青銅器様式の青銅器では、動物文は極めて少ないが、図6-2のような､大口を開けたネコ科動物が僅かに知られている。この種の動物は、直後に展開するスキト・シベリア動物文に直接つながるもので、カラスク式短剣に表現された本例は、その最古の一つである（Takahama 1984）。後期カラスク青銅器様式に動物意匠が少ない理由は定かでないが、この時期には、ネコ科の動物とともに、モンゴリア青銅器様式由来の動物意匠が残存していた可能性がある。総じて、後期カラスク青銅器様式の時期である前11～10世紀頃は、従来の青銅器時代の意匠と、これから出現するスキト・シベリア動物文の交替期と位置づけられる。

5　スキト・シベリア動物文の形成（前9～8世紀頃）

草原地帯に広がった後期カラスク青銅器様式は、各地に定着し、地域色を備えていく（図8）が、青銅技術や文化要素は継続された。この状況が、初期遊牧民文化開始の段階（ポストカラスク青銅器様式）である。ここで、大口を開けたネコ科の動物をはじめとする、スキト･シベリア動物文が多様な姿を見せる。

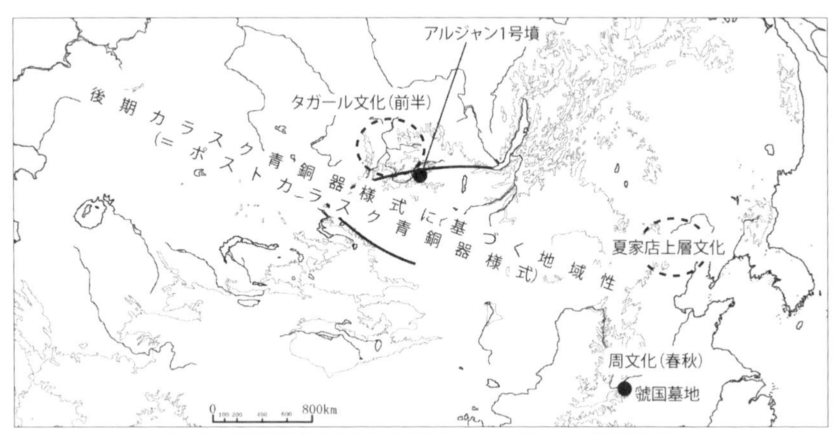

図８　初期遊牧民文化出現期のユーラシア草原地帯

図9-1は、草原地帯の東端、長城地帯で採集された剣の柄部である。寝そべって大口を開けたネコ科動物が一対で、柄を形成している。体躯は毛皮のような、ジグザグ文様で飾られている。このような剣は、同時期の遼西地域における夏家店（カカテン）上層文化によく見られるものである。図9-2の鏡の背面にもネコ科が表現されている。全体が丸まった形状をしており、その体躯に同様に丸まったネコ科を6匹と、自然体の1匹を収めている。小さい方には、幾つかの浅い渦巻が示されている。このような渦巻や円圏は、この時期のネコ科動物表現に広く見られる特徴である。また図9-2は、立体ではなく、突線による表現である。さらに、図9-3は河南省三門峡虢国（サンモンキョウカクコク）墓地出土した鏡であるが、背面向かって左右にクワ

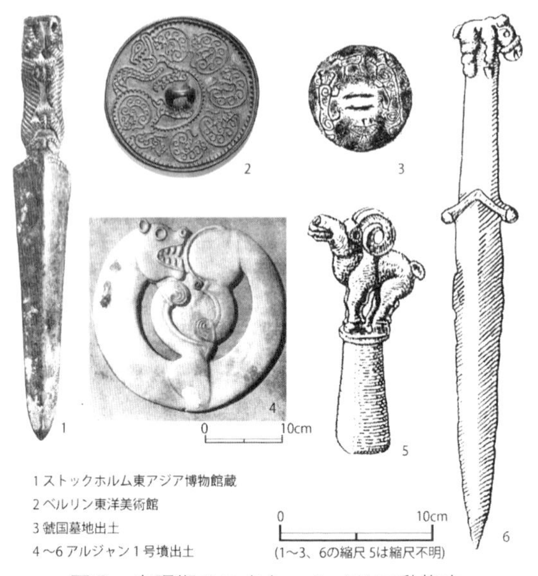

図９　出現期のスキト・シベリア動物文

ガタムシのような生物がならんでいる。これは、体躯の渦巻文様から言って、大口を開けたネコ科動物を表したものと考えられる。これらの、初期遊牧民文化でもかなり古い段階に位置づけられる資料では、ネコ科動物は鋭い牙をむき出しにし、なおかつ現実の動物から遠い、グロテスクな表現になっている。また、剣柄や円の形なりに各種の意匠を上手に収めることは、その後のスキト・シベリア動物文の技法発展の基礎となっていく。その代表的な例が、アルジャン１号墳から出土した青銅飾板（図9-4）である。一方で本例では、グロテスクさがやや薄れ、体躯・手足の丸まり具合もより洗練されたものとなっている。この飾板は立体表現でも突線でもなく、レリーフ状である。アルジャン１号墳ではネコ科以外の動物意匠も多く発見された。図9-5はヤギ形を上にのせる竿頭飾、図9-6はつま先立ちをしているイノシシ形の柄頭を持つ剣である。

以上に紹介したものが、初期遊牧民文化のうち初期に位置づけられる意匠である。これらの動物は、ネコ科動物における体躯の渦巻、イノシシのつま先立ちなど、際立った特徴を確かに持っている。一方で、モンゴリア青銅器様式における動物意匠と比べた場合、その表現手法が多様化し、ある程度の自由が許容されていることに気づかされる。剣や刀子の柄頭の像としてだけでなく、様々な器物に像・文様としても現れ、突線、レリーフ、平彫など多くの技法で表現されている。スキト・シベリア動物文が、草原地帯に広く浸透していく要因の一つとして、このような規範の緩和が考えられる。そして、この緩やかな規範の背景に、ピリヴォーチコバが指摘した、猛獣・イノシシ・有蹄類のような、草原地帯全体で共有されるような、動物認識や世界観が存在した可能性があろう。動物文は、青銅器時代の、地域的に限られた交流関係から離脱し、草原地帯全体のものとなったのである。そして、ネコ科の動物は、草原地帯東部のミヌシンスク盆地やモンゴリア、長城地帯がその発信源となり、西に行くにつれて写実化・形式化していくことになる。

6　スキト・シベリア動物文の展開（前7〜5世紀頃）

以上に述べてきたような後期・ポストカラスク青銅器様式（あるいは初期遊牧民文化出現期とその直前）や、それに伴うネコ科の動物意匠にみられる、いわ

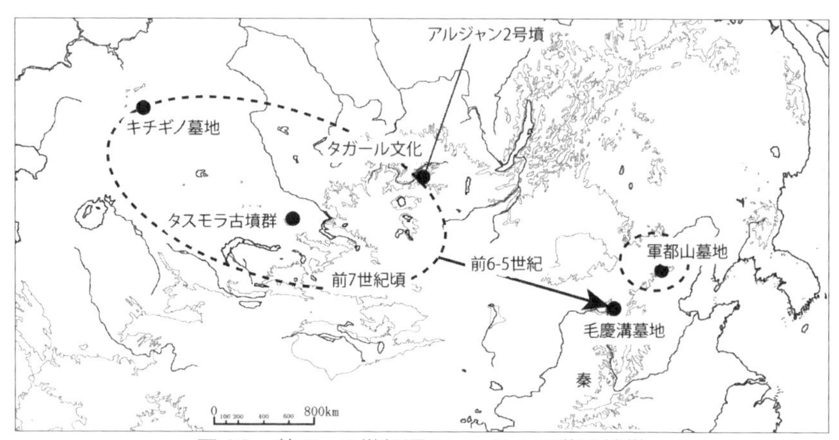

図10　前7～5世紀頃のユーラシア草原地帯

ば東高西低の流れの中で、新たな動きが起こり始める（図10）。すなわち、前7世紀頃には、それまで青銅器文化があまり顕著でなかった地域に、独特の地域性が生じてくるのである。例えば、長城地帯では、以前の遼西地域（夏家店上層文化）に代わって、軍都山（グントサン）墓地を代表とする河北地域で多くの青銅器が見つかるようになる。そして、ウラルからカザフスタン、新疆といった地域では、いわゆるアキナケス（剣）を含む青銅器文化が形成された。この、ウラルから新疆で形成された新たな青銅器文化が、前6～5世紀にかけて、草原地帯全体を席巻することになる。この直後には、中国では長城が築かれ、月氏や匈奴といった北方の諸集団と領域的に対峙する構造になっていくことを考えると、草原地帯の当該期では、何らかの集団の再編あるいは、諸集団のアイデンティティー形成に関わる事象が起きていた可能性があろう。

新たな動きは、動物を含めた意匠にも顕著に表れている。図11-1はウラル東南のキチギノ墓地（前7世紀後半）から出土した、飾金具である。一見して、嘴を持つ鳥の頭部あるいは、炎のような外形をしており、この種の意匠は、同時期のトゥバのアルジャン2号墳にも見られる（図11-2）。また同種と考えられるものに、刀子柄頭の表現（図11-5）があり、植物文様と呼ばれる場合がある（Завитухина 1983）。これらの炎や植物のような形はどのように出てきたのであろうか。図12-3は、カザフスタンのタスモラ古墳群出土の飾板で、キチギノ例と同様な形態であるが、その内部にヤギやイノシシなど様々な動物が凝縮されている。ここでは、平らな表面に動物を表現する際、動物それ自体ではなく、動物と動物、あるいは体躯部分の隙間を彫窪め、線のように細い隙間の輪郭が、動物それぞれの体躯部分を形成している。つまり、ここでは、動物そのものではなく、動物のいる空間・背景に焦点があてられているのである。これは、一見同じような動物の詰め合わせであっても、動物そのものの部分を彫窪めている鹿石の表現とは大きく異なっている（口絵2）。アルジャン２号墳では、最古段階に位置付けられる、複数動物による闘争（捕食）文様が出現する（畠山 2019）。動物のいる空間に焦点をあてるという、空間認識の変化が、闘争文様という情景を盛り込む意匠の流行に繋がった可能性が考えられる。

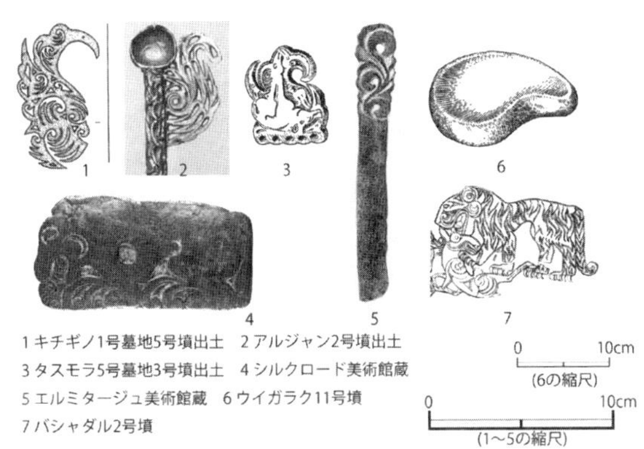

図 11　前 7〜5 世紀のスキト・シベリア動物文

こうした、空間認識の変化と同時に展開するのが、単純な要素の組み合わせ手法である。図 11-4 は、おそらく長城地帯に由来する猛獣形の飾板であり、タスモラ出土品と同じく、平面的表現である。この飾板の外形は、ほぼ長方形で、ところどころに緩やかなカーブが用いられているに過ぎない。しかるにその中で、動物表現を際立たせている中核は、下半にみられる、コンマ形や、縁のカーブした三角形である。これらもまた、動物の体躯そのものではない、体躯に囲まれた空間であり、タスモラ出土品よりも一層、整った形になっている。口絵２の帯扣（タイコウ）（ベルトのバックル）も同様の手法によってグリフィンなどが表現されている。当時のウラルからカザフスタン付近で、コンマ形が何らかの特殊な意味を示していたことは、例えば石製祭祀台（図 11-6）から伺え、火・太陽崇拝との繋がりを指摘する見解もある（Вишневская 1973）。そして、一定の枠の中に、これらの特殊な背景要素が多様に組み合わさることで、そこから自由自在に動物が浮き出してくることが期待されたと考えられる。すなわち、ここでは、各要素や技法について規範が存在するものの、その配置や結果として出現する動物に関しては、作り手（あるいは見る者）の自由に任されることになる。キチギノやアルジャン出土の炎や植物のような文様は、こうした背景のもと生まれたと考えられよう。これらの要素は、早い段階の闘争・捕食文（図11-7）にも認められ、これらの文様の出現も一連の変化として捉えられる。そして興味深いことに、こうした炎や植物形の文様、そして闘争文様が広がる直後に、ギリシアやペルシアの影響によって、ロータスや写実表現が草原地帯にも現れることになるのである。

まとめ—草原地帯の動物文からわかること

以上からまずわかるのは、初期遊牧民文化やそれを遡る段階における、動物認識やその表現が、我々のものとはかなり異なっていたということである。当時の草原地帯は、現在と同じかそれ以上の豊かな自然に囲まれていたはずであるが、表現される動物やその方法は極めて限られていた。そして、年代を遡るほど、そうした制限は顕著であり、現実離れした、一見奇怪な表現になる傾向にある。実は、こうした「制限とそこからの解放」は、青銅器そのものについても言える現象である。青銅器は当初、厳格な社会規範の中で用途も限られていたが、利器としての機能を発揮させるべく、そうした社会規範から徐々に解放されていく（松本2018）。そして、それは、青銅器時代から鉄器時代へ、さらには草原地帯内外の諸集団が対峙する時代へという、ユーラシア草原地帯の歴史進展に対応している。

制限からの解放に従って、スキト・シベリア動物文が誕生し、洗練された要素の組み合わせ、さらに新たな空間認識が生まれてくる。これらは、青銅器時代以来の草原地帯における独自の動物認識とその発展を示すものである。一方で、要素組み合わせと新たな空間認識の段階に至ると、外部地域との交流が顕著になり始め、写実表現や意匠化した植物文が草原地帯に入ってくる。こうした、前1千年紀半ばのユーラシアにおける写実主義や植物文の拡散と、草原地帯の意匠の内的成熟段階がおおよそ一致することは、極めて興味深い。また、中国中原で、ほぼ同時期にあたる春秋時代後期頃から、絡み合った動物文やさまざまな装飾文様（Institute of Archaeology of Shanxi Province 1996）など、これまでにない意匠がにわかに現れることも、こうした草原地帯の変化とは無関係ではないように思われる。今後、ユーラシア全体におけるこうした共時的事象の背景を考えていく必要がある。スキト・シベリア動物文には、草原地帯での重要性もさることながら、ユーラシア全体における意匠、さらには時代の一大転換を体現するものとして、人類史的な意義が見いだされよう。

引用・参考文献

高濱　秀　1995「西周・東周時代における中国北辺の文化」古代オリエント博物館編『江上波夫先生米寿記念論集　文明学原論』山川出版社、pp.339-357

高濱　秀　2019「初期遊牧民文化の広まり」『ユーラシアの大草原を掘る』勉誠出版、pp.64-78

東京国立博物館　1997『大草原の騎馬民族』（展覧会図録）

畠山　禎　2019「初期遊牧民の動物紋様」『ユーラシアの大草原を掘る』勉誠出版、pp.153-170

林　俊雄　2017『スキタイと匈奴 遊牧の文明』（講談社学術文庫）講談社

松本圭太　2018『ユーラシア草原地帯の青銅器時代』九州大学出版会、福岡

松本圭太　2020a「前１千年紀中葉における初期遊牧民文化の変容　ユーラシア草原地帯東部の小型帯金具を素材として」『考古学雑誌』103（1）、pp.36-83

松本圭太　2020b「初期遊牧民文化における青銅刀子の展開」『中国考古学』21、pp.119-150

中國科學院考古研究所　1959『上村嶺虢國墓地』科學出版社

Andersson, J. G. 1932 Hunting Magic in the Animal Style, *Bulletin of museum of Far Eastern Antiquities*. 4, pp.221-317

Institute of Archaeology of Shanxi Province 1996 *Art of the Houma foundry*. Princeton University Press

Takahama, S. 1984 Early Scytho-Siberian Animal Style in East Asia. *Bulletin of The Ancient Orient Museum* 5, pp.45-51

Watson, W. 1971 *Cultural Frontiers in Ancient East Asia*. Edinburgh University Press

Алексеев, А. Ю. 2012 *Золото скифских царей в собрании Эрмитажа. Государ-ственный Эрмитаж.*

Вадецкая, Э.Б. 1965 Изображения зверя-божества из Хакассии. *Новое в советской археологии*. с. 174-176, наука

Волков, В.В. 1981 *Оленные камни Монголии*.（中文訳：王　博・呉研春訳　2007『蒙古鹿石』中国人民大学出版社）

Вишневская О.А. 1973 *Культура сакских племён низовьев Сырдарьи в VII-V вв. до н.э. По материалам Уйгарака*. Наука

Грязнов, М. П.1980 *Аржан : царский курган раннескифского времени*. Наука

Завитухина М.П. 1983 *Древнее искусство на Енисее. Скифское время*. Искусство

Кадырбаев М.К. 1966 Памятники тасмолинской культуры. *Древняя культура Центрального Казахстана*. Наука, с.303-433

Мошкова, М. Г. отв. ред. 1992 *Степная полоса Азиатской части СССР в скифо-сарматское время*. Наука

Переводчикова Е.В. 1986：Воспроизведение вида животного в скифском зверином стиле. Краткие сообщения Института археологии, 186. с.8-14

Переводчикова Е.В. 1994：*Язык звериных образов. Очерки искусства евразийских степей скифской эпохи*. Восточная литература

Руденко С.И. 1952 *Горноалтайские*. Издательство Академии наук СССР

Руденко С.И. 1960 *Культура населения Центрального Алтая в скифское время*. Издательство Академии наук СССР

Руденко С.И. 1961 *Искусство Алтая и Передней*. издательство восточной литературы

Смирнов Н.Ю. 2015 Зверь и птица из Темир-Горы. *Боспорские исследования* 31, с.50-59

Таиров А. Д., Боталов С. Г. 2010 Погребение сакского времени могильника Кичигино I в Южном Зауралье. *Археология и палеоантропология евразийских степей и сопредельных территорий*. с.339–354

Чугунов, К. В., Парцингер, Г., Наглер. А. 2017 *Царский курган скифского времени Аржан-2 в Туве*. ИАЭТ СО РАН

図版出典

図 1-1：Руденко 1952-таб.1 ／図 1-1：Руденко 1961-рис.58 ／図 5-1：東京国立博物館 1997-no.10 ／図 5-2：東京国立博物館 1997-no.12 ／図 5-3：東京国立博物館 1997-no.5 ／図 5-4：Волков 1981（中文訳）-図 80 ／図 6-1：Вадецкая 1965-рис.1 ／図 6-2：Watson1971-82-a ／図 9-1：Andersson1932-p.9-3 ／図 9-2：東京国立博物館 1997-no.89 ／図 9-3：中國科學院考古研究所 1959-図 21 ／図 9-4：Грязнов 1980-рис.15-4 ／図 9-5：Мошкова отв. ред. 1992-таб.72-48 ／図 9-6：Мошкова отв. ред. 1992-таб.72-63 ／図 11-1：Таиров, Боталов 2010-рис.4-1 ／図 11-2：Чугунов и др. 2017-Табл.74-1б ／図 11-3：Кадырбаев 1966-рис. 62-1 ／図 11-4：東京国立博物館 1997-no.188 ／図 11-5：Завитухина 1983-no.297 ／図 11-6：Вишневская 1973-таб.24-4 ／図 11-7：Руденко 1960-рис.21

黄河の羊、長江の豚

今村佳子
IMAMURA Yoshiko

日本語は海洋・魚に関する語彙が発達した「海洋文化」の言語であるのに対し、中国語は家畜に関する文字や語彙が発達し、日常使う言葉のなかからも牧畜的要素が豊富に見出せる「牧畜文化」の言語である（莫 2009）。この牧畜文化は、実は新石器時代にその萌芽がみとめられ、長い年月をかけて醸成されたものである。日本における、中国の家畜の一般的なイメージは、黄河流域では羊の牧畜が盛んで羊料理が多彩なため「黄河の羊」、長江流域では羊よりも豚を使った料理が多いため「長江の豚」というところであろうか。しかし、新石器時代には「黄河の羊、長江の豚」と単純に言い切れない、複雑な家畜文化が存在した。本稿では、動物に関する遺物を網羅的に俯瞰し、新石器時代の家畜文化の実像に迫っていきたい。後述する各地の動物利用と家畜文化の様相は、図2にまとめており、適宜参照されたい。

1　資源としての動物利用

中国新石器時代の黄河から長江にかけての地域は、冷帯気候から温帯気候にあたり、現代より2～3℃気温が高く湿潤で、新石器時代後期頃から急激に寒冷化・乾燥化しはじめたことが判明している（李 1998）。現代と同様、概ね黄河流域（華北）がサバナ・ステップ、長江流域（華中）が照葉樹林帯に属していた。このような環境のもと、黄河流域ではアワ、キビ、コウリャン、コムギ、イネ、長江流域ではイネが中心に栽培されていた。なお、イネは新石器時代においては長江流域から南北に分布を拡大し続けるのに対し、畑作栽培穀物は大きな分布の変化がなかった（甲元 2001）。

さて、中国新石器時代の遺跡から出土した動物遺存体は、ブタ（イノシシ）、ヒツジ、イヌ、ニワトリ（セキショクヤケイ）、コウギュウ、スイギュウ、モウコガゼル、ジャコウジカ、ニホンジカ、キバノロ、キョン、ホエジカ、シフゾウ、サンバー、ウサギ、アナグマ、ブタアナグマ、キツネ、ハタネズミ、カメ、スッポン、タヌキ、ベンガルヤマネコ、トラ、ヨウスコウワニ、アオウオ、ソウギョ、ボラなど多数みられ、さまざまな動物を食用のために捕獲していたことがわかる。なかでも、キバノロ、キョン、ホエジカ、ジャコウジカなどのシカ科、スイギュウ、ガウルなどのウシ科が最も多い。さらに、動物の骨は、骨角器として農工具、狩猟・漁撈具、装飾品として加工し利用された。カメやヨウスコウワニは墓に副葬された例があり、また、キバノロの牙、シカの下顎骨や角が選別されて副葬されることもあった。

家畜としては、ブタ、ヒツジ、ウシ、イヌ、ニワトリの報告があり、なかでもブタとイヌは新石器時代前期からみられ、東北地域から華南まで広く飼育された。同位体化学の研究では、長江下流域ではブタとイノシシが混在する状況から、人と野生とを自由に往来できる生育環境下にあり、一方黄河中流域ではイノシシを戦略的に飼育管理していたことが指摘されている（菊地ほか 2020）。イヌは、食用よりも、狩猟、番犬、愛玩用に飼育されていた（岡村 2005）。ヒツジとウシは黄河流域以北の龍山文化期以降に飼育が本格化する（甲元 2001）。ニワトリは、セキショクヤケイを家禽化したものと考えられ、発掘調査報告書では新石器時代前期からの出土例があるが、新石器時代のニワトリの存在は疑問視されている（江田 2020）。しかし、動物骨の鑑定ではニワトリはいないものの、不思議なことに長江中流域の石家河（セッカガ）文化で鶏冠のようなものをもつ土製トリ像が多数出土している。

新石器時代当初は黄河流域と長江流域で家畜飼育が盛んになるが、温暖湿潤なヒプシサーマル期の新石器時代中期には次第に狩猟の比重が高まり、寒冷乾燥なサブ・ボレアル期の新石器時代後期には長江流域では水稲栽培の進展とともにシカ科の選択的狩猟が増加、一方黄河流域では家畜飼育に傾倒する傾向がある（甲元 2001、菊地ほか 2020）。家畜飼育は、主に黄河流域で大いに発達したと考えることができる。

2　動物骨の利用

新石器時代の動物利用は、食用だけではない。動物骨は、農工具、狩猟具、漁撈具のような生活道具の素材として重要な位置を占めた。ほかにも占卜や楽器の材料、牙や下顎骨の副葬のように日常以外の用途がある。ここでは、実用品以外の用途としての動物骨の利用を概観する。

占卜　占卜とは、ウシ、ヒツジなどの肩胛骨（卜骨）や亀甲（卜甲）を用いた占いのことである。卜骨・卜甲は、新石器時代中期後半段階の、黄河上流域（甘粛省傅家門遺跡）、漢水中流域（河南省下王岡遺跡）、淮河上流域（河南省椅圏馬遺跡）を初現とし、長江流域では出土しない。卜骨・卜甲は墓には副葬せず、基本的には生活の場で使い廃棄するものであった。

占卜の材料には、ウシ、ヒツジ、ブタ、シカの肩胛骨、カメの甲羅の5種類がみられ、ヒツジが最も多くて過半数を占め、次いでウシ、ブタと続き、シカやカメは非常に少ない。ヒツジ、ウシ、ブタの卜骨は華北の広い地域に分布しているが、ヒツジの卜骨は黄河上流域と渭水流域、ウシの卜骨は黄河中流域・淮河上流域、黄河下流域、太行山脈東部（河北省の一部）・同西部（山西省）に分布が偏る傾向がある。カメの占卜は黄河中流域・淮河中流域の地域ではじまったもので、黄河上流域や渭水流域にはみられない。占卜は黄河流域の上流部である黄土高原ではヒツジ、それ以外の黄河流域中・下流域の華北平原ではウシが主体になっていき、各地域で補助的にブタが用いられた（今村 2004）。

占卜は、焼木を骨の表面に押し当てて焼く「灼」を施し、灼の裏面に出るひび割れ「兆」をみて吉凶を判断する（図1）。亀裂を発生しやすくするために、甲骨を削ったり磨いたりして整える「整治」、キリで円形の孔をすり鉢状に彫る「鑽」が施される（ノミで楕円形の孔を彫る「鑿」は新石器時代にはない）。整治と鑽は新石器時代後期後半からみられ、それ以前は灼だけが施された。新石器時代の整治は、表面を平滑に磨いたものもあるが、ほとんどが骨臼・骨脊

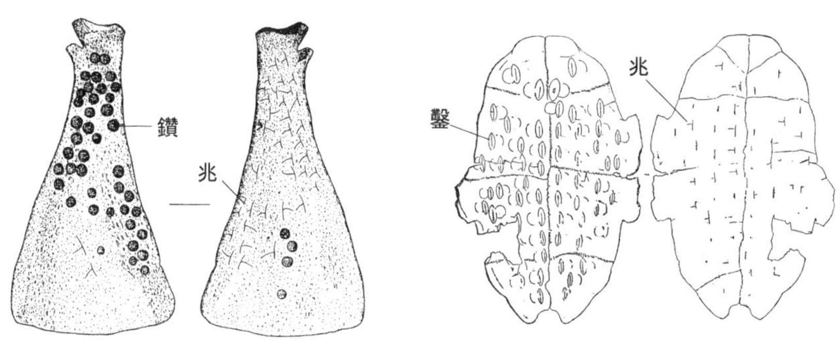

図1　卜骨・卜甲の詳細

を削るのみで、ウシ、ヒツジ、ブタの順に多く、渭水流域にはみられない。整治や鑽はウシの肩胛骨に施すことが多いが、ウシの肩胛骨はヒツジよりも厚いため、兆が出やすくするためにはじめたものであろう。新石器時代後期後半に華北平原において占卜が複雑化し、殷代の占卜へ発達する前提条件を備えていたのである（今村 2004・2008）。

楽器　動物骨で作られた楽器には、笛と亀鈴がある。家畜の骨で楽器は作られていない。笛は基本的に鶴などの鳥類の尺骨や趾骨などから作られ、縦笛が多い。笛は新石器時代前期の黄河中流域（河南省賈湖（カコ）遺跡、石固（セキコ）遺跡、中山寨（チュウザンサイ）遺跡）を初現として、黄河中・下流域、長江下流域で出土している（今村 2006）。指孔の間隔や数が資料ごとに異なるため、一定の音階を意識した楽器ではない。鳥獣の声を模倣する道具であり、狩猟で用いたのであろう。

亀鈴はカメの背甲と腹甲のなかに小石などをいくつか入れたもので、新石器時代前期の河南省賈湖遺跡、新石器時代後期前半の山東省大汶口（ダイブンコウ）遺跡で発見されている。また、亀鈴を模した土製の資料が新石器時代後期後半の山東省城子崖（ジョウシガイ）遺跡で出土している。

動物の埋葬　中国新石器時代の黄河流域や長江流域の集落・墓地内に、動物の全身が埋められた円形・不規則形の土壙が多数存在している。全身骨格が残っているため、食後の残骸ではなく、埋葬したもので（供犠（くぎ））、ブタ、イヌ、ウシ、ヒツジ、カメ、ヒト、稀にシカやトリもみられる。このうちヒトとブタの事例がとりわけ多く、新石器時代前期の河北省磁山（ジザン）遺跡（磁山文化）など黄河流域が初現であり、黄河流域を中心として広い範囲に分布する。イヌはブタに次いで多くみられ、漢水流域を中心として渭水流域・黄河下流域・黄河中流域に広がる。また、イヌの殉葬は漢水流域と長江中流域で盛行し、黄河下流域や長江下流域にも拡大する。

住居の基礎に伴う埋葬（奠基（てんき））は、黄河流域や漢水流域にかけてみとめられ、特に黄河中流域に集中している。住居の基礎（床面下や壁体の下部）への埋葬はヒトを除くと、ブタが多く、イヌ、シカ、ウシ、ヒツジもある。

下顎骨と牙の副葬　1点から数十点のブタの頭骨や下顎骨を副葬することが、新石器時代に盛行した。ブタの頭骨・下顎骨の副葬は、新石器時代前期の河南省賈湖遺跡（裴李崗（ハイリコウ）文化）が初現であり、新石器時代中期後半から後期に黄河下流域で発達し、黄河上流域においても新石器時代後期に盛行する。大汶口文化に先行する時期には、ブタの牙を副葬する墓が、渭水流域や漢水上流域、長江中流域の新石器時代中期前半期の遺跡で散見される。そして、長江下流域では新石器時代中期の江蘇省圩墩(ウトン)遺跡（馬家濱文化後期）が最も早い例であり、新石器時代後期の良渚文化まで散見される。長江中流域でも、大渓文化から石家河文化にかけての遺跡で散見される。長江下流域の江蘇省崧澤(スウタク)遺跡や草鞋山(ソウアイザン)遺跡（崧澤文化）ではシカの下顎骨も含み、黄河上流域の甘粛省大何荘(ダイカショウ)遺跡や皇娘娘台(コウジョウジョウダイ)遺跡（斉家(セイカ)文化）ではヒツジの下顎骨や頭骨の副葬もある。

獐牙(しょうが)（キバノロの牙。木柄に装着して作る獐牙器を含む）の副葬も多い。獐牙は、死者の手元から出土するため、死者に握らせていた。獐牙の副葬は、渭水流域の陝西省白家村(ハクカソン)遺跡（老官台(ロウカンダイ)文化）を初現とし、新石器時代中期後半から後期に黄河下流域と長江下流域にみられ、特に黄河下流域の大汶口文化中期に盛行する（甲元 2001）。

3　動物の二次表現

動物は、資源としてだけではなく、モチーフとしても利用されている。動物のかたちに粘土をこねて焼成して作った土製の動物像、玉製、石製の動物像をはじめ、動物を土器の表面に浮彫状にあしらうもの（貼付け紋）、描くもの（彩陶）、線刻するものや、石器や木器に動物を線刻などして装飾したもの、土器そのものをブタやイヌやトリの形に作った動物形容器もある。こうした動物の二次利用は、新石器時代の早い段階からみとめられる。動物像や動物形容器などの製作対象となった動物は、トリ（キジ科の鳥類、ワシ・タカやフクロウなどの猛禽、水鳥）、ブタ（イノシシ）、イヌ、ヒツジ、ウシ、シカ、ゾウ、トラ、ウサギ、サル、クマ、トカゲ、ヘビ、カメ、カエル、サカナ、セミ、カイコ、そして龍がある（今村 2010）。

動物像　動物像は、新石器時代前期の黄河下流域（後李(コウリ)文化）と黄河中流域・淮河上流域（裴李崗文化）の土製ブタ（イノシシ）像を初現とする。山東省小荊山(ショウケイザン)遺跡出土例は胴部にみえる斑点から、明らかにイノシシの幼獣（ウリボウ）である。新石器時代中期になると、黄河流域、長江中・下流域、東北地域の広い範囲でみられる。全体的に土製が多いが、東北地域では玉製と石製も多い。製作対象の動物は、ブタ（イノシシ）とトリが中心で、さらに黄河上流域ではヒツジ、長江下流域ではサカナ、ウシ、ヒツジ、東北地域ではサカナ、カメ（スッポン）、昆虫、龍がみられる。東北地域の紅山文化の「玉龍」は頭部がブタで胴体がヘビの形状をなし、多数出土している。

新石器時代後期には、遼東地域（小珠山上層文化）、黄河下流域（龍山文化）、黄河中流域（王湾三期文化）、黄河上流域（斉家文化）、長江下流域（良渚文化）、長江中流域（石家河文化）において動物像がみられる。ほとんどの造像が土製であるが、長江下流域では玉製のみ、長江中流域でも新石器時代後期後半に玉製が増加する。製作対象はトリが最も多く、ほかには遼東地域でイノシシ、長江下流域でセミ、サカナ、カメがあり、長江中流域では多種多様な動物が作られた。黄河下流域では、イノシシではなく明らかにブタを製作対象としている。長江中流域の動物像は湖北省石家河遺跡群のみで作られ、大規模な祭祀で使われた。石家河文化前期は土製のトリ（雄鶏、雌鶏、ヒヨコ、フクロウ、短尾鳥、長尾鳥、背中合わせにつながった連体鳥）を中心に、イヌ、ヒツジ、ブタ（イノシシ）、カメ、トラ、サル、ゾウ、サル、ウサギなど（羽のついたイヌや双頭の動物などもある）、石家河文化後期は玉製のトリ（ワシ・タカ）、トラ、セミが顕著になる。どこで見て作ったのか、この時代の長江中流域にいなかったゾウやニワトリの動物像の存在は大きな謎である。さらに、石家河文化前期の土製トリ像も石家河文化後期の玉製トリ像も、河南省や陝西省の遺跡で出土しており、遠方まで運ばれたことが判明している。

器物上の動物　器物上に表現された動物は、新石器時代中期前半に渭水流域、漢水流域（仰韶文化前期）、遼西地域（趙宝溝文化）でみられはじめる。渭水流域では盆や鉢にサカナ、カエル、カメ、トリ、シカを描き、漢水上流域でも鉢にサカナやブタを描き、瓶や壺の口縁部をブタ（イノシシ）の頭形にしたものがある。遼西地域では尊にシカを描いた。新石器時代中期後半には、渭水流域（仰韶文化後期）を中心に、土器の貼付け紋としてトカゲとヘビが流行し、また蓋のつまみをトリの頭形にすることが盛行する。トリ頭形つまみは、新石器時代後期に黄河流域や長江下流域にも広がる。遼西地域（小河沿文化）には、ブタ頭形のつまみが発見されている。

動物形容器　動物形容器は、新石器時代中期以降に出現し、トリ、ブタ、イヌ、カメ、貝の形状がある（今村 2014）。その器種は、壺状のもの、鬹状（注口と口縁が一体）のもの、盉状（注口と口縁が別）のものがほとんどで、杯状もある。また、動物形容器は、遼河流域、黄河流域、長江流域の各地でみられ、新石器時代中期では黄河下流域から長江下流域の地域、および渭水流域から黄河上流域の地域に、新石器時代後期では加えて漢水上流域の地域、長江中流域の地域、華南、東北地域に分布が広がる。

最も古い動物形容器は黄河下流域（北辛（ホクシン）文化）のブタ形器（杯状）で、大汶口文化以降にはブタだけでなく、イヌや、ブタとイヌの両方の特徴を併せもつ獣形器を生み出すなどして展開し（盉状）、酒器として中型墓や大型墓に副葬された（今村 2014）。山東省三里河（サンリガ）遺跡のブタ形・イヌブタ形器は、牙と雄の生殖器の表現があり、犬歯が牙になるほど一定の間飼育され、去勢されていない成獣を象っている。淮河下流から長江下流北部の江淮平原（江蘇省）では、壺状のブタ形器が複数出土している。黄河下流域から江淮平原では、ブタ形器が積極的に作られた。

一方、黄河下流域以外では、ほぼトリ形器が作られた。トリ形器は、新石器時代中期後半以降に、渭水流域、黄河上流域、東北地域、長江下流域、長江中流域、華南地域にみられる。黄河下流域では、トリ形器は黄海に浮かぶ長島列島にある北荘（ホクショウ）遺跡で発見された盉状のものわずか 1 点のみで、トリ形の動物形容器が盛行しない。ただし、鬹そのものは黄河下流域で発達した器種であり、もともとトリを想定して創出された可能性がある（今村 2014）。トリ形器は、口縁部をトリの頸部、胴部を胴体とし、短い尾が付くもので、器種は鬹状、壺状が多数で、盉状、杯状もある。新石器時代のトリ形器は大きく分けると長江下流域を中心に長江中流域・華南・中原地域に広がった系統（Ⅰ）、黄河上流域を中心に東北地域まで広がった系統（Ⅱ）がある。各系統の出現は崧澤文化と馬家窯（バカヨウ）文化馬家窯類型であり、いずれも新石器時代中期後半段階にあたり、ほぼ同時期である。

鬹状のトリ形器を A 類、壺状のトリ形器を B 類とすると、A 類はそれぞれの地域の身近な水鳥をモデルにしている。A 類は土器の器種としては鬹であり、液体を入れ、注ぐという機能をもつため、水と深く関わる水鳥がモデルとなったのであろう。A 類は、第Ⅰ地帯では身分の高い人物が所有し、酒器と共に埋葬されるようになる器物であり、第Ⅱ地帯では大型墓に副葬される彩陶である。ただし、長江下流域では崧澤文化期以外は生活空間での出土を基本とし、ほかの地域とは別の展開をみせる。

B類は数が比較的少なく、仰韶文化を皮切りに、黄河上流域の馬家窯文化から斉家文化、長江下流域の崧澤文化にも現れる。猛禽を模したもので、小・中型墓の副葬品としてみられる。動物形容器や動物像、器物装飾のなかの猛禽類にはイヌワシとフクロウがみられるが、動物形容器としてはほぼフクロウが選択された。また、玉器にはイヌワシやタカが刻まれ、フクロウは選択されなかった。フクロウは、玉器に神として彫り込まれるイヌワシやタカより格下の存在であるが、ある程度重要視されたトリであった。

4　動物の役割

新石器時代は、さまざまな動物を狩猟で得ていたが、同時にブタ、イヌ、ヒツジ、ウシを飼育し、食用に、狩猟のお供に、骨は農工具や占いの道具にと活用していた。どのような動物を食用にしていたかは自然環境によって決定されるが、まつりや占いの場、塑像や土器の装飾などでは特定の動物があてられ、動物ごとに付与された意味が背景にあることわかる。楽器はトリ、カメ、占卜はヒツジ、ウシ、ブタ、カメ、供犠はブタ、イヌ、ウシ、ヒツジ、下顎骨や牙の副葬はブタ、イヌ、シカ、動物像はトリ、ブタ、ヒツジ、ウシ、サカナ、セミ、土器装飾ではつまみの意匠としてトリ、ブタ、貼付紋としてトカゲ、ヘビ、彩陶の絵画としてカエル、サカナ、カメ、トリ、シカ、動物形容器はトリ、ブタ、イヌである。土器装飾や石家河文化系の動物像以外では、家畜であるブタ、イヌ、ヒツジ、ウシを対象とすることが多い。

ブタは、供犠や動物像の対象として黄河流域と長江流域の全域で広くみられた。ブタの牙・下顎骨やブタ形の動物形容器は副葬品であり、特別な意味をもっていたことが想定される。その意味について、死者の霊魂を護衛するもの（王 1981）、被葬者の社会的身分の高さと私有財産の多寡を反映するもの（何 1986）、獐牙器や獐牙とともに辟邪の呪具（春成 2011）、獐牙器・獐牙やブタの牙など「牙」が、魂を縛りとめ、再生を可能にするようにとの願いの所産であるもの（甲元 2001）、など様々な意見がある。実際のところは、下顎骨や頭骨の副葬が、前4千年紀までは被葬者を守護する呪術的な役割をもっていたが、前3千年紀前半（大汶口文化後期）には社会の階層化とともに財や権力を表示するものとして上位階層の墓に集中的に副葬されるようになった可能性が高い（岡村 2005）。

イヌは、葬送儀礼のなかでの殉葬がふつうであり（岡村 2005）、石家河文化系の土製イヌ像を除いて、動物像や土器装飾としては対象にはならなかった。占いの道具になった例もない。イヌは、狩猟、愛玩、番犬としても飼育され、食用を主とする家畜とは一線を画していた。イヌの殉葬は、魂をあの世へ送る道案内をするため（高士 1954）、あるいは死者の守護や付き添いのため（高・邵 1986）、魔除けのためにおこなわれ（桂 2005）、イヌは死後も人の傍にいて役立つと考えられた。

ヒツジとウシは、黄河流域で占卜の材料として最も重要な動物であった。シカがまれに使われることもあるが、基本的には野生動物やイヌは材料とはならない。補助的に使われるブタとともに、占いの材料たりうる神聖な動物でもあった。ヒツジの動物像は黄河上流域で出土し、ウシの動物像は長江流域で数点出土しているが、ブタやトリの動物像ほどの数量はなく、また楽器の材料にならず、土器装飾の対象にもあまりならない。

彩陶などの土器装飾は、サカナ、カエル、トカゲ、トリ、シカなど野生動物が主体であり、ブタ（イノシシ）の他には家畜は登場しない。詳細は割愛するが、これらの動物はその紋様をもつ土器の出土状況からみて、再生観念や豊産などを反映している可能性がある（今村 1998、甲元 2001）。

5　黄河のヒツジ、長江のブタ

以上、資源、動物骨の利用、二次表現という複数の観点を通して、動物の役割や意味合いをみてきた。

食料では、シカを除くと、黄河流域、長江流域のどの地域においてもブタ（イノシシ）の割合が最も高いが、ヒツジは黄河上流域や渭水流域などの黄土高原で、ウシは黄河中・下流域で比重が高くなる。長江流域はシカ科の選択的狩猟が増加し、ブタ（イノシシ）の家畜化には消極的であった。黄河下流域では、ブタの呪術的な役割に期待し、財産の多寡を示すために、特に墓の副葬品として重要視され、ブタにまつわる遺物が他地域より多い。このように、「黄河の羊、長江の豚」というイメージは新石器時代には当てはまらない。

占卜や動物の埋葬、動物形容器、動物像の背景にある認識や観念は、家畜の飼育状況にかかわらず文化圏を超えて広がり、重なりをもちつつ複雑で豊かな家畜文化を形成してゆく。ヒツジの卜骨を主体とする黄土高原、ウシの

図は各種報告書より転載。縮尺不同。各文化名は文中で触れたものに限った。
▲新石器時代前期　◆新石器時代中期　●新石器時代後期

図２　各地の動物利用と家畜文化

卜骨を主体とする華北平原、占卜を受容しなかった長江流域は、それぞれ半農耕半牧畜、雑穀農耕、稲作農耕という生業形態を反映している。だが、生業形態の違いを超えて、イヌやブタのもつ意味は共有され、長江流域からトリ像は広がった。占卜の有無が象徴するように、黄河流域と長江流域では根底に異なる精神文化があった。そして、黄河流域と長江流域は互いに影響し合い、多様性を残したままそれぞれの世界を醸成したのである。

さいごに、トリは楽器や二次表現で広くみられ、最も普遍的な「動物」であった。黄河流域も長江流域も、トリに対する親近感あるいは信仰心を背景にトリのモチーフが好まれていた。特に長江流域では、トリを尊崇する傾向が強かった。石家河文化では、多種多様な動物を象りつつも、トリ像が最も多く作られた。さらに、浙江省河姆渡（カボト）遺跡では「太陽を抱く双鳥紋」を彫刻した象牙や骨器が数点出土し、湖南省大塘（ダイトウ）遺跡でも苗をくわえた尾の長いトリと太陽が描かれた土器片が出土している（萩原 1996、林 2002・2004）。この図像は良渚文化の玉器にも受け継がれ、やがて龍山文化にも波及した。林巳奈夫は河姆渡遺跡のトリはイヌワシで、龍山文化と石家河文化の玉斧、玉鳥にも刻線によってイヌワシが彫られ、イヌワシ形の日の神を表しているとする（林 2002）。このように、長江流域では、神格化したトリが現れる。

黄河流域では牧畜と結びついた祭祀を形成し、長江流域では稲作農耕とトリと太陽を源にした祭祀体系を形成した。黄河流域で発達する牧畜を基礎とした精神文化は、やがて南北に拡大し多様性を包み込みながら中国世界を席巻していくのである。

中国新石器時代の家畜は、「黄河の羊、長江の豚」と単純に形容できない。動物と人とのかかわりは、各地で重なりをもちつつ、多様なさまをみせていたのである。南と北で羊と豚に整然と二分されることはない。羊や豚との利用を複雑化させ、それを複合することで、中国的世界は形作られてきた。それは、文字や表現のなかに息づいている。牛や羊や豚（豕）を部位に含む漢字は多く、これら家畜にまつわる慣用表現も多い。「美」「義」「養」「善」「羨」が良い意味をもつことは、羊が財産であり価値ある家畜であったことを示している。「家」という文字も、豚の飼育が人々の定住に大きな役割を果たしたことを象徴する。羊と豚は、中国文化の基層を形成する重要な動物であった。羊と豚をものする文化の融合した世界こそ、中国的世界と呼べるのではないだろうか。

引用・参考文献

今村佳子　1998「中国新石器時代の土器棺葬」『古代学研究』144

今村佳子　2004「中国新石器時代における占卜の起源と展開についての一考察」『國學院大學21世紀COEプログラム　東アジアにおける新石器時代研究Ⅰ』

今村佳子　2006「中国における楽器の発達に関する基礎的研究」『考古学研究』52—4

今村佳子　2008「中国の王権儀礼と弥生文化」松木武彦・藤尾慎一郎・設楽博己編『弥生時代の考古学』7、同成社

今村佳子　2010「中国先史時代の動物意匠」『中国考古学』10

今村佳子　2014「中国新石器時代の動物形容器の機能」高倉洋彰編『東アジア古文化論攷』Ⅰ、中国書店

江田真毅　2020「長江下流域の初期稲作農耕社会にニワトリはいたのか？」中村慎一・劉　斌編『河姆渡と良渚　中国稲作文明の起源』雄山閣

岡村秀典　2005『中国古代王権と祭祀』学生社

落合淳思　2011『甲骨文字小字典』筑摩書房

菊地大樹・丸山真史・宋　姝・劉　斌・趙　曄・覚張隆史　2020「良渚文化の畜産戦略」『中国考古学』20

菊地大樹 2020「中国新石器時代長江下流域の動物利用」中村慎一・劉　斌編『河姆渡と良渚　中国稲作文明の起源』雄山閣

桂　小蘭　2005『古代中国の犬文化　食用と祭祀を中心に』大阪大学出版会

甲元眞之　2001『中国新石器時代の生業と文化』中国書店

高士與市　1954「中国古代献犬考」『熊本史学』7

萩原秀三郎　1996『稲と鳥と太陽の道』大修館書店

莫　邦富　2009『鯛と羊』海竜社

林　巳奈夫　2002『中国古代の神がみ』吉川弘文館

林　巳奈夫　2004『神と獣の紋様学　中国古代の神がみ』吉川弘文館

春成秀爾　2011「豚の下顎骨懸架」『祭りと呪術の考古学』塙書房

宮本一夫　2005『中国の歴史1　神話から歴史へ』講談社

王仁湘　1981「新石器時代葬猪的宗教意義—原始宗教遺存探討札記」『文物』1981年第2期

何德亮　1986「論山東地区新石器時代的養豚業」『農業考古』1986年第1期

高広仁・邵望平　1986「中国史前時代的亀霊与犬牲」『中国考古学研究—夏鼐先生考古五十年記念論文集』文物出版社

張　溯　　2019『黄土地与太陽神　古代中国的宗教、族群与歴史』山東大学出版会

李文漪　1998『中国第四紀植被与環境』科学出版社

図出典

図1は今村2004を転載。図2は各報告書をもとに筆者作成。図の出典は、紙面の制約により省略する。今村2004・2006・2010・2014などを参照されたい。また、文化名・年代観については、今村佳子　2004「中国新石器時代の土器からみた文化動態」(『先史学・考古学論究』Ⅳ、龍田考古会）を参照されたい。

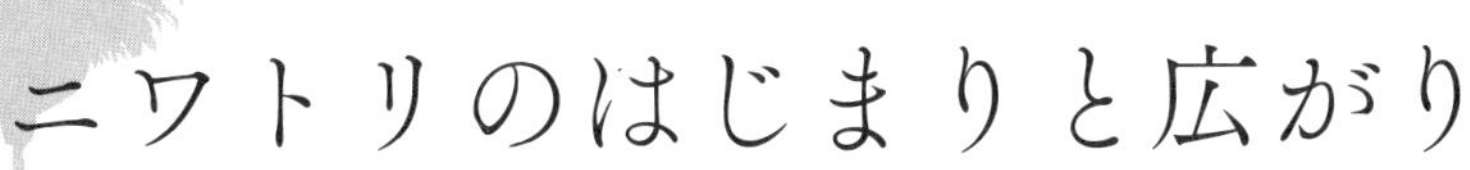

ニワトリのはじまりと広がり

江田真毅
EDA Masaki

はじめに

世界中でもっとも普遍的な家畜はニワトリである。2017年の統計資料によれば、世界中のニワトリの個体数は220億羽以上（FAO 2022）。これは人類の人口の約3倍、哺乳類家畜の個体数の約5倍に相当する。そして、南極大陸を除くすべての大陸と、バチカン市国を除くすべての国で飼育されている（Lawler 2015）。人類に次いで広い分布域を持つ種でもある。世界的な動物質食料需要の急激な拡大を受けて肉や卵の生産性の高い品種が開発される一方、世界各地で約1,600品種の地鶏が飼育されている（FAO 2022）。ニワトリは世界中でかくも普遍的な家畜であるにもかかわらず、その「はじまり」と「広がり」の詳細はあまりよく分かっていない。

これまで、ニワトリのはじまりと広がりは主に2つのアプローチから研究されてきた。1つは現在のニワトリの形態や生態、遺伝子を種間あるいは種内で比較して、「ニワトリの祖先は何か？」を探求する生物学的アプローチである。遺伝子解析の飛躍的な進歩から、近年ははじまりだけでなく広がりについても仮説が提示されている。もう1つは、遺跡から出土した資料を用いて各時代・各地域におけるニワトリ利用の様相を明らかにして、「最古のニワトリはどこにいたのか？」「それがどのように広がったのか？」をより直接的に明らかにする考古学的アプローチである。小論では、生物学的アプローチからみたニワトリのはじまりと広がりに関する知見を概観するとともに、考古学的アプローチによる研究を振り返り、今後の研究の課題と展望について論じる。

1　生物学的アプローチからみたニワトリのはじまりと広がり

図1　野生のセキショクヤケイ（マレーシア・クアラルンプール郊外にて著者撮影）

進化論で有名なチャールズ・ダーウィン。ダーウィンはその著書の中でニワトリの祖先はセキショクヤケイ（*Gallus gallus*：図1）であると指摘している（Darwin 1868）。その根拠は、最も典型的なニワトリである game fowl とセキショクヤケイは色や形態、声が似ていること、game fowl はセキショ

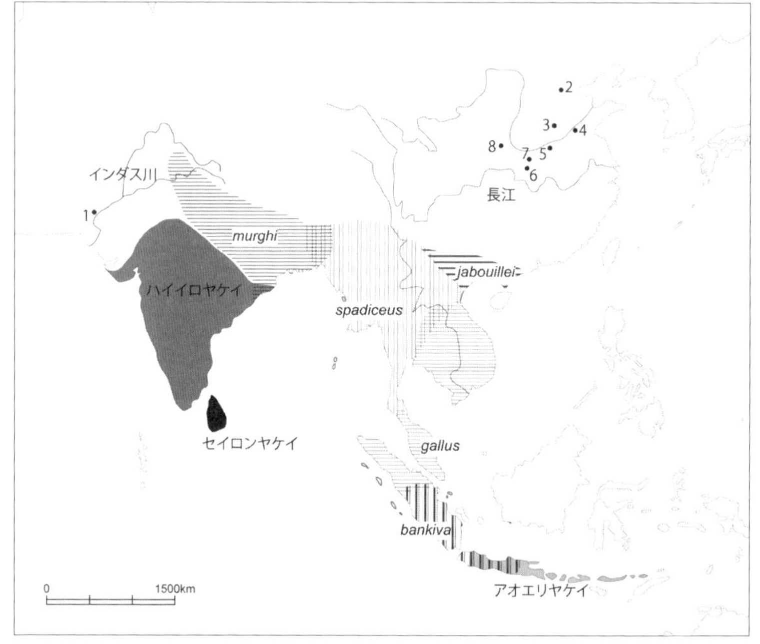

図2　ヤケイ属4種（セキショクヤケイ、ハイイロヤケイ、セイロンヤケイ、アオエリヤケイ）およびセキショクヤケイの5亜種（*gallus*、*spadiceus*、*jabouillei*、*murghi*、*bankiva*）の分布域と小論で言及する遺跡の位置

1：モヘンジョ・ダロ　2：南荘頭　3：磁山　4：王因
5：裴李崗　6：九連墩　7：下王崗　8：棗樹溝脳

クヤケイと繁殖可能な子を残せること、他方、他のヤケイ属（*Gallus*）の種（ハイイロヤケイ *G. sonneratii*、アオエリヤケイ *G. varius*、セイロンヤケイ *G. lafayetii*）はニワトリと交配させても繁殖可能な子を残せないことなどであった（Darwin 1868）。

1960年代後半に盛んになった分子生物学的手法はニワトリの系統関係の検討にも利用された。そして、卵タンパクや血液プロテイン、DNA指紋法などの手法からニワトリとセキショクヤケイの遺伝的な近縁性がより確かなものとなった（Baker 1968）。さらに、ニワトリとセキショクヤケイの母系系統からみた単系統性は、ミトコンドリアDNAの解析からも明らかにされた（Fumihito *et al.* 1996）。

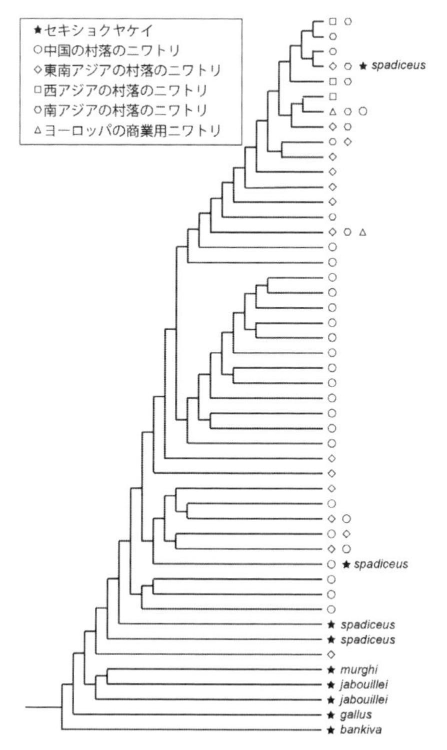

図3　ニワトリとセキショクヤケイの全ゲノムに基づく系統樹（Wang *et al.* 2020をもとに作図）

セキショクヤケイには5つの亜種（*gallus*、*spadiceus*、*jabouillei*、*murghi*、*bankiva*：図2）がいる。そのうち、ニワトリの祖先をタイとその周辺地域に生息する *G. g. gallus* に求める見解（Fumihito *et al.* 1996）や、*G. g. bankiva* を除く複数のセキショクヤケイの亜種に求める見解（Liu *et al.* 2006、Miao *et al.* 2013）があった。

しかし、近年の全ゲノムを対象とした解析では、すべてのニワトリが中国南部やタイ北部、ミャンマーに分布する *G. g. spadiceus* と単系統をなすことが明らかになった（Wang *et al.* 2020）（図3）。このことは、*G. g. spadiceus* がニワトリともっとも近縁であることを意味する。一方、この研究では、ハイイロヤケイを中心にセイロンヤケイやアオエリヤケイに由来する遺伝子も現在のニワトリのゲノム中に含まれるものの、ハイイロヤケイ以外のヤケイ属の遺伝子は各種の分布域で飼育されている在地のニワトリにほぼ限定されることも明らかにされた。これらの結果から、Wang *et al.*（2020）はニワトリは *G. g. spadiceus* に由来し、東南アジアや南アジアに持ち出され、各地のセキショクヤケイの亜種や他のヤケイ属の種と交配してきたと結論した。

2　考古学的アプローチからみたニワトリのはじまりと広がり

(1)「世界最古のニワトリ」の変遷

フレデリック・ゾイナーは、ニワトリは約4,000年前のインダス川流域で家畜化されたと述べている（Zeuner 1963）。その論拠は、当地のこの時代の遺跡であるモヘンジョ・ダロ遺跡（パキスタン：図2）からニワトリを模したスタンプと像、そしてニワトリの大腿骨が出土したこと（Sewell and Guha 1931）であった。その後、「世界最古のニワトリの骨」の報告は大幅に更新されてきている。

ユーラシア大陸におけるニワトリの骨の出土記録を集成したWest & Zhou（周）（1988）は、ヨーロッパ、中東、南アジア、そして東アジアの90遺跡において紀元前1世紀以前のニワトリの報告があることを明らかにした。とくに、中国北部ではモヘンジョ・ダロ遺跡よりも古い磁山（ジザン）遺跡（中国河北省・約7,400〜7,300年前：図2）や裴李崗（ハイリコウ）遺跡（中国河南省・約8,000〜7,500年前）など新石器時代の18遺跡からニワトリの骨が報告されており、ニワトリは最初に東南アジアで家畜化され、その後北方にもたらされ中国北部で確立したと結論づけた（West and Zhou 1988）。

West & Zhou（1988）の集成した中国の遺跡のうち、磁山遺跡から出土したキジ科の骨は、家畜化されたニワトリのものと同定された根拠がかなり明確に示されている（周 1981）。第一に磁山遺跡はセキショクヤケイの分布の北限よりもかなり北に位置すること。第二に距突起[1]のある足根中足骨[2]が距突起のないものよりかなり多く、オスの選択的な利用が推定できること。第三に磁山遺跡から出土した距突起のある足根中足骨の全長（平均79.0㎜、範囲72.0〜86.5㎜）が現在のオスのセキショクヤケイ（平均78.7㎜、範囲70.0〜82.0㎜）より平均値で0.3㎜長いことであった（周 1981）。West & Zhou（1988）以降、中国北部はニワトリの家畜化の中心地の1つとみなされてきた（Serjeantson 2009）。

これまでに報告された「世界最古のニワトリ」の骨は、中国北部・河南省の南荘頭（ナンソウトウ）遺跡（約10,500～9,700年前：図2）から出土したものである（Xiang *et al.* 2014）。Xiang *et al.*（2014）は、南荘頭遺跡、磁山遺跡、王因（オウイン）遺跡（山東省・約6,500～5,500年前）、九連墩（キュウレントン）遺跡（湖北省・約3,000～2,300年前）からキジ科の骨を採取し、古代DNA解析を実施した。ミトコンドリアDNAのシトクロムCオキシダーゼの159塩基対の解析では、分析に成功した13点（南荘頭遺跡の22点中7点、磁山遺跡の7点中1点、王因遺跡の6点中3点、九連墩遺跡の4点中2点）すべてがヤケイ属の骨と同定された。さらに、ミトコンドリアDNA・制御領域の326塩基対の解析にも8点（南荘頭遺跡の3点、磁山遺跡の1点、王因遺跡の2点、九連墩遺跡の2点）で成功し、すべての骨がニワトリと同定された（Xiang *et al.* 2014）。Xiang *et al.*（2014）は、磁山遺跡や南荘頭遺跡からの熱帯域の動植物の出土を根拠に、完新世前期の中国北部は現在より湿潤で暖かく、野生のセキショクヤケイが分布しており、それらの飼育と家畜化が約10,000年前に始まったと論じた。

（2）「世界最古のニワトリ」を巡る論争

完新世前期の中国北部でニワトリの飼育が始まったとする見解は、掲載誌のウェブ上での論争を巻き起こした（Peng *et al.* 2015、Peters *et al.* 2015、Xiang *et al.* 2015a、Xiang *et al.* 2015b）。Peng *et al.*（2015）は、決定された塩基配列にプライマー[3)]の配列が含まれており不適切であることや、解析された塩基配列が結論に至るのに短すぎることを指摘した。また、Peters *et al.*（2015）は、完新世前期の中国北部はセキショクヤケイの生息に適していないこと、熱年代（thermal age）によるDNA断片の劣化を考慮すると増幅された塩基配列が長すぎること、分析試料に驚くことにイヌ科の骨が含まれており試料の選定に疑念があること、さらに骨が後世のものの可能性があることなどを指摘している。Xiangらは Peng *et al.*（2015）の指摘を一部認める一方、結論への大きな影響はないと反論している（Xiang *et al.* 2015b）。また、Peters *et al.*（2015）の指摘についても反論する一方、そのタイトルで“Further discussions confirm early Holocene chicken domestication in northern China（さらなる議論が中国北部における完新世前期のニワトリの家畜化を確定づける）”と総括している（Xiang *et al.* 2015a）。

Xiangらの指摘通り、中国北部における完新世前期のニワトリの家畜化は、その後様々な観点から議論されてきた（Eda *et al.* 2016、Peters *et al.* 2016、Pitt *et al.*

2016、Huang *et al.* 2018）。Pitt *et al.*（2016）は、現在と約6,000年前（完新世の最温暖期）の中国北部がセキショクヤケイの分布条件に一致するかを生態学的ニッチモデリング[4]から調べた。その結果、中国北部は現在も約6,000年前もセキショクヤケイの自然分布に適していないと推定された。Huang *et al.*（2018）は、現代のニワトリにはあってセキショクヤケイにはないミトコンドリアDNAのクレードに着目して、その多型性を調べた。その結果、中国北部においてニワトリの個体数が近年急速に増加した傾向を見出し、当地で完新世前期からニワトリが利用されていたとする見解を否定した。またPeters *et al.*（2016）は、中国北部を中心に完新世の古気候に関するデータと遺跡から出土した動物骨のデータを集成し、完新世前期および中期の中国北部にはセキショクヤケイの生息に適した環境はなかったと結論した。また、完新世におけるセキショクヤケイの生息好適環境の北限は長江以南であったと指摘した（Peters *et al.* 2015）。

実は、この「世界最古のニワトリ」を巡る論争に私自身も参戦している。ここで私たちの研究の紹介に少しお付き合いいただきたい。私たちは、南荘頭遺跡から6点、磁山遺跡から5点、王因遺跡から70点など、中国北部と中部の新石器時代の11遺跡と青銅器時代の8遺跡から出土した計280点のキジ科の下肢骨（大腿骨、脛足根骨、足根中足骨）を形態学的観点から調査した（Eda *et al.* 2016）。中国にはセキショクヤケイを含む62種のキジ科の鳥が分布する（鄭2011）。そして、残念ながらその骨の形態的種同定基準は今日まで確立されていない。そこで、私たちは日本に生息する大型キジ科（キジとヤマドリ）の骨からセキショクヤケイを含むニワトリの骨を識別するために確立した基準（江田・井上2011）を利用して、中国の遺跡から出土したキジ科の骨を「ニワトリの可能性がある骨」と「ニワトリではない骨」に分類した（Eda *et al.* 2016）。その結果、「ニワトリの可能性がある骨」は新石器時代の下王崗（カオウコウ）遺跡（約5,000〜2,700年前）から1点、および青銅器時代の棗樹溝脳（ソウジュコウノウ）遺跡（約3,200〜3,050年前）から2点しかみつけることができなかった。南荘頭遺跡、磁山遺跡、王因遺跡からの計81点を含む他のキジ科の骨はすべて「ニワトリではない骨」であった。この結果から、私たちは完新世前期から中期の中国北部や中部では、ニワトリは広く飼育されてはおらず、セキショクヤケイも広く分布してはいなかったと結論した（Eda *et al.* 2016）。

お気づきのように、私たちの研究結果は、Xiang *et al.*（2014）や周（1981）、そして他のたくさんの新石器時代や青銅器時代のニワトリの骨の報告と大きく異なっている。Xiang *et al.*（2014）は、古代DNA分析に成功した南荘頭遺跡、磁山遺跡、王因遺跡出土の11点のキジ科の骨すべてをニワトリあるいはヤケイ属のものと同定した。対照的に、私たちの分析ではこれらの遺跡から出土した81点の骨すべてが「ニワトリではない骨」であった。つまり、2つの研究はニワトリの有無とともに、他のキジ科の鳥の有無で完全に矛盾しているのだ。Xiang *et al.*（2014）は少なくとも2点のイヌ科の骨（Peters *et al.* 2015）—さらに正確に言えば左第3中手骨と左第5中手骨各1点（Eda *et al.* 2016）—を分析しており、“typical ancient chicken bones unearthed in northern China（中国北部の遺跡から出土した典型的なニワトリの骨）”として図示している（Xiang *et al.* 2014：Fig. 1B）。これらの骨が“typical（典型的）”であるならば、Xiang *et al.*（2014）が分析した資料は適切なものと言えるのだろうか？

私たちは、磁山遺跡から出土した5点の足根中足骨を分析している（Eda *et al.* 2016）。博物館に「世界最古のニワトリ」として展示されていたこれらの骨は、その注記の一致から周（1981）が「ニワトリ」と同定したものと考えられる。一見して、すべての骨に内側足底稜（西田・林 1984）—キジやヤマドリにはあってニワトリやセキショクヤケイにはない構造（江田・井上 2011）—が認められ、「ニワトリではない骨」と分類できる（図4）。周（1981）は磁山遺跡から出土したキジ科の骨を「形態が野生のセキショクヤケイと似ている」という理由からニワトリと同定しているものの、他のキジ科の骨との識別基準は示していない。明瞭な内側足底稜のある足根中足骨は周（1981）の写真図版（周 1981：図9.1-9.4）にも掲載されており、そのキャプションは「ニワトリ」となっている。足根中足骨の誤同定は他の骨の誤同定

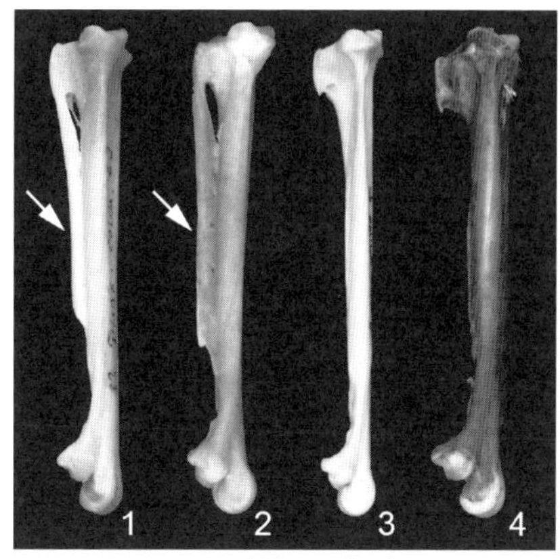

図4　キジ科の足根中足骨
1：キジ　2：ヤマドリ　3：セキショクヤケイ
4：ニワトリ（江田・井上 2011を一部改変）
※矢印は内側足底稜

より致命的と言える。その理由は、周（1981）が磁山遺跡出土の骨を家畜化されたニワトリとした3つの根拠のうち2つが、足根中足骨の計測値とオスへの偏りであるためだ（Eda *et al.* 2016）。磁山遺跡同様、他の遺跡でも「ニワトリ」の骨の同定根拠はほとんど示されておらず、誤同定された「ニワトリ」が他にも含まれている可能性がある。完新世前期と中期の中国北部や中部において、ニワトリやセキショクヤケイが利用されていたかどうかは、再検討の必要があるだろう。

更新世や完新世前期のヨーロッパの遺跡からも、セキショクヤケイやニワトリの骨が報告されている（West and Zhou 1988、Boev 1995、Mlikovsky 2002、Boev 2009、Kyselý 2010）。ヨーロッパで最古のニワトリの骨とされる骨は、ブルガリアのホットニスタ（Hotnista）遺跡から出土した約7,500年前のものである。しかし、Pitt *et al.*（2016）は現代と約6,000年前のブルガリアについても、その自然環境はセキショクヤケイの生息に適したものではないことを示している。また、Kyselý（2010）は完新世前期やそれ以前のセキショクヤケイやニワトリの骨は同定や年代の特定が十分とは言い難く、再検討が必要と論じている。

3　今後の展望と課題

ニワトリのはじまりと広がりは、主に生物学的アプローチと考古学的アプローチから検討されてきた。最新の生物学的アプローチである全ゲノム解析では、中国南部やタイ北部、ミャンマーに分布するセキショクヤケイの1亜種（*G. g. spadiceus*）からニワトリがはじまり、その後、東南アジアや南アジアに広がり、各地でセキショクヤケイの亜種や他のヤケイ属の種と交配してきたことが推定されている（Wang *et al.* 2020）。一方、考古学的アプローチでは、「最古のニワトリ」の骨が約10,000年前の中国北部の南荘頭遺跡で報告されており（Xiang *et al.* 2014）、また約7,500年前のホットニスタ遺跡でもニワトリの骨の報告がある（Boev 2009）。このことから、ニワトリのはじまりは約10,000年前の中国北部にさかのぼり、約7,500年前までに遠く離れた東欧のブルガリアまで広がっていた可能性がある。しかし、これらの遺跡は野生や飼育初期のセキショクヤケイの生息に好適な環境下にはなく（Pitt *et al.* 2016）、また資料の同定や年代推定の不確実性も指摘されており、再検討が求められている（Kyselý 2010、Eda *et al.* 2016、Peters *et al.* 2016）[5)]。

このコンテクストから言えば、実はモヘンジョ・ダロ遺跡におけるニワトリの利用についても、再検討が必要である。Zeuner（1963）に言及されて以降、約4,000年前のインダス渓谷にニワトリがいたことは揺るぎない事実のように扱われているものの、管見の限り同遺跡からはニワトリの骨は報告されていない。Zeuner（1963）が言及した「ニワトリの大腿骨」は“? *Gallus* sp.（ヤケイ属?・種不明）”と同定されたものである（Sewell and Guha 1931）。またこの骨は現在のオスのセキショクヤケイよりはるかに大きく、レグホンやプリマスロックといった品種と同程度の大きさである（Eda 2021）。この骨をヤケイ属と同定した根拠は示されておらず、後世の資料の混入ではないとの特定もできていないことから、今日的観点からはこの骨を約4,000年前のニワトリのものとはみなしがたい（Eda 2021）。一方、ニワトリを模したスタンプや像の出土もニワトリの家畜化の証拠とはみなしがたい。これは同遺跡から出土したカメやサル、サイの像をそれぞれの飼育の証拠とはみなせないのと同じである。モヘンジョ・ダロ遺跡のある地域の環境も、セキショクヤケイの生息に適した場所ではないことが指摘されている（Pitt *et al.* 2016）。

自然環境を考慮すれば、セキショクヤケイの家畜化はこの種のもともとの生息地内で生じた可能性が高いと考えられる（Pitt *et al.* 2016）。とくに、全ゲノム解析でニワトリの祖先と指摘された *G. g. spadiceus* の分布域にあたる中国南部からマレー半島周辺における完新世前期と中期の遺跡から出土したキジ科資料の調査が求められる。残念ながらこの地域のキジ科の骨の同定基準は確立されていない。そのため、私たちが中国の新石器時代や青銅器時代の資料を対象とした場合のように「ニワトリの可能性がある骨」を見出し、それらの資料を対象に古代DNA解析で種を同定する必要がある。また、近年私たちが日本のキジ科資料の同定に有効であることを示したコラーゲンタンパク分析（Eda *et al.* 2020）は、今後東南アジアにおけるキジ科の種同定にも有用なツールとなる可能性がある。

セキショクヤケイの分布する地域の遺跡から出土した骨をニワトリのものと特定するためには、家畜個体のものか野生個体のものかを識別する必要がある。一方で、家畜化はプロセスであり、1つの骨を家畜個体のものか野生個体のものかに二分するという問いには問題がある。異なる時代・地域の遺跡から出土したセキショクヤケイ・ニワトリの骨は、異なる家畜化の段階にある可能性がある。異なる家畜化の段階で変化すると予想される窒素と炭素の安定同位体比や、幼鳥の骨や骨髄骨[6]を含む骨などの有無、さらに家畜化に伴う形態の変化や遺伝子頻度の変化などに着目した分析を組み合わせて実施することで、ニワトリのはじまりと広がりの様相がより詳細に明らかになると期待される[7]。

おわりに

ニワトリは世界中に毎日その肉と卵を供給している（FAO 2022）。しかし、彼らの主たる祖先であるセキショクヤケイの体重は1kg程度、産卵数は年間4～8個程度である（Lawler 2015）。ニワトリのはじまりと広がりの解明は、「なぜ他の鳥[8]ではなく家畜化されたセキショクヤケイが現在もっとも一般的な家禽であるのか？」そして「なぜ世界中でもっとも普遍的な家畜となったのか？」を考察するうえで有用な知見をもたらすのではないだろうか。

註

1）一般にオスにのみ形成される蹴爪の基礎となる構造

2）人では足の裏にあたる位置にある骨。複数の足根骨と中足骨が癒合して形成される。

3）PCR法を用いて目標の塩基配列を増幅する際に添加する人工の塩基配列。系統解析などの際にはその配列は除去する必要がある。

4）ある種の既知の生息地点と気温、降水量、標高などの環境情報に基づく機械学習によって、未知の領域におけるその種のニッチの存在確率を推定する手法。

5）入稿後にヨーロッパと北アフリカにおけるニワトリの利用開始時期を放射性炭素年代測定から検討した論文が出版された（Best *et al.* 2022）。この研究でホットニスタ遺跡のニワトリの骨は現代のものであることが明らかになった。その他のヨーロッパや北アフリカの資料でもより新しい時代のものが多数確認され、ニワトリの骨を直接年代測定する重要性が改めて強調された。

6）産卵前後の雌鳥の骨中にのみ二次的に形成される交織骨。その存在はその骨が産卵期の雌の骨であることを明示する。

7）前掲註5の論文を発表した研究グループは、ほぼ同時に出版されたもう1つの論文（Peters *et al.* 2022）でニワトリの広がりと水稲や粟の耕作の広がりの同時性を指摘した。今後、ニワトリの広がりの理解にはこれらの農作物との関連性が注目される。

8）脱稿後に私たちは約7,000年前の田螺山（デンラサン）遺跡（中国・浙江省）でガン類の家畜化が始まっていたことを明らかにした論文を発表した（Eda *et al.* 2022）。先に家畜化の起こったガン類家禽（＝ガチョウ）ではなくニワトリがより一般的な家禽となった理由の解明も今後の課題である。

引用・参考文献

Baker, C. M. 1968. Molecular genetics of avian proteins. IX. Interspecific and intraspecific variation of egg white proteins of the genus *Gallus*. *Genetics* 58: 211-226.

Best, J., S. Doherty, I. Armit, Z. Boev, L. Büster, B. Cunliffe, A. Foster, B. Frimet, S. Hamilton-Dyer, T.

Higham, O. Lebrasseur, H. Miller, J. Peters, M. Seigle, C. Skelton, R. Symmons, R. Thomas, A. Trentacoste, M. Maltby, G. Larson and N. Sykes. 2022. Redefining the timing and circumstances of the chicken's introduction to Europe and north-west Africa. *Antiquity*96: 868-882.

Boev, Z. 1995. On the appearance of the domestic fowl (*Gallus gallus domestica*) in Bulgaria and Balkan peninsula and the question of domestication of junglefowls (genus *Gallus* Brisson, 1760) in southeast Europe. *Historia Naturalis Bulgarica* 5: 37-50.

Boev, Z. 2009. Avian remains from the Late Chalcolithic settlement near Hotnitsa village (Veliko Tarnovo region, CN Bulgaria) *Acta Zool. Bulg.* 61: 39-54.

Darwin, C. R. 1868. *The Variation of Animals and Plants under Domestication.* John Murray, London.

Eda, M. 2021. Origin of the domestic chicken from modern biological and zooarchaeological approaches. *Anim. Front.* 11: 52-61.

Eda, M., P. Lu, H. Kikuchi, Z. Li, F. Li, and J. Yuan. 2016. Reevaluation of early Holocene chicken domestication in northern China. *J. Archaeol. Sci.* 67: 25-31.

Eda, M., M. Morimoto, T. Mizuta, and T. Inoué. 2020. ZooMS for birds: Discrimination of Japanese archaeological chickens and indigenous pheasants using collagen peptide fingerprinting. *J. Archaeol. Sci. Rep.* 34: 102635.

Eda, M., Y. Itahashi, H. Kikuchi, G. Sun, K.-h. Hsu, T. Gakuhari, M. Yoneda, L. Jiang, G. Yang and S. Nakamura. 2022. Multiple lines of evidence of early goose domestication in a 7,000-y-old rice cultivation village in the lower Yangtze River, China. *Proc. Natl. Acad. Sci. U. S. A.*119: e2117064119.

FAO. 2022. Gateway to poultry production and products. http://www.fao.org/poultry-production-products/en/ (Accessed 2/23 2022).

Fumihito, A., T. Miyake, M. Takada, R. Shingu, T. Endo, T. Gojobori, N. Kondo, and S. Ohno. 1996. Monophyletic origin and unique dispersal patterns of domestic fowls. *Proc. Natl. Acad. Sci. U. S. A.* 93: 6792-6795.

Huang, X.-H., Y.-J. Wu, Y.-W. Miao, M.-S. Peng, X. Chen, D.-L. He, C. Suwannapoom, B.-W. Du, X.-Y. Li, Z.-X. Weng, S.-H. Jin, J.-J. Song, M.-S. Wang, J.-B. Chen, W.-N. Li, N. O. Otecko, Z.-Y. Geng, X.-Y. Qu, Y.-P. Wu, X.-R. Yang, J.-Q. Jin, J.-L. Han, F.-S. Zhong, X.-Q. Zhang, and Y.-P. Zhang. 2018. Was chicken domesticated in northern China? New evidence from mitochondrial genomes. *Sci. Bull.* 63: 743-746.

Kyselý, R. 2010. Review of the oldest evidence of domestic fowl *Gallus gallus f. domestica* from the Czech Republic in its European context. *Acta Zoologica Cracoviensia - Series A: Vertebrata* 53: 9-34.

Lawler, A. 2015. *Why Did the Chicken Cross the World?* Gerald Duckworth & Co, New York.

Liu, Y. P., G. S. Wu, Y. G. Yao, Y. W. Miao, G. Luikart, M. Baig, A. Beja-Pereira, Z. L. Ding, M. G. Palanichamy, and Y. P. Zhang. 2006. Multiple maternal origins of chickens: Out of the Asian jungles. *Mol. Phylogenet. Evol.* 38: 12-19.

Miao, Y. W., M. S. Peng, G. S. Wu, Y. N. Ouyang, Z. Y. Yang, N. Yu, J. P. Liang, G. Pianchou, A. Beja-Pereira, B. Mitra, M. G. Palanichamy, M. Baig, T. K. Chaudhuri, Y. Y. Shen, Q. P. Kong, R. W. Murphy, Y. G. Yao, and Y. P. Zhang. 2013. Chicken domestication: An updated perspective based on mitochondrial genomes. *Heredity* 110: 277-282.

Mlikovsky, J. 2002. *Cenozoic Birds of the World, Part 1: Europe.* Ninox Press, Pragu.

Peng, M.-S., N.-N. Shi, Y.-G. Yao, and Y.-P. Zhang. 2015. Caveats about interpretation of ancient chicken mtDNAs from northern China. *Proc. Natl. Acad. Sci. U. S. A.* 112: E1970-E1971.

Peters, J., O. Lebrasseur, J. Best, H. Miller, T. Fothergill, K. Dobney, R. M. Thomas, M. Maltby, N. Sykes,

O. Hanotte, T. O'Connor, M. J. Collins, and G. Larson. 2015. Questioning new answers regarding Holocene chicken domestication in China. *Proc. Natl. Acad. Sci. U. S. A.* 112: E2415.

Peters, J., O. Lebrasseur, H. Deng, and G. Larson. 2016. Holocene cultural history of red junglefowl（*Gallus gallus*）and its domestic descendant in East Asia. *Quat. Sci. Rev.* 142: 102-119.

Peters, J., O. Lebrasseur, E. K. Irving-Pease, P. D. Paxinos, J. Best, R. Smallman, C. Callou, A. Gardeisen, S. Trixl, L. Frantz, N. Sykes, D. Q. Fuller and G. Larson. 2022. The biocultural origins and dispersal of domestic chickens. *Proc. Natl. Acad. Sci. U. S. A.*119: e2121978119.

Pitt, J., P. K. Gillingham, M. Maltby, and J. R. Stewart. 2016. New perspectives on the ecology of early domestic fowl: An interdisciplinary approach. J. *Archaeol. Sci.* 74: 1-10.

Serjeantson, D. 2009. *Birds Cambridge Manual in Archaeology.* Cambridge University Press, Cambridge.

Sewell, R. B. S., and B. S. Guha. 1931. Zoological remains. In: J. Marshall, editor, *Mohenjo-Daro and the Indus Civilization.* Arthur Probsthain, London. pp. 649-673.

Wang, M.-S., M. Thakur, M.-S. Peng, Y. Jiang, L. A. F. Frantz, M. Li, J.-J. Zhang, S. Wang, J. Peters, N. O. Otecko, C. Suwannapoom, X. Guo, Z.-Q. Zheng, A. Esmailizadeh, N. Y. Hirimuthugoda, H. Ashari, S. Suladari, M. S. A. Zein, S. Kusza, S. Sohrabi, H. Kharrati-Koopaee, Q.-K. Shen, L. Zeng, M.-M. Yang, Y.-J. Wu, X.-Y. Yang, X.-M. Lu, X.-Z. Jia, Q.-H. Nie, S. J. Lamont, E. Lasagna, S. Ceccobelli, H. G. T. N. Gunwardana, T. M. Senasige, S.-H. Feng, J.-F. Si, H. Zhang, J.-Q. Jin, M.-L. Li, Y.-H. Liu, H.-M. Chen, C. Ma, S.-S. Dai, A. K. F. H. Bhuiyan, M. S. Khan, G. L. L. P. Silva, T.-T. Le, O. A. Mwai, M. N. M. Ibrahim, M. Supple, B. Shapiro, O. Hanotte, G. Zhang, G. Larson, J.-L. Han, D.-D. Wu, and Y.-P. Zhang. 2020. 863 genomes reveal the origin and domestication of chicken. *Cell Res.* 30: 693-701.

West, B., and B. X. Zhou. 1988. Did chickens go north? New evidence for domestication. *J. Archaeol. Sci.* 15: 515-533.

Xiang, H., J. Gao, B. Yu, M. Hofreiter, and X. Zhao. 2015a. Reply to Peters et al.: Further discussions confirm early Holocene chicken domestication in northern China. *Proc. Natl. Acad. Sci. U. S. A.* 112: E2416-E2416.

Xiang, H., J. Gao, B. Yu, H. Zhou, D. Cai, Y. Zhang, X. Chen, X. Wang, M. Hofreiter, and X. Zhao. 2014. Early Holocene chicken domestication in northern China. *Proc. Natl. Acad. Sci. U. S. A.* 111: 17564-17569.

Xiang, H., M. Hofreiter, and X. Zhao. 2015b. Reply to Peng et al.: Archaeological contexts should not be ignored for early chicken domestication. *Proc. Natl. Acad. Sci. U. S. A.* 112: E1972-E1973.

Zeuner, F. E. 1963. *A History of Domesticated Animals.* Harper & Row.

江田真毅・井上貴央　2011「非計測形質によるキジ科遺存体の同定基準作成と弥生時代のニワトリの再評価の試み」『動物考古学』28、pp.23-33

西田隆雄・林　良博　1984「遺跡にみられるキジ科鳥類骨格標本の形態学的分析」文部省科学研究費特定研究「古文化財」総括班編『古文化財に関する保存化学と人文・自然科学―総括報告書―』同朋舎出版、pp.501-508.

周本雄　1981「河北武安磁山遺址的動物骨骸」『考古学報』1981-3、pp. 343-346

鄭光美　2011『中国鳥類分類与分布名録　第二版』科学出版社

第3章

家畜の考古学をめぐる新視点

環境史のなかの家畜
古代中国における馬・牛と人の関係史

村松弘一
MURAMATSU Koichi

はじめに

環境史とは人間と自然環境の関係史である。この自然環境には地球全体、ユーラシア大陸というスケールの大きなものから、山・海や河川といった身近な自然、そして、植物・動物という生物まで含まれる。そこに人間がどうかかわったのか。特に、人間と動物の関係史に注目した場合には、人々は野生動物をいつどのように家畜化したのか、人々は家畜を安定的に生産・飼養し、利用するために、どう工夫したのか、家畜によって人間の生活・社会・政治はどう変化したのかなどのテーマが考えられる。本稿では、家畜のなかでも馬と牛を取り上げ、古代中国をフィールドに紀元前5世紀の春秋・戦国時代から紀元後3世紀の後漢時代に至るまでの間の馬・牛と人間の関係史を考えてみたい。考察にあたって、馬については牧と草地、牛については牛耕・牛疫がキーワードとなる。ここに、さらに気候変動という要素も加えて考察したい。寒冷化・温暖化、乾燥化・湿潤化など気候変動には様々な指標がある。気候変動は人々の暮らしと直接かかわる動物、すなわち「家畜」の生活に時間をかけて影響をあたえ、そこから人間の生活、社会そして政治体制の変化を引き起こすこととなったのではないか。以下、古代中国における馬・牛と人の関係史をひもときつつ、気候変動とのかかわりを考えてみたい。

1　古代中国の馬と人―「牧」を中心に

(1)「漢代厩牧システム」〜馬の生産と管理

広大な草原を駆けめぐる馬、そして馬とともに遊牧生活をする人々、馬をめぐる風景といえばそういった構図を思い浮かべる方は多いだろう。確かに、モンゴル高原やチベット高原の大草原ではそういった生活風景を随所に見ることができる。では、古代中国王朝の中心であった黄河中流域ではどうだろう。黄河沿いには太行山脈や秦嶺山脈が走り、西には六盤山系の山々や黄土高原の黄色い大地、そして、そのなかに複雑に流れる黄河とその支流が形成する盆地や平原が点在している。そこには果てしなく続く草原はない。では、中国王朝は馬をどこで生産したのだろうか。前漢王朝の最盛期、武帝の時代には汗血馬のような優駿を遠く西域の大宛から移送するという略奪的な方法もとることができたであろうが、それは強大化する古代帝国の防衛を続けるための安定的な馬の供給方法とはなりえない。また、北方の遊牧民から馬を購入することもあっただろうが、それは農耕民と遊牧民が友好関係にある時期に限定されるから、万が一両者の間に戦争が勃発し、軍馬が本当に必要となったときには馬を手に入れることができない。そこで、漢王朝は有事に備えて「漢代厩牧システム」と称すべき独自の馬の生産・管理体制を整えた[1)]。

このシステムは牧・厩・属国・部都尉という4つの施設・組織から構成されている。牧とは北辺や山谷の草地に設置された馬の生産・繁殖をおこなう大規模な官営牧場で、厩とは都周辺に設置された大規模な厩舎のことである。属国とは、投降した匈奴や羌などを移住させ、もとの遊牧・牧畜生活をすることを許した行政区画であり、部都尉は対匈奴戦の最前線の長城沿いに置かれた軍事組織である。生まれたばかりの馬は「牧」で育てられ、一定の馬齢に至ると長安付近の厩に移され、皇帝・高級官吏の使う馬車や首都圏防備の軍馬として利用された。厩に移送されなかった馬はしばらく牧で育てられながら、属国で育てられた馬とともに、必要に応じて部都尉に送られ、軍馬として編成された。これら牧・厩・属国・部都尉の4つが揃うのは、紀元前1世紀初の漢の武帝期で、この「漢代厩牧システム」の成立によって漢帝国は安定的な馬の生産・供給が可能となり、その最盛期を迎えた。牧と厩の管理は太僕という国家の部局が担当していた。太僕は長安周辺の12の厩と西北辺の36の牧（牧師苑）を管轄下に置いていた[2)]。36の牧師苑は西北辺の安定・北地・西河・上郡・天水・隴西の六郡に設置され、各牧師苑では郎という役人の監督の下、合計3万人の官奴婢が30万頭の馬の飼養に従事していた。その馬のなかから良馬を選抜し、調教して都の厩に供給した[3)]。

牧は黄河がシルクハットの形に屈曲しているオルドス高原と黄土高原の境界線に設置された。漢代の牧のうち具体的な名称や位置が確認できるのは図

1の10カ所である。いずれの牧も標高1,000m以上に位置し、衛星写真で見ると現在でも周辺には100～200㎢規模の平地（草地）が確保されている。この草地を牧場として利用したのであろう。このうち①～⑥は黄土高原北縁とオルドス高原の境界線に位置する。黄土高原は中国西北部のタクラマカン沙漠から飛来した砂が東の太行山脈や南の秦嶺山脈に阻まれて堆積してできた黄色い大地で、20世紀末には沙漠化が進展する大地として有名となったが、2,000年前の秦漢時代には森林や草原が存在したと考えられている[4]。さらに、その西北のオルドス高原は今となってはムウス沙地と呼ばれる乾燥地であるが、ここも前近代には草原が広がっていた[5]。このオルドス高原の草原の東端もしくは南端に牧が設置された。東端にあたる現在の陝西省神木県周辺に漢代の鴻門県と天封苑（テンポウエン）という牧が設けられた。そこは黄河支流の禿尾河の上流域にあたり、付近には紀元前2000年前後の大規模な城郭集落である石峁遺跡も発見されている[6]。さらに、禿尾河（トクビガ）の北には紅鹹淖（ホンシェンノール）と呼ばれる巨大な塩湖があり、オルドスの草原と紅鹹淖の塩という馬の生育にとって不可欠な条件がここには揃っていたのである。また、禿尾河上流には城壁をともなう神木大保当漢代城址（シンボクダイホトウカンダイジョウシ）（標高1,200m）が発見されており[7]、そこは「牧」を管理する拠点都市であったかもしれない。

これに対して、⑦～⑩は2,500m級の山並みが南北200㎞にわたって連なる六盤山（隴山）東西の山谷の草地平原に設置された。六盤山には現在も関山牧場という馬を放牧している所があり、古代から現代に至るまで馬の生産・飼養の重要な拠点であった。⑦～⑨の牧の草地は南北または東西が40㎞にまで及び、それは大阪の河内平野と同じぐらいで、かなり大きな規模の草原であったと言える。六盤山から出た河川沿いに西北に行けば黄河本流を渡り河西回廊へと抜け、東南に行けば涇水や渭水を経て漢の都・長安へと至る。ここで馬を生産し育てることができれば、首都圏の警備にも西北の対匈奴戦争にも馬を移送・活用しやすかったであろう。

このように漢代には、牧はオルドス高原と黄土高原の境界線と六盤山（隴山）の東西に設置され、そこで馬を生産し、一定の年齢になると都の厩へ移送、もしくは軍馬として長城線の部都尉へと送られるという国家による馬の生産・飼養システムができあがっていた。

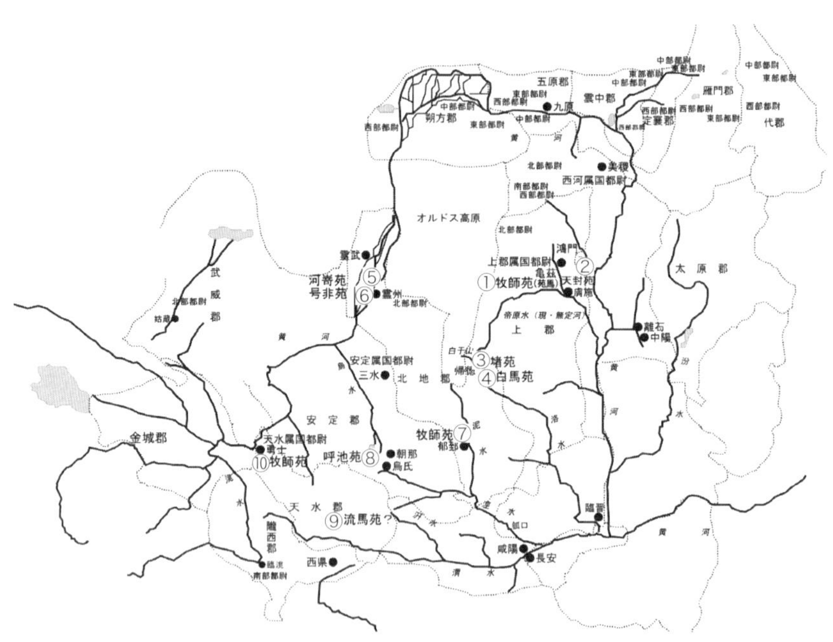

	牧名	漢代郡県	現代所在	標高	備考	平原の広さ
①	苑馬	上郡	陝西省楡林付近	標高 1,000 m	オルドス高原の東端	
②	天封苑	上郡鴻門県	陝西省楡林	標高 1,100 m	オルドス高原の東端	
③	堵苑	北地郡帰徳県	陝西省呉旗県	標高 1,500 m	オルドス高原の南端	
④	白馬苑					
⑤	河嵜苑	北地郡霊州	寧夏回族自治区銀川	標高 1,000 m	オルドス高原の南端	
⑥	号非苑					
⑦	牧師苑	北地郡郁郅県	甘粛省慶陽	標高 1,400 m	泥水西の台地上平原	東西 5 km、南北 40 km
⑧	呼池苑	安定郡安民県	寧夏回族自治区固原	標高 1,700 m	烏水河谷平原	東西 15 km、南北 40 km
⑨	流馬苑	天水郡	甘粛省天水	標高 1,100 m	渭水河谷平原	南北 2 km、東西 40 km
⑩	牧師苑	天水郡勇士県	甘粛省蘭州	標高 1,700 m	苑川水河谷平原	南北 15 km、東西 7 km

図1　中国の主な牧

(2) 戦国秦の「牧」と「厩」

では、漢代以前の馬の生産・飼養はどのようにおこなわれていたのだろうか。秦の始皇帝の時代の家畜の生産に関する記載が『史記』貨殖列伝に残されている。

安定の烏氏の倮（ら）という人物が牧畜を生業としていた。倮は家畜が成長し増えるとそれらを売りさばいて、珍しい貴重な絹織物を購入した。ひそかにそれらを戎王（牧畜の民の王）に献上したところ、戎王は絹織物の十倍以上の価値にあたる家畜を倮に与えた。そのため、倮は自らが所有する馬・牛を放牧している谷を単位として数えなければならないほど多くなった。巨万の富を築いた倮の話を聞いた秦の始皇帝は倮を封君（諸侯）並に待遇し、毎年、家臣らとともに参朝させたという。（『史記』貨殖列伝）。

この倮なる人物が拠点としていた安定郡烏氏は、六盤山（隴山）のすぐ東、涇水河源の現在の陝西省涇源県にあたる。漢代に置かれた牧のひとつ呼池苑（地図⑧）の南にあたる[8)]。衛星写真で今の涇源県付近を見ると、西と東を山に囲まれ、多くの河川が山から盆地中央の平原部に流れ込み、涇河の流れとなって東南方向に首都の咸陽へと流れていた。『史記』に倮は谷ごとに馬・牛を数えたとあるから、標高 1,900 m 前後の涇河水源地帯の複数の河川の谷に沿って馬や牛が放牧されていたのである。

さらに、秦の始皇帝の頃よりも前の戦国時代へと遡ってみると、涇水の北には義渠とよばれる牧畜民が居住していた。秦の北には義渠以外にも多くの北方の牧畜民が居住していたが、なかでも義渠は強大な勢力を有していた。前 331 年、秦の恵文王は義渠の内乱に乗じて侵攻して義渠王を臣下とし、その居住地を義渠県として秦の行政区画に編成し、さらに郁郅を領有、また義渠が有していた25もの城を奪った。さらに上郡の15県を手に入れ、また、戎（牧畜民）が居住していた北河を領土として自ら訪れた。このように、前 4 世紀後半以降、秦は漢代に「牧」を設置することとなる牧畜民の地をつぎつぎと領域に組み入れた。

さて、秦代には、漢代のように馬を「牧」から「厩」へと送る「厩牧システム」の原型は存在していたのであろうか。近年、この問題について極めて重要な研究成果が報告された。2014 年に発見された咸陽閻家寨（エンカサイ）遺跡祭祀馬坑は戦国中期、前 4 世紀末の秦の武王の陵墓に関わる遺跡である。この馬坑で発見された馬は多くが 140㎝以上の大型馬で、オスの若齢馬であったという。さらに、馬骨のストロンチウム同位体比の変動を分析した結果、これらの馬が摂取していた飼料は、生後 1 歳までは C_3 植物（草本類）が主で、2 歳以降は完全に C_4 植物（雑穀類）の摂取が主体となったという[9)]。このことは、1 歳から 2 歳ぐらいまでは草地（草原）で草（草本類）を食べて育った馬が、2 歳になるころには人が栽培して集めた雑穀を飼料として食べる場に移されたことを意味している。すなわち、祭祀坑で発見された馬は、生まれたときには北方の草地で放牧され育てられ、2歳になるまでに都・咸陽の「厩」に送られ、雑穀飼料を与えられ、祭祀·儀式で馬車を牽引し、最終的に祭祀の犠牲となったのである。まさに、この馬が生まれたばかりの時に放牧されていた場所が秦代の「牧」なのである。この馬の科学的調査の結果は、前4世紀末の戦国秦の時代には「厩牧システム」の原型ができあがっていたことを物語っている。戦国秦にとって馬の生産は、東方の戦国諸国との騎馬戦を有利にすすめるための最重要課題であった。この「牧」の成立によって、安定的に馬の生産が可能となり、祭祀・儀式用のみならず、東方の国々と戦うための大量の軍馬の供給も可能となったのである。

（3）後漢時代の馬の生産の再編成

前漢を引き継いだ新王朝末期の動乱により、前漢の首都・長安とその首都圏は破壊され、後漢王朝は洛陽を都とした。首都の移転とともに政治の中心は洛陽に遷り、長安周辺の厩は未央厩を除いて廃止され、牧も天水の流馬苑以外、すべて廃止された。また、属国も前28年に廃止、部都尉は紀元後30年に廃止された。このように後漢初期には牧・厩・属国・部都尉はことごとく削減・廃止され、「漢代厩牧システム」は再編成された。後漢前期には牧や属国は設置されず、制度上は西北辺における馬の生産拠点は見られない。ただ、紀元後35年には馬援が湟水流域の青海高原へと入植し、そこに居住していた羌を隴西や天水に移住させ、また、88年の前後には鄧訓や貫友らが黄河上流域の標高2,000m地帯へと侵攻、入植をすすめ、そこに居住していた羌を天水・隴西・安定へと移住させた。羌は移住後、前漢の属国での生活のように、馬の生産・飼養に従事していたと考えられる。また、北方では、48年に匈奴が南北に分裂し、南匈奴は後漢王朝に服属し、オルドス高原の草原で遊牧生活を続けていた。89年には後漢の竇憲と南匈奴の連合軍により北匈奴は西方へと敗走した。北方情勢の好転を機に、90年には上郡属国や西河属国が復活し、ここに黄土高原北部で再び匈奴や羌などが馬の生産・飼養をおこなうこととなった。このように、後漢時代には、前漢時代の中央政府の管理下にある官牧が北辺に設置される方式から、北辺に移住させられた羌や服属した匈奴が馬の生産・飼養を担う方式に再編成されることとなったのである。

しかし、牧畜・遊牧民のみに馬の生産・管理を委ねることは難しかった。はやくも107年には北地郡・安定郡に移した羌が反乱を起こし、140年には漢に服属していたはずの南匈奴の句龍王吾斯（クリュウオウゴシ）らが反乱を起こした。西北辺境は混乱状況となり、西河・上郡・安定・北地の郡治（役所）は、安全な黄河の東岸や長安周辺へと移転した。これにより、後漢王朝の馬の生産・供給の拠点が失われることとなった。軍馬の不足は、後漢王朝の弱体化そして滅亡への道程の始まりであった。

2　中国古代の牛と人―牛耕と牛疫

(1) 中国古代の役畜としての牛―牛耕と開墾

ここでもうひとつ、馬とともに人間との関係史を整理しておきたい家畜が牛である。牛は殷代にはその肩甲骨に卜辞が刻まれるなど占いや祭祀に用いられ、また、春秋時代には「牛耳る」の語で知られるように、諸侯があつまり盟約をむすぶ会議（会盟）の時、その議長である覇者が生け贄の牛の耳を切り、諸侯たちが血をすするという儀式にも用いられた。さらに、漢代には、改元や封禅の儀式や吉祥の兆しがあらわれた時に、皇帝から民に対して爵という社会的身分とともに、牛の肉と酒が賜与され、五日間の「酺（ホ）」とよばれる宴会を催すことが許された。牛の肉は常食しているのではなく、皇帝とのつながりのなかで食べる特別な食肉であった。

しかし、中国古代の農耕の民にとって、牛とは祭祀・儀礼の動物ではなく、食用や搾乳を目的とした家畜でもなく、農耕の労働に従事する役畜であった。役畜の牛の作業力を増強させたのが、春秋・戦国時代までに西方の遊牧民を通じて華北地域に流入・普及した鉄器であった。戦国時代の黄河上・中流域では、河南省輝県固囲村魏国墓出土の「魏犂（ギリ）」をはじめとした「鉄鏵（テッカ）」「犂鏵（リカ）」とよばれる鉄製犂先が大量に出土している。鋳型に入れて製作された鋳鉄の犁先には木製犂の先端部分のみを覆うV字型のものや土を払いのける「犁へら」までカバーしたものもある。大型の鉄器や鉄製犁先をつけた犂を牛に牽かせて、「山林藪澤（サンリンソウタク）」と呼ばれる低湿地や灌木の広がる土地を開墾し、農地の拡大や大規模灌漑施設の開発をおこない、また、運河の開削をすすめた。

やがて、前漢代に入り、前1世紀初の武帝末期、捜粟都尉（ソウゾクトイ）となった趙過が代田法という農法を提唱した。この農法は田地に隴（うね）と甽（みぞ）（溝）を造成し、溝に播種するもので、この溝を掘るため、2頭の牛に耦犂（ぐうり）（2本刃の犂）を引かせ、3人の人間がその作業にかかわった。この農法の採用により、穀物の生産量は上昇し、しっかりと深く溝を掘った所では二倍以上の生産量となったという。趙過は都の周辺にこの農法を広め、農具を支給し、耕種・播種・養苗の技術も伝授した。しかし、牛が少ないことに苦しむ民もいたため、人力で犂をひく方法も考案された。この代田法は都の周辺から居延等の西北辺境の郡県、さらには河東郡・弘農郡といった黄河中流域にまで広まったという（『漢書』食貨志）[10]。犂と牛耕の利用がはっきりと示されているこの代田法は、華北・西北のアワやコーリャンなどの雑穀もしくはコムギの畑作を目的としたもので、南方の水稲作で用いられたものではない。しかも、華北地域であっても、牛は十分な数が準備されていたわけではなかった点も注目してよい。

その後、前漢末期の紀元後2年（平帝・元始2年）の詔では、各地における旱魃・蝗害や疫病の流行による貧民の増大への対策として、前述の牧のひとつである安定郡の呼池苑を廃止し、そこを安民県として、各地の貧民から移住する者を募り、農地開発をさせるという政策が示された。移民者には現地に到着したら農地と道具が与えられ、また、犂・牛・穀物の種と食料が貸し与えられると言っている（『漢書』平帝紀）。移住者たちは牛力を利用して開墾し、さらに、牛犂耕によって農作業をしていたのであろう。呼池苑は秦代に倮が谷ごとに多くの牛や馬を数えた烏氏に近い。牛の生育には大量の牧草が必要である。おそらく、前漢代、牛は馬とともに西北辺に設置された「牧」で集中的に生産・飼養された。そして、牧に隣接した西北辺や黄河上中流域に牛が移送され、華北に牛耕が普及したのである。

(2) 後漢時代の牛疫の発生

時代は王莽の新王朝、そして後漢時代へと入り、牛の使用は華北・西北辺に広く普及した。そのような状況の中、84年（章帝・元和元年）につぎのような詔が出されている。

> 近年、「牛疫」が発生してから、毎年のように穀物の収穫が少なく、中央の役人からの教えも地方まで伝わらず、現地の役人はそのことを心配すらしていない。そこで全国各地に命令を出し、田地を持たず肥沃な土地に移住したい者を募り、彼らに移動の自由を許し、目的地に着いたら、

公田を与え、耕作のための作業者を雇い、作物の種や食糧を貸し与え、農具（田器）を貸し、租税は5年間、人頭税（算賦）も3年間にわたり免除する。その後、もとの土地に帰りたい者がいたら、帰ることを禁止しない。

というものである。冒頭にあるように、「牛疫」、すなわち牛の疫病が起因となって発生した食糧不足により、貧民の移住という政策がとられたのである[11]。ここで言う近年の牛疫とは、詔から遡ること9年前の75年、「牛疫」（『後漢書』章帝紀）・「牛疫死」（『後漢書』五行志）が発生し、牛の多くが疾疫となり、開墾できる田は減少し、穀物の価格は高騰し、人々が流亡するという事態に至ったことを言っている（『後漢書』章帝紀）、さらに、79年の冬にも「京都牛大疫」（『後漢書』五行志）という記事が見られる。牛疫は当時の社会に実際に大きな影響を与えたのである。

(3) 後漢時代の牛耕の拡大と終焉

「牛疫」後の社会問題・社会不安を解消するため、後漢王朝は区種法という農田の区画を精密に区分する農地の利用法を施行するとともに（『後漢書』劉般伝）、南方や北方への急速な農地開発を展開する。83年、王景は淮水沿岸の廬江郡の太守となった。郡治の寿春は戦国時代の楚の最後の都であった。寿春の南には春秋時代に孫叔敖が建設した芍陂という巨大な貯水池があったが、もとは水害から寿春を守る目的で建設され、後漢時代にも灌漑には利用されていなかった。また、王景が寿春に赴任する前、地元の農民たちは「牛耕」を知らず、良い土地にもかかわらず、食糧は常に不足していたという。そこで、王景は芍陂の北側に広がる土地を「稲田」として利用するため、役人や民を率いて荒れ地を整備し、犂を用いて耕作する方法を教えた。これによって開墾された土地はこれまでの倍以上となり、領内の食糧生産は向上し、人々の暮らしは豊かになったという[12]。「牛耕」が稲田に利用され、以降、牛耕は南方へと広がることとなる。牛耕が後漢代になるまで淮水流域でおこなわれていなかったのは、馬と同様、牛の生産地が限られていたからである。前述の秦代の烏氏の倮（ら）も馬と牛を山の谷間で飼っていたように、前漢時代は牧のなかで牛も飼養されていたのだろう。牧が削減された後漢時代には、黄土高原北部に移住させられた羌の手によって馬とともに牛が生産されていた。羌が反乱して鎮圧された際、北地郡の羌の反乱軍から「牛馬羊二万頭」「牛馬驢羊駱駝十余万頭」を得たと言うことから、馬・牛の飼養がうかがえる（117年、

『後漢書』西羌伝）。

この牛の供給地に近い北方の黄土高原にも牛耕による開発が広がった。このころ、陝西省北部に移住した漢人の墓の内壁は石のレリーフで飾られていた。陝北画像石と呼ばれる石刻の意匠には狩猟や馬車の隊列ともに、牛耕の風景が描かれているものがある。陝北に画像石が造られたのは、紀元後90年（永元2年）から139年（永和4年）に限定される。前述したように89年に北匈奴が敗走し、北匈奴の危険が去った後、牛疫の流行による貧困の民が黄土高原に入植することとなったのである。画像石に描かれた牛耕の風景には一頭の牛に短い轅（ながえ）の犂を引かせているもの（図2左）、二頭の牛に犂を引かせているタイプ（図2右）などがある[13]。

ところが、140年、南匈奴の句龍王吾斯らが反乱を起こし、羌や烏桓も呼応し、黄土高原、オルドス高原は大混乱に陥り、西河郡の郡治が黄河の東岸の離石へと移され、黄土高原北部へと入植した漢人の多くは黄河を越えて逃亡した。この反乱により、漢王朝は馬とともに牛の生産・飼養の場も失うこととなった。それは各地への牛の供給システムをも破壊することとなった。140年の匈奴・羌の反乱を境目として、馬と牛を失った後漢王朝は軍事的・経済的な基盤を失い、国家は黄河下流域で頻発する災害の救済が不可能な状態に陥り、その隙間を縫うように宗教団体の太平道が被災民を救済し、巨大組織化すると、184年に黄巾の乱が発生し、後漢王朝は崩壊への道を歩むことと

図2　漢人墓内壁の石のレリーフに描かれた牛耕の風景
左：王得元墓、綏徳名州鎮出土（100年）　右：牛文明墓、米脂県官庄出土（107年）

なった。

3　中国古代の気候変動と馬・牛・人間の関係史

以上、中国古代における馬・牛と人の関係史を見てきた。双方に共通する画期は、①馬を生産・飼養する「牧」の原型が確立し、牛と鉄器を利用した山林藪澤の低湿地の開墾がはじまった紀元前5〜4世紀、② 140年以降の匈奴・羌の反乱によって馬や牛の生産拠点が失われた紀元後2世紀の2回あるように思われる。ちょうど、この2回の画期のころ、大きな気候変動があったと考えられている。ここでは試みに気候変動と馬・牛・人間の関係史の変化について考えてみたい。

（1）古代中国の気候変動①―ヒプシサーマルと4.2ka気候イベント

まず、第一の画期の紀元前4世紀より前の気候変動イベントについて述べておきたい。紀元前5000年から前3000年の間はヒプシサーマル期（完新世の気候最温暖期）と呼ばれる温暖期である。中国大陸では黄河流域に仰韶文化・龍山文化、長江流域に河姆渡（カボト）文化・良渚（リョウショ）文化の新石器農耕文化が花開いた。その後、前2200年ごろ、急激な乾燥化、寒冷化の気候変動がおこる。約4200年前のことなので、4.2ka気候イベントと呼ばれている（Kは1000なので4200）。このことは、近年発表された長江デルタの近傍から採取された海洋堆積物コアのアルケノン古水温分析による表層海水温変動の復元研究によっても指摘され、紀元前2400年〜紀元前1800年にかけて大規模かつ複数回の急激な寒冷化、3〜4度の温度低下が全地球規模で発生したと考えられている。これにより、長江流域の稲作に大きなダメージが与えられ、良渚文化等長江デルタの文明が崩壊したという[14]。この4.2ka気候イベント以降は、温暖期に戻り、黄河流域では二里頭（ニリトウ）文化、さらに殷周王朝の成立へと至る。

（2）古代中国の気候変動②―B. C. 5世紀〜B. C. 3世紀の乾燥化

その後も比較的温暖な時期が続くが、近年、寒冷化・温暖化に加え、乾燥化・湿潤化という指標から気候変動を読み解く新たな注目すべき研究成果が示された。これは樹木年輪セルロース酸素同位体比による年輪年代法という手法によって得られたもので、これによって1年単位での降水量の変動を読み取ることが可能となり、十年周期・百年周期・千年周期などの正確な気候変動のパターンがわかるようになったという。中部日本のヒノキ等の年輪セルロースの酸素同位体比の気候成分データから得られた結果は、前5世紀から前3世紀にかけて乾燥化の傾向を示しているという[15]。中国大陸でも中部日本と同じであるかは、今後の課題となろうが、「乾燥化」した前5世紀から前3世紀とは、まさに、春秋時代から戦国時代へと変わる時期にあたる。前5世紀以降の乾燥化は河川水量の減少を招き、河川が流入する「山林藪澤」すなわち低湿地や沼沢の水量も減ることとなった。乾燥化によって、開発しやすくなった黄河上・中流域の河川沿い・低湿地・沼沢を牛と鉄製農具（鉄製犁先）を使って農地として開墾した。乾燥化が農地開発を促したのである。乾燥化は北方のモンゴル草原での草地の減少をもたらすとともに、その南の黄土高原北部の「草原化」を促すこととなった。陝西省神木県の神木新華遺跡の花粉分析では新石器時代のこの周辺の植生は灌木類と草本類が分布していた[16]。その後、この灌木や西北の山谷の森林が草地となり「牧」を設置することのできる環境へと変化したと考えられる。北の義渠等の牧畜民は、より降水量の多い黄土高原北縁や山間部の草地を拠点とし、秦は前4世紀後半から前3世紀前半にかけて彼らの草地を手に入れ、そこに馬の生産・飼養のための「牧」の原型を設置し、それを囲むように長城を建設した。「牧」の設置により、安定的に馬が供給できるようになり、それは戦車から騎馬へと戦いの主軸を移し、秦はそれを基盤として強大化し、前221年に天下を統一したのである。

その後も温暖期が続き、秦を継承した前漢時代には西北辺に「牧」が建設され、漢の武帝の時代までに「漢代厩牧システム」が完成した。牛耕はその後も西北辺や黄河上・中流域に広がった。牛耕に使われる牛も「牧」で生産・飼養され、各地に配給されていた。

(3) 古代中国の気候変動③—A. D. 2世紀以降の寒冷化

紀元後140年、南匈奴の句龍王吾斯らによる反乱が発生する。これは気候が寒冷化に転じたことによって、北方の草原が減少したために、匈奴が南下し、農耕民の住んでいた世界に侵入したためと考えられている。では、いつから気候の寒冷化は始まったのであろうか。すでに述べたように、後漢時代に入り、紀元後1世紀後半には、標高2,000m以上の黄河上流域で農耕がおこなわれ、また、北方の黄土高原の無定河流域でも画像石に見られるような牛耕による農地開発が展開された。このような緯度の高い北方地域や標高の高い山谷での農耕の広がりは、そのころまで温暖な時期が続いていたことを示している。気候変動がどのくらいの時間を経て、人間と家畜の関係を変化させるのかは今後も研究をすすめる必要があるが、おそらくは、紀元後2世紀以降、寒冷化がすすんだのであろう[17]。この2世紀以降の寒冷化と匈奴の南下は漢王朝の馬・牛の生産・配給システムを破壊し、3世紀初め、後漢王朝は崩壊し、その後、黄土高原北部や六盤山東西の草地を領有し、馬・牛の生産を独占した遊牧・牧畜民が五胡十六国・北朝国家を形成することとなる。

おわりに

動物は家畜化によって人間のコントロールの下に置かれるようになったように思われるかもしれないが、古代中国における馬・牛と人との関係を見てみると、どうもその逆のようである。乾燥化の時代に馬・牛を育てることのできる草地をいちはやく領有した秦が天下を統一し、「漢代厩牧システム」を確立した武帝が漢の最盛期をつくりあげた。後漢王朝は「牛疫」発生後の社会混乱を温暖期の黄土高原の牛耕や黄河上流域での開発で切り抜けようとしたが、寒冷化によって南下した遊牧民によって、草地を奪われ、滅亡へと至った。まさに、馬・牛の家畜が古代中国の人間の歴史を動かしたのである。

註

1）漢代厩牧システムについては、村松弘一 2018「秦漢時代関中平原・黄土高原の環境と馬—漢代厩牧システムの形成と崩壊」村松弘一・鶴間和幸編『馬が語る古代東アジア世界史』汲古書院、を参照。

2）『漢書』百官公卿表

3）「如淳曰、漢儀注太僕牧師諸苑三十六所、分布北辺・西辺。以郎為苑監、官奴婢三萬人、養馬三十萬疋」『漢書』景帝紀注

4）史念海　1981「黄土高原及其農林牧分布地区的変遷」『歴史地理』創刊号（のち2002『黄土高原歴史地理研究』黄河水利出版社 所収）

5）侯仁之　1973「従紅柳河上的古城廃墟看毛烏素沙漠的変遷」『文物』1973年1期

6）石峁遺跡については、陝西省考古研究院・楡林市文物考古勘探大隊・神木市石峁遺址管理処 2020「陝西神木市石峁遺址皇城台大台基遺跡」『考古』2020年7月期ほかを参照。

7）陝西省考古研究所・楡林市文物管理委員会弁公室　2001『神木大保当—漢代城址与墓葬考古報告』科学出版社

8）譚其驤主編　1982『中国歴史地図集』中国地図出版社

9）菊地大樹・覚張隆史　2018「秦国の馬匹生産—考古科学からのアプローチ—」村松弘一・鶴間和幸編『馬が語る古代東アジア世界史』汲古書院

10）代田法については、原宗子 1976「いわゆる代田法の記載をめぐる諸解釈について」『史学雑誌』

85巻11号、のち原宗子『「農本」主義と「黄土」の発生』研文出版、2005年所収ほかを参照。

11）近代にも流行した「牛疫」は発熱、涙・涎・鼻汁などの分泌液が多くなり、口腔粘膜や歯茎にびらんや潰瘍が生じ、激しい下痢を起こし、脱水症状を呈し、死に至ると言う症状をおこす牛の疫病である。感染した牛はヨーロッパでは70％、朝鮮・日本では100％の割合で死亡するという激しい毒性を有している。ワクチンが開発され、2011年には撲滅した（山内一也　2009『史上最大の伝染病　牛疫：根絶までの4000年』岩波書店）。近代の「牛疫」と古代の牛疫が全く同じものであったかは今後一層の研究が必要である。

12）『後漢書』循吏・王景伝。なお、王景による芍陂の修築については、村松弘一2001「中国古代淮南の都市と環境―寿春と芍陂」（『中国水利史研究』29、のち『中国古代環境史の研究』汲古書院、2016年所収）参照のこと。

13）村松弘一　2013「秦漢帝国と黄土高原」『イエローベルトの環境史』弘文堂、および2009「黄土高原の農耕と環境の歴史」『ユーラシア農耕史3　砂漠・牧場の農耕と風土』臨川書店（ともに『中国古代環境史の研究』汲古書院、2016年所収）

14）梶田展人　2019「気候変動と中国文明の盛衰」『月刊考古学ジャーナル』723

15）中塚　武編　2020『気候変動から読みなおす日本史3　先史・古代の気候と社会変化』臨川書店

16）陝西省考古研究所・楡林市文物保護研究所　2005『神木新華』科学出版社

17）竺可禎1972「中国近五千年来気候変遷的初歩研究」（『考古学報』1972年1期）は、後漢以降の寒冷化を指摘している。鈴木秀夫2004『気候変化と人間』（原書房）では、2,000年前から1,400年前が中国では寒冷期であったという説や2,100年前から1,700年前が氷河の前進期のひとつであったという説などを紹介している。また、竹内望2011「アイスコアと過去2000年の西域の気候変動」（『オアシス地域の歴史と環境』勉誠出版）では祁連山のアイスコア（安定同位体比）によって復元された気温変化では、紀元後100年前後に多少の気温が降下するが、3世紀には温暖化であったという。

乳の恵

平田昌弘
HIRATA Masahiro

1　乳という食料生産体系

搾乳とは、動物を狩って食料（肉）を得るのではなく、動物と共存して食料（乳）を得るという生産技術である（口絵3上）。野生動物を狩猟していたのでは、乳を得ることはできない。乳は、野生動物を飼い慣らして家畜化し、母子畜と共に暮らし、搾乳技術を見出すことによって初めて入手可能となる食料である。従って、家畜から乳を食料として獲得する生産体系は、屠って肉を得る生産体系から根本的な家畜管理の転換が図られたことになる。

乳を得るためには、群管理や搾乳技術が必要となる。母子畜が常に一緒にいては、子畜に哺乳され、母畜から乳を得ることはできない。搾乳するためには、母子畜を分離し、別々の群にして放牧し、子畜への哺乳を制御する必要がある。子畜に口かせを付けたり、母畜に胸当てを付けたりすることもある。本来は自らの子畜のみに許容するはずの哺乳を他種動物（ヒト）が搾乳できるようになるためには、乳を横取りするだけの技術が必要となる。最初に子畜に哺乳させ、その後に搾乳とするという技術を催乳（さいにゅう）という。現在でも、品種改良が強く進んでいないウシ、ラクダ、ウマなどでは、催乳なくしては搾乳することはできない。催乳の技術の確立には、母子畜の哺乳行動への注意深い観察が求められる。搾乳はもともと世界中で行われてはいなかったことを鑑みると（石毛ほか 1973）、家畜から催乳と搾乳を成し遂げることは相当に難しい技術であったことが推定される。ただし、ヒツジ・ヤギからは、催乳しなくとも搾乳することができる。搾乳がしやすかったからこそ、ヒトが最初に搾乳をした家畜はヒツジ・ヤギであったとも考えられる（Vigne and Helmer 2007）。

搾乳技術を見出した結果として、雌雄畜比率を管理するようになり、さらに群れを宿営地周辺に制御する技術にも応用されるようになっていく。乳をより多く得るために､雌畜をより多く飼養するようになる。雌畜の妊娠･出産･泌乳には選ばれし少数の雄畜のみで要を成すことから、多くの雄畜は生後間もなく間引かれることになる。搾乳を実現させるために、母子畜分離が行われる。子畜と母畜とを別々の群れにし、子畜群を宿営地の近くで放牧させると、母畜群は朝に遠くに放牧に出たとしても子畜群に哺乳するために夕には宿営地に戻ってくる。このように家畜群の構成管理や放牧管理に、搾乳から派生した技術が応用されることになる。

梅棹（1976）は、モンゴルにおける遊牧研究の結果、「搾乳や去勢の技術の発明により牧畜が成立した」と結論づけた。つまり、搾乳こそ乾燥地に適応した生活様式である牧畜を成立させた大きな要因であり、乳を利用することでヒトは家畜に生活の多くを依存して生活できるようになったというのである。福井（1987）も、「牧畜社会が牧畜を生業として成立させたもっとも大きな要因は搾乳であったといえる。乳が全哺乳動物の子どもを育てる完全栄養であることを牧畜民が見逃すはずはなかった。家畜化の過程で、乳量の多い家畜を人為淘汰し、その結果牧畜民は、農耕民と地理的に離れ、農耕に適さないより乾燥した土地に適応していったものと思われる」と総括している。ケニアのトゥルカナ牧畜民が食料の61％（Coughenour *et al.* 1985）、マサイ牧畜民が64％（Nestel 1986）、北アジアのモンゴル牧畜民が26～70％（石井 1998）を乳に依存していることからも、乳に主に依存して牧畜が成り立つことが理解される（口絵3下）。

生業が狩猟採集から牧畜へと移っていく過程において、ヒトと動物との関係が完全に変わったのではない。西アジアで家畜を飼い始めた人々も、野生動物を狩猟し続けた（本郷・丹野 2017）。ただ、ヒトの管理下に置いた動物に対しては、屠る生産から生かして生産する体系へと変化し、ヒトの動物に対する管理法と価値観は大きく変わっていった。この意味で、動物の肉から乳を得る生産体系への移行は、人類史の食料生産体系における極めて大きな変革であったといえる。

2　家畜化から搾乳の開始はそれほど遅くない

家畜からの搾乳時期については、これまで多くの研究者によって議論され

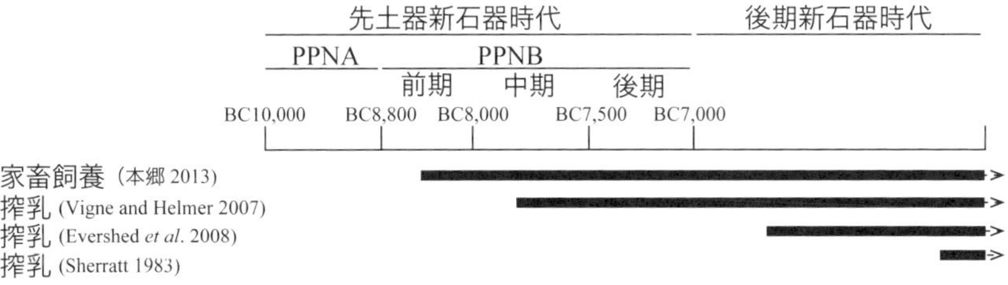

図 1　西アジアにおける家畜化と搾乳開始の時期
（本郷 2013、Vigne and Helmer 2007、Evershed *et al.* 2008、Sherratt 1983 をもとに作図）

てきた。搾乳の開始は、家畜化から数千年後に、都市化と関連づけられ二次的生産活動として考えられたこともあった（Sherratt 1983）（図 1）。搾乳開始の時期推定の研究が大きく進展したのは、考古学に有機化学が応用されたことによる。出土土器に付着した有機物の安定同位体分析により、ヒツジ・ヤギからの搾乳は少なくとも紀元前 7 千年紀には西アジアにおいて開始されたことが物質的に明らかにされた（Evershed *et al.* 2008）。一方、遺跡出土の動物骨を家畜種別・年齢別に分析した結果では、紀元前 8 千年期前半には搾乳が同じく西アジアで開始されていた可能性が高いとも推定されている（Vigne and Helmer 2007）。

ヒツジ・ヤギの家畜化は紀元前 9 千年期中頃、ウシは紀元前 9 千年期末には西アジアで開始したとされている（本郷 2013）。これらの考古学的知見は、ユーラシア大陸において最も古い。これらから理解されることは、搾乳は約 1 万年前に西アジアで最初に始まったであろうこと、そして、野生動物を家畜化してから長い期間を経ずに搾乳が開始された可能性が極めて高いということである。西アジアのヒツジ・ヤギ・ウシは、一年に子を 1～2 頭しか産まない。ヒツジ・ヤギ・ウシを飼養するということは、飼料を収集・保存し、飼料が乏しくなる秋から冬にかけて給餌し続けなければならない。単なる食肉獲得であるなら、野生動物を狩猟すれば必要は満たされる。ヒツジ・ヤギ・ウシといった多産とはいえない草食反芻動物を対象とする限り、肉利用を主目的とした家畜の飼養というものは効率的ではなく、その乳を利用するようになってこそ家畜を敢えて飼養する意義が確認される（三宅 1999）。飼料の確保や家畜の個体管理など相当な労力を要するにも拘らず、なぜヒトが家畜を継続的に飼養しようとしたのかの意図が、この乳の利用に見いだされる。

人類史において、幾度となく野生動物の家畜化が試みられたことであろう。少なくとも言及できることは、最終氷期以後に試みられた家畜化は、その初期に家畜からの搾乳が見出され、乳という新しい食料生産が一つの要因となり、継続的に家畜が飼養され続けることになったということである。「搾乳と去勢の発明により、ヒトは家畜に生活の多くを依存できるようになり、牧畜という新しい生業が始まった」と提起する先の仮説（梅棹 1976）が、家畜を飼うことの本質を指し示しているといえよう。西アジアの牧畜民は、より多くの乳を獲得するがために家畜を飼養していると言っても過言ではない。搾乳の発明と乳利用の開始により、ヒトは新しい食料獲得戦略と家畜管理戦略を生み出し、家畜に生活の多くを全面的に依存できるようになり、生業の一形態としての牧畜が成立していったのである。

3　乳の加工・保存

乳は、脂肪、タンパク質、炭水化物（乳糖）に加え、ビタミンやミネラル類が含まれる（伊藤 1998）。タンパク質を構成するアミノ酸のバランスも良く、アミノ酸スコアーは満点の 100 である（香川 2006）。このように、乳は栄養価が高く、貴重な食料源として用いられてきた。しかし、栄養価が高い乳ゆえ、西アジアの地中海性気候のもとでは腐敗しやすく、搾乳して直ぐに加工する必要があった。また、一年を通じてヒツジ・ヤギからは搾乳できないため、乳を保存する必要もあった。

図 2 に西アジアのシリア内陸部における気温、草本植物の現存量、アラブ系牧畜民バッガーラ部族 A 世帯における家畜の出産頭数、搾乳期間、乳加工の種類を示した。西アジアは地中海性気候にある。地中海性気候の特徴は、夏乾・冬雨型の自然環境にあることである。冬に降る雨に反応し草本植物は出芽し、気温が徐々に上昇する春（2 月下旬～4 月）にいっきに生育する。いわゆる植物のスプリングフラッシュである。5 月になると気温は急激に上昇し、雨がまったく降らない乾期となり、草本植物は立ち枯れする。

ヒツジの出産は、だいたい 11 月頃から始まり、1 月から 2 月にかけてが最も盛んで、わずかであるが 4 月と 5 月まで続く。ヤギの出産はヒツジより遅れ、12 月から 1 月にかけて始まり、3 月と 4 月が比較的多く、5 月まで続く。

子畜への哺乳は出生後 3 ケ月齢まで続けられる。その後は、母子畜隔離

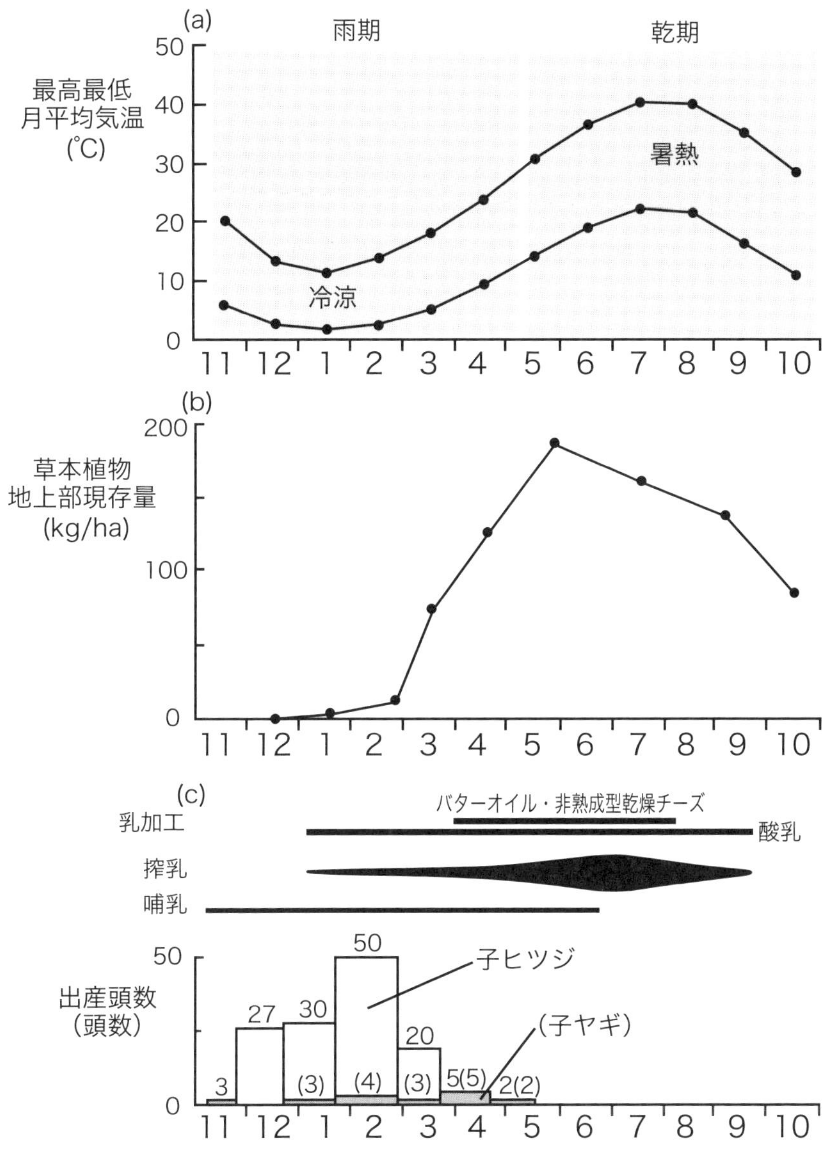

図２　(a) シリア北東部における最高・最低気温、(b) 草本植物の地上部現存量の推移、(c) 出産頭数、哺乳、搾乳、乳加工の推移

(注) アブダルアジズ山で牧畜をおこなうA世帯の事例（平田 2013 より改変）

が最低2ケ月間はおこなわれて、母子畜認識が消滅させられる。搾乳は1月中旬頃から始められ、哺乳と並行しておこなわれる（口絵3上）。出生時期によって日数が異なるが、たいてい出生後3日から20日経過してから母畜から搾乳が開始される。初めに搾乳をしてから、後に哺乳がおこなわれる。搾乳量は6月下旬から7月上旬にかけてが最も多く、9月下旬まで続けられる。1995年、母畜から搾乳した最後の日は、ヒツジでは8月2日、ヤギでは9月20日であり、ヤギの方が約1月半ほど遅くまで搾乳されていた。放牧する際、ヤギは群から外れることが多く、群管理においてはヒツジよりも手間のかかる家畜である。しかし、搾乳期間が長期化することに、ヤギを飼養する意義が認められる。

このように、ヒツジやヤギの搾乳には季節的な偏りが生じている。乳に依存して牧畜という生業が成立するのなら、乳の端境期の存在は生業の基盤を揺るがすことになる。一時期にたくさん生産される生乳をどうするか、乳の非生産時期にはどうするかである。それは、長期にわたり生乳を保存できる形態に姿を変えることである。搾乳期間にわたり、酸乳がつくられている。搾乳量が多くなり、毎日食べる自家消費用の酸乳を除いて、一定のまとまった量が得られると、酸乳からバターオイルがつくられるようになる。並行して、非熟成型の乾燥チーズも加工される。

牧畜民は、乾燥した大地で、電気を利用することもなく、限られた道具で、どのように乳を保存しているのだろうか。図3に、シリア内陸部のアラブ系牧畜民バッガーラ部族の乳加工体系を示した。生乳を加熱殺菌し、前日の残りの酸乳を添加し、室温で数時間静置すれば酸乳となる。酸乳にするだけでも保存性は格段に高まる。さらに、酸乳をヒツジの革袋に入れて左右に振盪してバターへと加工する（口絵3中）。バターは加熱して水分含量を落としてバターオイルにする。バターオイルは、乳からの脂肪分画の最終形態であり、バターオイルの状態で数年は保存が可能となる。バター加工の際に生じたバターミルクには、タンパク質が豊富に含まれている。加熱してタンパク質を熱変性させて凝固させ、脱水・加塩・天日乾燥してチーズとする。この非熟成型のチーズは、乳からのタンパク質分画の最終形態であり、数年の保存が可能である。酸乳を直接に脱水・加塩・天日乾燥しても長期保存可能なチーズとなる。このような器具をほとんど使わない素朴な乳加工技術ではあるが、

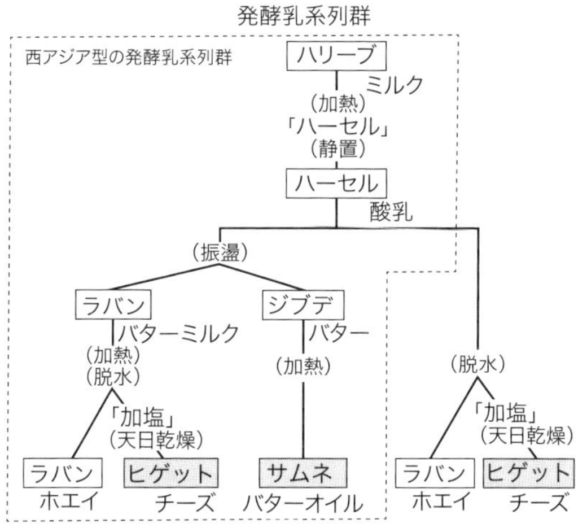

□：生産物　「　」：添加物　（　）：処理　■長期保存可能

⬚人類にとっての根源的な乳加工技術と考えられる「西アジア型の発酵乳系列群」

図３　シリア内陸部のアラブ系牧畜民の乳加工技術（平田 1999 より改変）

生乳から脂肪とタンパク質とを分画しており、その最終生産物としてのバターオイルとチーズとは数年の保存が可能となっている。この技術は、現在のシリア北東部の牧畜民に脈々と受け継がれている乳加工である（平田 1999）。

乳加工の本質は保存にある。中尾（1992）は、「乳加工の体系は全て貯蔵のためという目的に収斂し、貯蔵を抜きにしては食品の加工体系の中心にある原動力がなくなる」と述べる。本来、保存食である乳製品とは、嗜好風味をこらした食料ではあるが、季節的に大量生産される食料を腐らせることなく、非生産時期にまでいかに備えておくことができるか、その試行錯誤の繰り返しの過程で生まれてきたものである。生乳を加工・保存できたからこそ、乳に一年を通じて依存することができる牧畜が成立し得たのである。

4　西アジアから北方アジア

乳利用という食料生産活動は、肉利用とは家畜の利用法が全く異なった戦略であり、乳を利用することによって初めて家畜から生産物を継続的に得ることが可能となった。さらに、肉利用から乳利用に転換すれば、飼料エネルギーの生産効率は3.7倍も向上する（亀高ほか1979）。つまり、肉利用から乳利用への転換は、家畜生産効率が飛躍的に向上することになる。乳利用の開始による食料の増産は、食料供給をより安定化し、人類の居住域を広げ、より多くの人々と共存することも可能にしたといえよう。

家畜から搾乳を発明し、乳を保存できる段階で、家畜に全面的に依存して生業を成り立たせる牧畜が成立し、西アジアから周辺地域へと伝播していったと考えられている。乳文化は、約1万年の年月をかけ、地域に適応した乳加工技術と乳製品がそれぞれに発達し、複雑な乳加工技術と多様な乳製品が蓄積していくことになる。現在の乳加工技術を大観すれば、北方乳文化圏と南方乳文化圏が存在し、両者の技術が相互に影響しあった北方・南方乳文化重層圏が存在している（図4）。図4の乳文化圏の範囲は、15世紀をおおよその目安としており、近年のグローバリゼーションによる広がりを除外して示されている（石毛ほか1973）。東南アジアと東アジアには、貴族などの一部の集団を除き、大衆には乳利用がもともとはなかった。北方乳文化圏では、クリーム分離（クリーム分離とクリーム加熱によるバターオイル加工）を積極的におこない、乳酒をもつくり出している。南方乳文化圏では、酸乳の攪拌・振盪による乳脂肪の分画（バター加工とバターの加熱によるバターオイル加工）を積極的におこない、反芻家畜の第四胃で生成される凝乳酵素レンネットを利用してチーズを加工している（平田2013）。このように、乳文化は西アジアに一元的に起源し、自然環境の影響を主に受けて二極化的に発達していったと考察さ

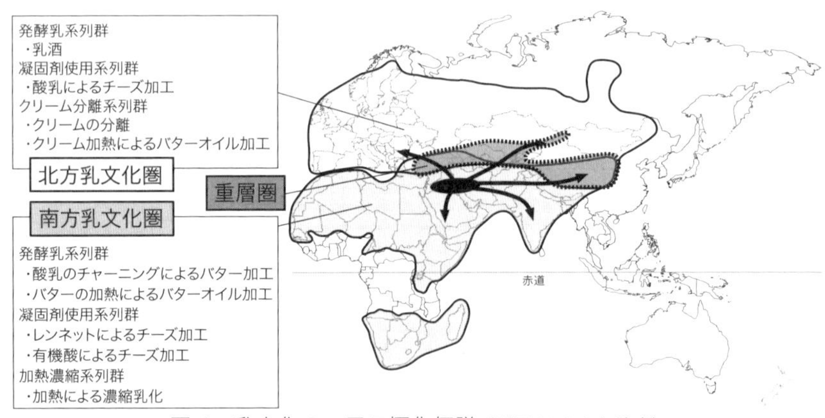

図4　乳文化の一元二極化仮説（平田2013より改変）

れている。

地域による多様な乳加工技術や乳製品が生み出されていったが、西アジア型の発酵乳系列群の乳加工技術がそれらの根幹を形成したと考えられている。アジア大陸北方域・山岳地域の乳加工技術の事例を詳細に分析すると、西アジアで誕生した発酵乳系列群の乳加工技術が冷涼性のもとに変遷していることが示唆された（平田 2013）。つまり、生乳の酸乳化、酸乳のチャーニングによるバター加工、バターの加熱によるバターオイル精製、そして、バターミルクの加熱・脱水・天日乾燥による非熟成型乾燥チーズ加工といった発酵乳系列群の乳加工技術（図 3）が西アジアで開発され、世界の乳加工技術の土台となっていったのである。従って、アフロ・ユーラシア大陸の乳加工技術の事例は、西アジアで搾乳が発明され、乳を保存可能な乳製品にする技術が早い段階で開発され、この西アジア型の発酵乳系列群の技術が周辺へと伝播していったことを指し示している。

本郷・丹野（2017）は、乳利用が開始された時期になって西アジアの家畜化の中心地から周辺にヒツジが拡散していった、家畜を伴う乾燥地帯への人類の進出もこの頃から始まったと指摘する。遺伝学の成果も、ヒツジは西アジア地域で家畜化され、家畜ヒツジがヨーロッパや南アジア地域、中央アジア

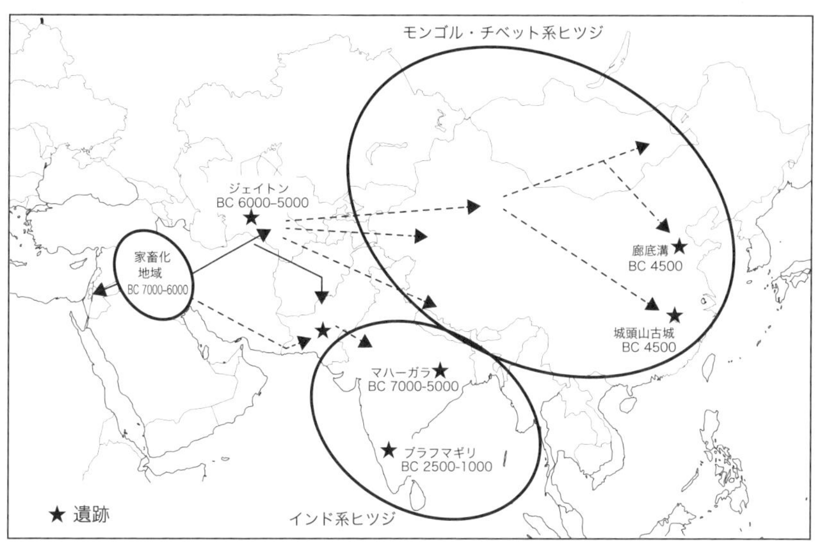

図 5　家畜ヒツジの東西への伝播（角田 2009 より改変）

地域、北アジア地域へと伝播したことを報告している（角田 2009）（図 5）。中央アジアのジェイトン遺跡には、西アジアで家畜化された時期と大きく遅れることなく、家畜ヒツジが確認されている。このように、乳文化、遺伝学、考古学の成果は、家畜から搾乳を発明し、乳を保存できる段階で、家畜に全面的に依存して生業を成り立たせる牧畜が成立し、西アジアから周辺地域へと伝播していったことを指し示している。

中央アジア・北アジアでの乳利用の開始時期の研究は、西アジアほどにはいまだ進展していない。Yang *et al.*（2014）は、新疆ウイグル自治区にある Xiaohe 墓地で発掘され、死者の首元に飾り付けられていた装飾品（有機物）を質量分析した結果、ケフィア、乳酸菌、酵母によって分解された乳ペプチドを同定し、B. C. 1980 年～B. C. 1450 年の前期青銅器時代には乳が利用されていたと報告している。Jeong *et al.*（2018）は、モンゴル北部で発掘された人骨の歯に付着する歯垢に含まれるタンパク質を質量分析した結果、北アジアで乳利用は少なくとも B. C. E. 1300 年の後期青銅器時代には始まっていたとしている。さらに、Wilkin *et al.*（2020）は、モンゴル中央部、ハンガイ山脈南方の Shatar Chuluu にあるアファナシェヴォ文化に相当する遺跡で、遺骨に付着した歯垢から抽出したタンパク質を質量分析した結果、乳利用が確認されたと報告している。これは、おおよそ前期青銅器時代の B. C. 3000 年ほどにあたる。研究が進むにつれて、中央アジア・北アジアにおける乳利用の開始時期の推定が遡っていることが理解される。しかし、家畜の遺伝学的調査から、中央アジア・北アジアには少なくとも B. C. 4500 年にはヒツジが西アジアから伝播してきたことが示されている。家畜と共に乳文化が一緒に伝播してきているならば、B. C. 4500 年には中央アジア・北アジアに乳文化も伝播していたことが推測される。

谷（2010）は、「西アジアで開発された羊・山羊・牛牧畜が、搾乳と乳加工の技術とともに、広く旧大陸およびアフリカへと急速に伝播した」とまとめ、搾乳・乳利用と牧畜とがセットになって伝播し、新たな食料資源としての乳の利用が生活上にもたらした意義を指摘している。言語学の成果からは、家畜とヒトが一緒に西アジアから周辺へ拡散したことを伝えている。Renfrew（1999）やベルウッド（2008）によると、インド＝ヨーロッパ語の祖語はアナトリアにあり、新石器時代に最初の拡散がおこり、言語だけが農耕民・牧畜民から狩猟採集民に伝わったのでなく、農耕民・牧畜民自身が集団移動してヨーロッパに広がり、インド＝ヨーロッパ語圏を形成していったとしている。これらの研究は、乳文化は技術だけが伝播したのではなく、乳文化を実践する牧畜民が移動し、自らが広めていったことを示唆している。Jeong *et al.*（2018）は、考古遺伝学の分析により、ヨーロッパでは新石器時代に集団が移動することにより牧畜が拡大していったのとは対照的に、中央アジア・北アジアでは、家畜飼育や乳加工といった技術を現地の狩猟採集民が受け入れることによって、牧畜や乳文化が伝播していったと指摘した。しかし、搾乳・乳利用と牧畜とがセットになって伝播したのであるならば、中央アジア・北アジアにおいても集団が乳文化を拡散させた可能性は依然として残される。

このように、搾乳が牧畜を成立させたとする視点に立脚すれば、少なくともB. C. 4500年頃には中央アジア・北アジアにおいて、集団の移動が乳文化および生業としての牧畜を伝播させていった可能性の高いことが指摘される。中央アジア・北アジアにおける今後の考古学調査の進展に期待がかかる。

引用・参考文献

石井智美　1998「モンゴル遊牧民の食生活に関する栄養学的検討」『平成8年度食文化研究助成報告書』味の素食の文化センター

石毛直道・吉田集而・赤坂　賢・佐々木高明　1973「伝統的食事文化の世界的分布」石毛直道編『世界の食事文化』ドメス出版、pp. 148-177

伊藤敞敏　1998「牛乳成分の成立ち」伊藤敞敏・渡邊乾二・伊藤　良編『動物資源利用学』文永堂出版、pp.6-10

梅棹忠夫　1976『狩猟と遊牧の世界』講談社

香川芳子　2006『五訂増補食品成分表2007』女子栄養大学出版部

角田健司　2009「ヒツジ―アジア在来羊の系統―」在来家畜研究会編『アジアの在来家畜』名古屋大学出版会、pp.253-279

亀高正夫・堀口雅昭・石橋　晃・古谷　修　1979「エネルギー利用効率」亀高正夫・堀口雅昭・石橋　晃・古谷　修編『基礎家畜飼養学』養賢堂、pp.133-139

谷　泰　2010『牧夫の誕生』岩波書店

中尾佐助　1992「鼎談　乳食文化の系譜」雪印乳業健康生活研究所編『乳利用の民族誌』中央法規出版、pp.267-293

福井勝義　1987「牧畜社会へのアプローチと課題」福井勝義・谷　泰編『牧畜文化の原像―生態・社会・歴史』日本放送出版協会、pp.3-60

ベルウッド・ピーター　2008「農耕の拡散―考古学と言語学の比較から」『濃厚起源の人類史』京都大学学術出版会、pp.315-397

本郷一美　2013「動物骨」西アジア考古学講義ノート編集委員会編『西アジア考古学講義ノート』日本西アジア考古学会、pp.95-96

本郷一美・丹野研一　2017「西アジアにおける動物と植物のドメスティケーション（家畜化・栽

培化)」『季刊考古学』141、pp.37-40

平田昌弘　1999「西南アジアにおける乳加工体系」『エコソフィア』3、pp.118-135

平田昌弘　2013『ユーラシア乳文化論』岩波書店

三宅　裕　1999「The Walking Account：歩く預金口座—西アジアにおける家畜と乳製品の開発」常木　晃編『食糧生産社会の考古学』朝倉書店、pp.50-71

Coughenour M. B., Ellis J. E., Swift D. M., Coppock L. D., Galvin K., McCabe J. T., Hart T. C., 1985. Energy extraction and use in a nomadic pastoral ecosystem. *Science,* 230: 619-625.

Evershed, R.P., S. Payne, A.G. Sherrat, M.S. Copley, J. Coolidge, D. Urem-Kotsu, K. Kotsakis, M. Özdoĝan, A.E. Özdoĝan, O. Nieuwenhuyse, P.M.M.G. Akkermans, D. Bailey, R. Andeescu, S. Campbell, S. Farid, I. Hodder, N. Yalman, M. Özbaşaran, E. Biçakci, Y. Garfinkel, T. Levyan and M.M. Burton, 2008. Earliest date for milk use in the Near East and southeastern Europe linked to cattle herding. *Nature,* 455: pp.528-531.

Jeong C. *et al.*, 2018. Bronze Age population dynamics and the rise of dairy pastoralism on the eastern Eurasian steppe. *PNAS,* 115(48)

Nestel P., 1986. A society in transition: developmental and seasonal influences on the nutrition of Maasai women and children. *Food and Nutiriotn Bulletin,* 8: pp.2-18.

Renfrew C., 1999. Time Depth, Convergence Theory, and Innovation in Proto-Indo-European: 'Old Europe' as a PIE Linguistic Area, *The Journal of Indo-European Studies,* 27 (3&4): pp.257-293.

Sherratt A., 1983. The secondary Exploitation of Animals in the Old World. World Archaeology, 15(1): pp.80-104.

Vigne J.-D. and Helmer D., 2007. Was milk a "secondary product in the Old World Neolithisation processes? Its role in the domestication of cattle, sheep and goats. *Anthropolzoologica,* 42(2): pp.9-40.

Wilkin S., Miller A. V., Taylor W. T. T., Miller B. K., Hagan R. W., Bleasdale M., Scott A., Gankhuyg S., Ramsoe A.,Uliziibayar S., Trachsel C., Nanni P., Grossmann J., Orlando L., Horton M., Stockhammer P. W., Myagmar E., Boivin N., Warinner C. and Hendy J., 2020. Dairy pastoralism sustained Eastern Eurasian Steppe populations for 5000 years. *Nature Ecology & Evolution,* 4: pp.346-355.

Yang Y., Shevchenko A., Knaust A., Abuduresule I., Li W., Hu X., Wang C. and Shebchenko A., 2014. Proteomics evidence for kefir dairy in Early Bronze Age China. *Journal of Archaeological Science,* 45: pp.178-186.

家畜はなにを食べるの？

板橋　悠
ITAHASHI Yu

はじめに

歴史上、家畜はなにを食べていたのか。ヒツジやウマであれば牧場で草を食み、ネコであれば魚やネズミを好むイメージがあるだろう。養豚場で、ブタにどんな餌が与えられているかは、知らない人も多いかもしれない。元々家畜は、自然界でヒトと無関係に餌を探し、食べている野生動物であった。家畜動物がどのような餌を好み、体質的にも適しているかは、野生時の生態を反映してある程度は決まっている。

それぞれの家畜種が好む餌が限定されている中でもヒトは様々な理由によって家畜に与える餌を変えてきたし、ヒトの活動の影響で家畜が利用できる餌が意図せず変わることもあった。「家畜がなにを食べていたのか」（家畜の食性）は単にある家畜が食べていた餌のリストを提示するだけでなく、ヒトと家畜の関わり方やその背景にある当時の社会についての情報が隠されている。しかし、「過去の家畜がなにを食べていたのか」を知ることは簡単ではない。古文書には家畜の餌や飼い方が記録されている場合もあるが、多くの社会や文化、遺跡における家畜の餌の種類やその量的な構成、どのようにして餌を用意していたのかは分かっていないことが多い。

「過去の家畜がなにを食べていたのか」を明らかにするため、考古学研究では遺跡から出土する動物骨の安定同位体分析が行われ、その個体が生前になにを食べていたのかを推定している。本稿では、遺跡出土骨の安定同位体分析の結果を考古学的に解釈することで、どのように「家畜がなにを食べていたのか」「ヒトは家畜になにを食べさせていたのか」が明らかにされてきたのか、その結果は当時の社会に関するどんな情報をもたらすのか、その事例研究を紹介する。

1　骨や歯の安定同位体分析による食性復元

遺跡から出土する動物の骨や歯を対象とした安定同位体分析による食性復元は、動物の体組織を構成する炭素や窒素の各同位体（同じ原子番号と化学的性質を持つ元素の中で、質量が異なる関係の原子）の比率から、その動物が消費した食物の構成を推定する手法である。動物の体組織は餌を材料にして作られており、体組織の同位体比は餌が持っていた同位体比を反映している。考古学研究では、土壌中でも長期間保存されやすい骨コラーゲンや歯エナメル質の中の炭素や窒素の安定同位体比が測定されている。

コメやムギ、マメなどの多くの草本、果樹や堅果類などのすべての木本が含まれる C_3 植物（約 −26‰）と、アワやヒエ、トウモロコシなどの一部の草本が含まれる C_4 植物（約 −12‰）は、炭素同位体比が大きく異なっている（O'Leary 1981）。また、C_3 植物を起点とした陸上生態系や川や湖の淡水生態系の生物よりも、海の生態系の生物は高い炭素同位体比を有している（図1）。骨コラーゲンの炭素同位体比（$\delta^{13}C_{col}$）は食べた餌の値に対して一定の値（+3.7〜6.0‰）上昇する（Bocherens and Drucker 2003）。また、哺乳類の歯エナメル質中の炭酸カルシウムの炭素同位体比（$\delta^{13}C_{car}$）は、食べた餌の値からの上昇（+14‰）が骨コラーゲンよりも大きい（Cerling and Harris 1999）。動物が生きている間は新陳代謝で置き換わっている骨コラーゲンに対し、歯エナメル質は成長過程で形成した後に置き換わることがない。そのため、骨コラーゲンが死亡前の数年間の食性の平均を反映するのに対し、歯エナメル質には老齢個体であっても歯が形成された若い時期の食性の情報が残されている。分析する動物種の各歯種の形成時期が分かっていれば、歯エナメル質から1個体の成長過程における食性の変化の履歴が追える（Hoppe *et al.* 2004）。

主に摂取した穀物や海産物の識別に効果を発揮する炭素同位体比に対し、骨コラーゲンの窒素同位体比（$\delta^{15}N_{col}$）は、植物性食物と動物性食物の摂取率（肉食率）の推定に用いられる。捕食者の体組織コラーゲンの $\delta^{15}N_{col}$ は食物のタンパク質の値よりも上昇（+3.5‰）する（Minagawa and Wada 1984）。この原理により、植物食動物は餌となった植物よりも $\delta^{15}N_{col}$ が高く、肉食動物は植物食動物よりさらに高い $\delta^{15}N_{col}$ を持つ。イノシシ類、イヌ、ヒトなどの植物性食物と動物性食物の両方を摂取する雑食動物は、その肉食率に応じて植物食

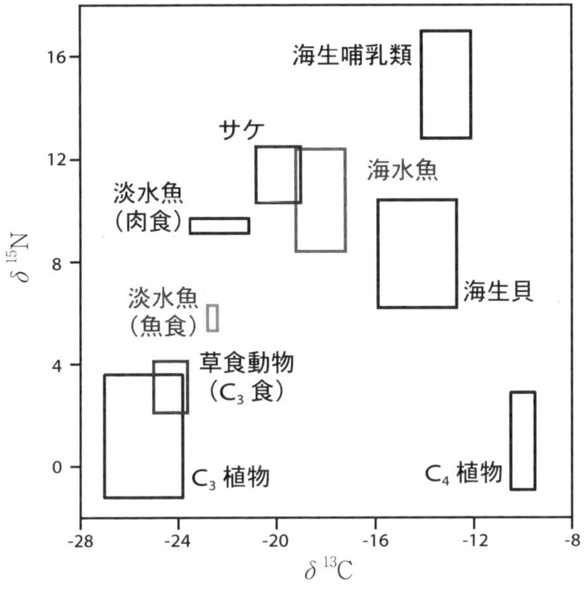

図1　様々な食物の炭素と窒素安定同位体比（Yoneda *et al.* 2004 を元に改変）

動物と肉食動物の中間的な値を持ち、逆に $\delta^{15}N_{col}$ から雑食動物の肉食率を推定することが可能である。

2　ネコはなにを食べていたのか

ネコ科の動物はイヌ科の動物よりも肉食に特化しており、植物性の餌をほとんど食べない。そのようなネコの同位体比から、なにを知ることができるのだろうか。この節では新石器時代の中国の例を紹介する。

中国の黄河を中心にした地域では、アワなどの C_4 植物を主食した雑穀農耕文化が新石器時代に出現した。中国の自然環境では C_4 植物の種数は C_3 植物の 1.2％程度とされ、C_3 植物に対して C_4 植物は少数派である（Wang and Ma 2016）。そのため、野生環境で動物が C_4 植物を摂取する機会はわずかであり、体組織の炭素同位体比に表れるほど寄与した C_4 植物は、アワなどの人為的に作付けされた農作物である可能性が高い。実際に C_3 植物を食べる野生植物食動物の $\delta^{13}C_{col}$ は約 −20‰である一方で、雑穀農耕地域のヒトの $\delta^{13}C_{col}$ は主食であるアワの影響を受けて約 −12‰前後と高い値を持っている（Cheung *et al.* 2019）。

雑穀農耕地域である陝西省に所在する仰韶（ギョウショウ）文化中〜後期（4000〜3000 cal BC）の泉護村（センゴソン）遺跡では、出土した小型のネコ科動物の骨が約 −14‰と高い $\delta^{13}C_{col}$ を持っていることが明らかにされた（Hu *et al.* 2014）。単純にこの結果を解釈すれば、このネコ科動物はアワなどの C_4 植物を大量に食べていたことになる。しかし、ネコ科動物の生態を考えると穀物であるアワを積極的に食べていたとは考えづらい。

そのため、これらの $\delta^{13}C_{col}$ が高いネコ科動物はアワを直接食べていたのではなく、アワを食べていたネズミを捕食したことで間接的にアワの影響を受けたイエネコであると考えられている。アワを食べているネズミが主な餌だったことから、これらのネコ科動物は貯蔵されたアワを狙うネズミを退治するための番犬ならぬ番猫だったのかもしれない。泉護村遺跡のネコは家畜化されたイエネコとしては東アジアでは最古級となり、この地域でネコが家畜化された経緯を知るためのよい参考例となる。穀物に引き寄せられたネズミを狙って集落を訪れたヤマネコを、穀物を守るネズミ捕りとしてヒトが利用するようになったのがイエネコの起源かもしれない。

3　ウマはなにを食べていたのか

日本列島で馬文化が受容された画期は、河内や大和にウマを生産する牧が設置された5世紀であるとされる（千賀 2019）。この5世紀にあたる奈良県の南郷大東遺跡から出土したウマの歯エナメル質の $\delta^{13}C_{car}$ が測定され、月齢ごとの食性の変化を指標に大陸から日本へ馬文化が導入された当初のウマ飼育が検討されている（覚張 2017）。

分析の結果、約30ヶ月齢までの若齢個体は C_3 植物を主に食べていた一方で、36ヶ月齢以降には C_3 植物食と C_4 植物食の両方を食べたことを示す中間的な値（≦−8‰）になることが明らかにされた（覚張 2017、図2）。南郷大東遺跡出土のウマは一定の成長段階で摂取する餌が変化していたことになる。中国と同様に、日本の自然の植生の中でも C_4 植物は少数派であり、採餌を自然の植物に任せた粗放的な放牧では C_4 植物の寄与は非常に小さくなるはずである。それを考慮すると、3歳以降のウマは自由に採餌できない厩舎に囲

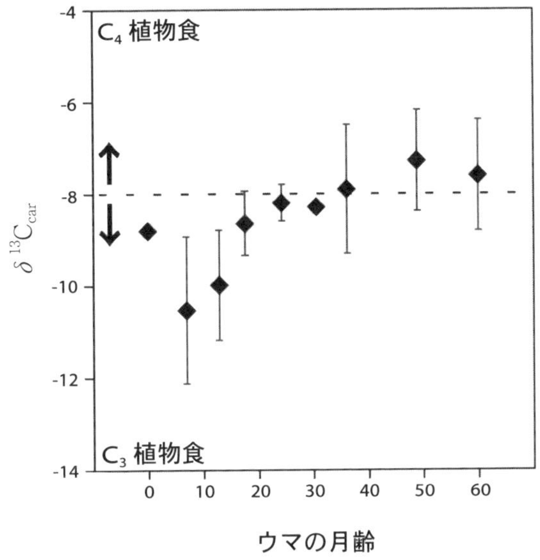

図２　南郷大東遺跡のウマの $\delta^{13}C_{car}$ の月齢変化（覚張 2017 を元に作成）

い込まれ、意図的に C_4 植物を与えられて飼育されていたと予想される。古墳時代の牧ではウマの成長に従って与える餌や管理方法を変えていた、もしくは南郷大東遺跡が当時の政治勢力の中心地に位置することを考慮すれば、異なる地方で飼育されたウマが３歳前後で大和に持ち込まれて飼育環境が変わったことを示していると考えられる。

4　ヒツジやヤギはなにを食べていたのか

西アジアはムギ栽培やヒツジ、ヤギ、ウシ、ブタの家畜化など、世界的に主要な穀物栽培・家畜飼養が先駆けて出現した農耕文化の起源地の一つとされる。西アジア発祥の農耕文化を基礎としてメソポタミア文明やエジプト文明が誕生しただけでなく、西アジア型農耕はヨーロッパにも伝播してヨーロッパ文化の源流ともなっている。

西アジアのトルコ中央部に所在するチャタルホユック遺跡は、新石器時代から銅石器時代にかけての集落遺跡で、「都市の萌芽」とも評される超大型集落（メガサイト）として知られる。新石器時代集落としては飛び抜けて多かっ

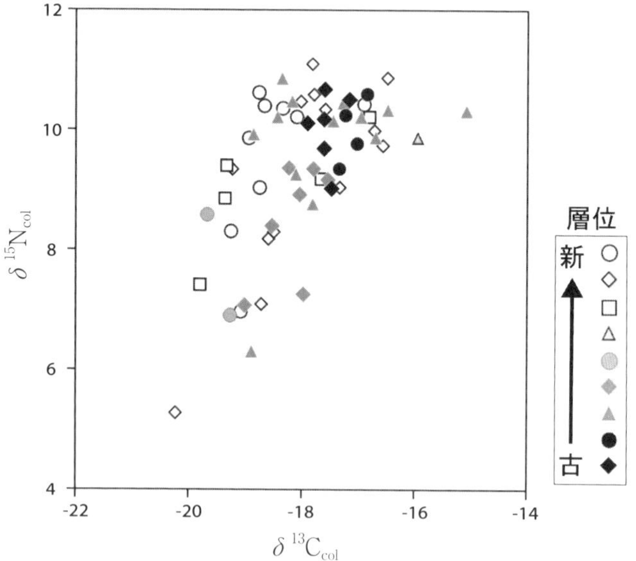

図3　チャタルホユックのヒツジ・ヤギの$\delta^{13}C_{col}$と$\delta^{15}N_{col}$
（Pearson *et al.* 2007 を元に作成）

たとされる人口は、ムギを中心とした穀物栽培とヒツジ・ヤギ・ウシ・ブタの飼育で賄われていた。

世界的にも早い段階にある牧畜の詳細を明らかにするため、遺跡から出土した多数のヒツジ・ヤギの骨の$\delta^{13}C_{col}$と$\delta^{15}N_{col}$が測定され、その通時的変化が検証された（Pearson *et al.* 2007）。その結果、この遺跡に人が住み始めた初期の層位ではヒツジとヤギの$\delta^{13}C_{col}$と$\delta^{15}N_{col}$がせまい範囲に集中することが確認された（図3）。一方で、後の層位になると$\delta^{13}C_{col}$と$\delta^{15}N_{col}$の分散が非常に大きくなり、ヒツジやヤギの餌が多様化していくことが分かった。この変化はなにを表しているのだろうか。

この遺跡周辺でもC_3植物が卓越しているが、場所によってC_4植物に分類される雑草が分布していたことが分かっている。また、植物学の研究では、川の周囲の低地や高原などの立地の違いによって、同じ種類の植物でも$\delta^{13}C$と$\delta^{15}N$の値が変動することも分かっている。つまり、チャタルホユックが営まれた初期には、ヒツジとヤギは特定の場所の決まった種類の植物を餌としていた可能性が高い。一方で、後代にはヒツジとヤギは様々な場所の異なる種類の植物など、個体ごとに多様な餌を食べるようになっていったということである。

ヒツジとヤギの餌のバリエーションが後の時代ほど大きくなる現象は、チャタルホユックの発展と人口増加に関連付けられている（Pearson *et al.* 2007）。人口が少なかった当初は必要な家畜の数も少なく、飼われているヒツジやヤギは集落周辺の土地でまとめて放牧されていた。しかし、時代とともに人口が増加しメガサイトと称される規模になると集落周辺の狭い範囲だけでは必要な家畜を養うことができなくなった。そのため、チャタルホユックの人々は世帯やグループごとに自分たちが所有する家畜を遠方に放牧しに行くようになり、結果として遺跡から出土するヒツジ・ヤギの餌と同位体比の多様性が増していったと考えられている。

この結果から、人口が小規模な段階では集落は単一の経済活動単位として牧畜を行っていたが、人口が増加するとともに経済活動の細分化が始まり、個人や世帯の独立性が高まったことを読み取ることもできる。やがては都市や文明に繋がる社会の複雑化の一つとして、人口増加に伴う牧畜活動の細分化・独立化が生じていたのかもしれない。この事例は、家畜の同位体比やその食性を復元することで、家畜の飼育方法だけでなく当時の経済活動にアプローチする情報も得られるという一例だろう。

5　ブタはなにを食べていたのか

ブタはイノシシが家畜化されたものである。一般的にイノシシ類は雑食動物とされ、昆虫やミミズ、カエルなどの動物性食物を捕食することが観察されているが、野生イノシシの食性を量的にみると植物への依存が強いと言われている（野林 2009）。しかし、消化しづらい草を食べることに特殊化した消化器を持つウシやヒツジなどとは異なり、家畜ブタを飼育するためには草だけでなく、もっと消化しやすい餌も用意しなければならない。イノシシ類にとって消化しやすい植物はヒトにとっても食べられる植物であることが多い。また、ヒトが食べる肉や魚、その副産物として出る骨や皮、内蔵もイノシシ類が好む餌となる。そのため、残飯やゴミ、そしてヒトの糞便を餌として飼育できる経済性がブタ飼育の利点とされる。

例えば、台湾島嶼部では、放し飼いのブタは所有者から残飯やサツマイモの葉や蔓、屑イモを餌として与えられるとともに、集落で捨てられている残飯や排泄物を漁っていることが観察されている（野林 2009）。また歴史時代の中国では便所に併設された豚舎でブタを囲い込み、ヒトの排泄物や残飯で飼育する豚便所が存在したことが知られている（西谷 2001）。集落から離れた牧草地で放牧しなくても、日々の生活や畑作で生じる副産物を餌にできる性質により、ブタは小規模な家内飼育に向いている。

6　中国のブタはなにを食べていたのか

中国ではブタはイヌに次いで家畜化された動物とされる。雑穀農耕地域にあたる甘粛省に所在する大地湾（ダイチワン）遺跡では、老官台（ロウカンダイ）文化期（5900～5200 cal BC）のヒトとイヌの $\delta^{13}C_{col}$ が約 −12‰程度であり、C_4 植物のアワを食べていた影響が見られる（Barton *et al.* 2009）。イヌもブタと同様にヒトの残飯や人糞を食べることができる雑食動物であり、イヌと似た同位体比のイノシシ類がいれば、それは家畜である可能性が高い。しかし、この時期のイノシシ類の $\delta^{13}C_{col}$（約 −20‰）は C_3 植物のみを食べていたことを示している。一方で、続く仰韶文化期（4800～4000 cal BC）になるとイノシシ類の $\delta^{13}C_{col}$ はヒトやイヌと同様に約 −12‰となり、アワをたくさん食べる食性に変化したことが明らかにされた。この結果から、老官台文化期の大地湾遺跡ではブタが家畜化されていなかったが、仰韶文化期になると家畜ブタが利用されるようになったと考えられる。また山西省に所在する陶寺（トウジ）遺跡（2500～2000 cal BC）では、出土動物骨の 80％以上をイノシシ類が占めている。陶寺遺跡のイノシシ類は、ほとんどがヒトと同様の $\delta^{13}C_{col}$ を持つ人為的な餌を食べた個体であり、野生イノシシと思われる個体はわずかである（陳ほか 2017）。新石器時代の黄河流域では、食料とされた動物のほとんどが残飯や農業副産物、人糞を食べる家畜ブタであり、ブタの飼養に特化した経済が確立していたようである。

7　西アジアのブタはなにを食べていたのか

西アジアで主流な栽培植物のコムギやオオムギ、マメ類やナッツは C_3 植物であり、新石器時代人は C_4 植物を食べていない。そのため、西アジアでは $\delta^{13}C_{col}$ が残飯や人糞を食べたブタの指標として有効ではない。しかし、ヒトやイヌは $\delta^{15}N_{col}$ が植物食動物よりも高いことから動物性食物を多く消費していたと思われ、家畜ブタに残飯や人糞を与えていたら、イノシシ類の中に$\delta^{15}N_{col}$が高い肉食／雑食の個体が見られるはずである。

トルコ南東部に位置するチャヨヌ遺跡は9500 cal BC頃から約3,000年間にわたって営まれた新石器時代の定住集落である。この遺跡は、ヒツジ・ヤギ・ウシ・ブタの家畜化の開始から完成まで継続しており、出土動物がこれらの4種だけに収斂していく様子や出土骨の体サイズやプロポーション、屠殺年齢の変化が示されている（本郷2002）。この期間に、イノシシ類も家畜化していく様子が確認されている。

しかし、骨の同位体分析の結果では時代を通してイノシシ類がヒツジやウシ、ガゼルなどの植物食動物よりも低い$\delta^{15}N_{col}$を持っており、家畜ブタが定着したとされる時代になっても変化がない（Pearson *et al.* 2013）。チャヨヌ遺跡のイノシシ類は動物性食物を含むヒトの残飯や人糞を食べる機会がなかったようにみえる。この傾向はチャヨヌ遺跡に限らず、動物骨の$\delta^{15}N_{col}$が報告されている西アジアの新石器時代遺跡では東アジアのような動物性食物の寄与が大きいイノシシ類がみられない（Lösch *et al.* 2006など）。このような場合に、どのようなブタの飼育方法が想定されるだろうか。

西アジアの多くの地域はイスラム圏に属しており、宗教的・文化的背景からブタの飼育が限られている。そのため西アジアに隣接したギリシャの伝統的なブタ飼育の民族事例を参照する。ギリシャで20世紀に行われていたブタの伝統的な飼育では、大きく分けて世帯単位の小規模な「家庭内飼育」とブタを群れで管理する「大規模な放牧」の2つの形態が確認されている（Halstead and Isaakidou 2011）。

ブタの「家庭内飼育」は主に自家消費を目的としたものであり、1〜数頭を囲い込んで管理している。ドングリや穀物、農業副産物の茎や芽、除草された草が餌として与えられていたとされる。生ゴミやチーズ生産の副産物である乳清が与えられる機会は、「大規模な放牧」のブタよりも「家庭内飼育」のブタの方が多かったとされる。「家庭内飼育」では残飯や乳清として動物性食物が与えられる点で東アジアのブタ飼育との類似が見られる一方で、中国や台湾、沖縄で近年まで行われてきた伝統的なブタ飼育（西谷2001、野林2009）と異なり、人糞に関する言及は見られない。

「大規模な放牧」によるブタの管理は、ヒツジやウシなどの群れを作る反芻動物の管理に類似している。ヒツジなどと同様に、ブタの群れは牧夫やイヌの監視の下で集落から離れて放牧されていたとされる。ヒツジの群れに伴ってブタを連れて歩く例も観察されている。「放牧」されたブタの餌は季節性が強く、春から夏は若い葉や牧草、ベリーや落ちた果実を食べ、秋は大量のドングリ、冬はキノコや牧草の根っこなどを掘り返して食べるとされる。虫やカタツムリも食べているようであるが、量としてはそれほど寄与が大きくないだろう。「大規模な放牧」で飼われているブタは植物食傾向が強く、食性に野生イノシシとの違いはほとんど見られない。

ギリシャの伝統的なブタの「大規模な放牧」には、ヒツジなどの群居性動物の飼育方法が応用されているようにみえる。実際に「大規模な放牧」を行っている人々・グループの多くはヒツジやウシも飼っている。西アジアの新石器時代では、ブタと同時期かより早い時期にはヒツジ・ヤギの家畜化が進んでいたとされる。チャヨヌをはじめとした家畜ブタを所有していた集団も、ヒツジ·ヤギを放牧するノウハウを有していたことだろう。20世紀のギリシャの事例と同様に、新石器時代の初期牧畜民もブタを集落から連れ出して放牧し、補助的に農業副産物を与えていたとすれば、西アジアの先史時代遺跡で確認される植物食の家畜ブタを説明できる。現在では乾燥した荒野や砂漠のイメージも強い西アジアも、紀元前4千年紀まではヨーロッパ同様にブタの放牧に適した森林が広がっていたとされる（Redding 2015）。その後の乾燥化や都市生活の拡大で、ブタ飼育の縮小・消失や性質の変化が起こった可能性がある（Price 2021）。

また、西アジア型ブタ飼育のもう一つの特徴として、人糞が飼料として利用されない点があるかもしれない。ギリシャの例では、残飯やチーズの副産物がブタに与えられていても、人糞の給餌はみられない。新石器時代の家畜ブタも骨の同位体比に表れるほどの量の人糞は食べていないようである。これは西アジアやその影響を受けた文化には、人糞を餌にした家畜を自分の口に入れることへの忌避感があったためかもしれない。松井健はオードリクールの説を引用し、西アジアと東アジアでは排泄物に対する文化的態度が異なっており、それが家畜飼養にも影響を与えている可能性に言及している（Haudricourt 1977、松井 1995）。ブタを家畜にした文化であっても、他の家畜の有無や文化的背景によって、イノシシの家畜化の過程やブタの飼育方法はまったく異なっていた可能性がある。

おわりに

本稿で紹介した事例は家畜の安定同位体分析の一部であり、各家畜種を対象にした研究の中で印象的な例を紹介したに留まっている。また紙幅の都合で、ウシやイヌ、ニワトリをはじめとした重要な家畜に触れることができなかった。紹介した研究では、動物の生態や当時の地政学的情報、その集団が利用できた資源の分布、そして動物考古学的な情報などを複合的に参照し、当時の動物飼育や管理についてのモデルを提示している。対象の時代や社会に関する背景を理解していなければ、動物骨の安定同位体分析は「家畜が食べていたもの」のリストにおおまかな量の情報を書き足すだけの研究に留まってしまう。動物骨の安定同位体分析が考古学研究であるために、対象の社会や文化、歴史についての造詣を深めておく必要がある。

引用・参考文献

覚張隆史　2017「同位体化学分析に基づく遺跡出土馬の生態復元」青柳泰介・丸山真史編『国家形成期の畿内における馬の飼育と利用に関する基礎的研究』奈良県立橿原考古学研究所、pp.27-36

千賀　久　2019「日本に伝えられた馬文化」右島和夫編『馬の考古学』雄山閣、pp.12-21

西本豊弘　1993「弥生時代のブタの形質について」国立民族学博物館 50、pp.49-70

野林厚志　2009「ブタ飼育における個体管理―台湾ヤミが行なうブタの舎飼いと放し飼いの比較―」山本紀夫編『ドメスティケーション―その民族生物学的研究』国立民族学博物館 84、pp.289-305

本郷一美　2002「狩猟採集から食料生産への緩やかな移行 南東アナトリアにおける家畜化」佐々木史郎編『先史狩猟採集文化研究の新しい視野』国立民族学博物館 61、pp.171–185

松井　健　1995「分泌＝排泄物の文化地理学 ―オードリクール再検―」『生命観 ―とくにヒトと動物との区別認識についての研究―』国立民族学博物館 33、pp.109–158

陳相龍・方燕明・胡耀武・侯彦峰・呂　鵬・宋国定・袁　靖・Michael P. Richards　2017「穏定同位素分析対史前生業経済複雑化的啓示：以河南禹州瓦店遺址為例」『華夏考古』4、pp.70-84

Barton, L., Newsome, S.D., Chen, F.H., Wang, H., Guilderson, T.P., Bettinger, R.L. 2009 Agricultural origins and the isotopic identity of domestication in northern China, *Proceedings of the National Academy of Sciences,* 106, pp.5523-5528.

Bocherens, H., Drucker, D. 2003 Trophic level isotopic enrichment of Carbon and Nitrogen in bone collagen: Case studies from recent and ancient terrestrial ecosystems, *International Journal of Osteoarchaeology,* 13, pp.46-53

Cerling, T. E. and Harris, J. M. 1999 Carbon isotope fractionation between diet and bioapatite in ungulate mammals and implications for ecological and paleoecological studies, *Oecologia,* 120, pp.347-363

Cheung, C., Zhang, H., Hepburn, J.C., Yang, D.Y., Richards, M.P. 2019 Stable isotope and dental caries data reveal abrupt changes in subsistence economy in ancient China in response to global climate change, *PLoS ONE,* 14(7), e0218943

Halstead, P. and V. Isaakidou 2011 A pig fed by hand is worth two in the bush: Ethnoarchaeology of pig husbandry in Greece and its archaeological implications, in Albarella U. (ed.), *Ethnozooarchaeology: The Present Past of Human:Animal Relationships,* Oxbow, pp.160-174

Haudricourt, A.G. 1977 Note d'ethnozoologie. Le rôle des excrétats dans la domestication. *Homme,* pp. 125-126.

Hoppe, K., Stover, A., Pascoe, S. M., Amundson, J. R. 2004 Tooth enamel biomineralization in extant horses: implications for isotopic microsampling. *Palaeogeography, Palaeoclimatology, Palaeoecology,* 206, pp.355-365

Hu, Y., Hu, S., Wang, W., Wu, X., Marshall, F.B., Chen, X., Hou, L., Wang, C. 2014 Earliest evidence for commensal processes of cat domestication, *Proceedings of the National Academy of Sciences,* 111, pp.116-120

Lösch, S., Grupe, G., Peters, J. 2006 Stable isotopes and dietary adaptations in humans and animals at Pre-Pottery Neolithic Nevall Çori, southeast Anatolia, *American Journal of Physical Anthropology,* 131, pp.181-193.

Minagawa, M. and Wada, E. 1984 Stepwise enrichment of 15N along food chains: Further evidence and the relation between δ^{15}N and animal age, *Geochimica et Cosmochimica Acta,* 48, pp.1135-1140.

Minagawa, M., Matsui, A., Ishiguro, N. 2005 Patterns of prehistoric boar sus scrofa domestication, and inter-islands pig trading across the East China sea, as determined by Carbon and Nitrogen isotope analysis, *Chemical Geology,* 218, pp.91-102.

O'Leary, M.H. 1981 Carbon isotope fractionation in plants, *Phytochemistry,* 20, pp.553-567.

Redding, R.W. 2015 The Pig and the Chicken in the Middle East: Modeling Human Subsistence Behavior in the Archaeological Record Using Historical and Animal Husbandry Data. *Journal of Archaeological Research,* 23, pp. 325-368.

Pearson, J.A., Buitenhuis, H., Hedges, R.E.M. Martin, L., Russell, N., Twiss, K.C. 2007 New light on early caprine herding strategies from isotope analysis: a case study from Neolithic Anatolia, *Journal of Archaeological Science,* 34, pp.2170-2179.

Pearson, J.A., Grove, M., Ozbek, M., Hongo, H. 2013 Food and social complexity at Cayonu Tepesi, southeastern Anatolia: Stable isotope evidence of differentiation in diet according to burial practice and sex in the early Neolithic, *Journal of Anthropological Archaeology,* 32, pp.180189.

Price, M.D. 2021 *Evolution of a taboo: Pigs and people in the ancient near east,* Oxford University Press

Yoneda, M., Suzuki, R., Shibata, Y., Morita, M., Sukegawa, T., Shigehara, N., Akazawa, T. 2004 Isotopic evidence of inland-water fishing by a Jomon population excavated from the Boji site, Nagano, Japan, *Journal of Archaeological Science,* 31, pp. 97-107

Wang, R. and Ma, L. 2016 Climate-driven C_4 plant distributions in China: divergence in C_4 taxa, *Scientific Reports,* 6, 27977

古代DNAからみた家畜の起源と系統

覚張隆史
GAKUHARI Takashi

はじめに

本稿では遺跡から出土する動物骨のDNA分析について紹介する。古代DNA分析の話を進める前に、まずは家畜の分子系統学の研究史について簡単にふれておきたい。1980年代中頃にPCR法を組み合わせたDNA配列決定法(サンガー法)の開発によって、生物試料からDNA配列決定が比較的容易になった。家畜の分子系統学的な研究がこの時期に急速に進み、イヌ・ネコ・ウマ・ウシ・ヤギ・ヒツジなど多くの家畜種のミトコンドリアDNAの部分配列が決定された[1)]。1990～2000年代になると、それぞれの家畜種において多様な形質[2)]をもつ世界各地の品種のミトコンドリアDNA配列や核DNA中のマイクロサテライトマーカー配列が決定され、家畜の系統に関する研究の大きなフレームワーク(研究の動機となる諸仮説)が構築された。今日の家畜の分子系統学的な研究は、この時代に構築されたフレームワークを理解する必要がある。例えば、イヌでは西アジアや東アジアで家畜化が独立して生じた複数起源説と西アジアもしくはヨーロッパで家畜化が生じた単一起源説が提唱された(Savolainen *et al.* 2002、Vilà *et al.* 1997)。ネコでは、野生種であるリビアヤマネコから家畜化され、ヨーロッパとアジアの系統に分岐していったことが示されている(Driscoll *et al.* 2007)。ウマ・ウマ・ヒツジでは多地域で家畜化が生じた可能性が示され、ヤギでは西アジアにおける単一起源に関する仮説が提唱されてきた、(Jansen *et al.* 2002、Ishida *et al.* 1995、Guo *et al.* 2006、Lai *et al.* 2006、Naderi *et al.* 2008、Hiendleder *et al.* 1998)。

1　古代DNA配列データの取扱い

過去の生物遺体(博物館標本、ミイラ、遺跡出土骨など)からDNAを抽出し、DNA配列決定をする技術を古代DNA分析という。古代DNA分析は1984～

1985年にエジプトのミイラおよびウマ科の絶滅動物クアッガで初めて実施された（Higuchi *et al.* 1984、Pääbo 1985）。PCR法の開発によって原理的には1分子のDNAからDNAを増幅・検出し、DNA配列決定が可能であり、古代DNA分析はPCR法によって超微量DNA分析の方法論的研究が多数行われた。遺跡出土骨にはその生物由来のDNAが残存していることが多いものの、その残存量は現生生物試料に比べて極めて僅かである。古代DNA分析において実験環境中の現代由来のDNAが混入・汚染する場合もあり、古代DNAの配列決定の際には2つ以上の独立した研究機関で実験し、一致したDNA配列結果が得られた場合に限り公開できる仕組みになっていった。古代DNA配列の信頼性（Authenticity）を示していない論文も多数存在するが、これらの結果は間違った解釈を生み出す危険性をはらんでいる。その研究論文で考察されている内容についても慎重な利用が必要であり、科学的な議論を展開する上では基本的に利用しないことが推奨されている（H. N. Poinar and Cooper 2000、Hendrik N. Poinar 2003）。

2006年以降は新しいDNA配列決定技術が開発され、生物が持つ全遺伝情報（ゲノム）を取得することが可能になった。従来のサンガー法とは全く異なるこの手法は、次世代のDNA配列決定技術（Next-Generation Sequeincing technologies（NGS法））と呼ばれている。サンガー法では特定のDNA領域をPCRで増幅する際に、増幅対象として設定したDNA領域の両末端の約20mer[3)]と相補的な配列を持つ合成DNA（プライマー）を加える。古代DNA分子を増幅する際に古代DNA分子の両末端はプライマーのDNA配列と置き換わるため、末端のDNA配列情報は利用できない。一方、NGS法は両末端のDNA配列を決定することができる。古代DNA分子は数百年の遺跡埋没環境下で両末端に存在するシトシン（C）が脱アミノ化反応によってウラシル（U）に変化する頻度が上昇する。NGS法では装置の性質上、ウラシルはチミン（T）として配列決定されるため、DNAデータ上ではCからTに変化した現象が見られる。両末端にヒトには通常みつからないC->Tの変化が検出されれば、取得したDNA配列が古いDNA分子に由来していると評価できることになる。現在の古代DNA分析では、C->Tの変化をデータの信頼性の指標として利用されており、この指標が示されている結果であれば、信頼性の高い結果に基づいた考察ができていると言える。本稿では、このゲノムレベルでの古代

DNA分析である古代ゲノム解析で得られている情報に基づいて、比較的ゲノムデータの蓄積が進んでいるイヌ・ネコ・ウマ・ウシの起源・系統について簡単に紹介したい。

2 イヌの古代ゲノム研究

イエイヌの古代ゲノム解析は技術的に困難な点があり、いまだにアジアの古代犬のゲノムデータはほとんど公表されていないのが現状である。一方、アジアの遺跡出土試料ではないものの、古代ゲノムデータを取得することで、アジアにおける犬の起源に関する考察がなされている。2016年にオックスフォード大学などの国際研究チームがアイルランドの約4,800年前のニューグレンジ遺跡出土犬骨から高精度の全ゲノムデータを取得し、これらの古代のゲノムを、西ユーラシアと東アジアのオオカミや現代犬種（サモエドからシャーペイまでの雑種や48品種を含む）のゲノムと比較している（Frantz *et al.* 2016）。また、3,000年から14,000年前に生息していた59匹の古代ヨーロッパの犬の全ミトコンドリアゲノム配列を解読し、後期更新世のイヌ科動物が現代犬種の直接の祖先でないことも示した。さらに、14,000〜6,400年前に、東アジアと西ユーラシアでそれぞれ独立して分岐して、その後に現代犬種が混血して成立している可能性が示された。ハスキーやグリーンランドのそり犬などの現代犬種には、両方の地域の祖先集団からの遺伝的な寄与が検出されていることから、現代犬種はヨーロッパと東アジアで家畜化された古代犬が長い年月をへて移動し交流することで混血したと考えられる。

2020年にはフランシスクリック研究所などの国際研究チームが、世界で発見されている27個体の遺跡出土犬骨からゲノムデータの取得に成功し、各地域における現代犬種の成立に関する新しい仮説を提唱している（Bergström *et al.* 2020）。例えば、現代ヨーロッパ犬種やアフリカ犬種がレバント地域などの西アジアの系統と8,000〜7,000年前頃に混血した際の子孫であること、銅器時代〜青銅器時代に中央アジアと東アジアの古代犬の間で混血があったこと、東アジア古代犬と東南アジアやオセアニアに進出したニューギニアシンギングドッグの祖先が混血して現代の東アジア犬種が成立していることなどが示された。また面白いことに、秋田犬などの現代日本犬種については中央アジアの古代犬からの遺伝的な影響は検出されておらず、東アジアにおいても大陸部と島嶼部で異なる混血史があり、現代犬種がそれぞれの地域で独立して成立していることが初めて実証的に示されたと言える。

3　ネコの古代ゲノム研究

イエイヌの起源・系統に関する研究は増えてきているものの、イエネコの研究はまだデータが少ない。2017年にジャックモノー研究所の国際研究チームが世界中の遺跡出土猫骨のミトコンドリアDNA配列及び毛色の決定遺伝子の解析結果を報告している（Ottoni *et al.* 2017）。野生種であるリビアヤマネコからイエネコの系統が分岐し、その起源は西アジアが中心地となり、その後に北アフリカの古代エジプトの集団が分岐している。先行してユーラシアに拡散した前者のイエネコ系統の後に、古代エジプトの別系統が海上貿易によって世界的に拡散していったことが分かってきた。東アジアにおいてもこれら2系統の流れでイエネコが入って来ている可能性が考えられる。ただし、まだ東アジアにおけるイエネコの古代ゲノムデータは得られていないため、これらの系統がどのような混血状態で東アジアに入って来たかは古代ゲノムデータを取得しなければ検証ができない状況である。また、イエネコの系統は新石器時代にリビアヤマネコから分岐しているので他の家畜種と同様に比較的古い時期に家畜化していると考えられているが、現代種のような毛色の多様性が生じたのは中世以降であることが分かっている。他の多くの家畜種では家畜化の初期から毛色の多様性が高くなる現象が見られているが、イエネコは毛色による人為的選択の影響をほとんど受けない状態で家畜化されており、例外的な家畜化プロセスによって成立したと言える。

4　ウマの古代ゲノム解析

イエウマ（*Equus caballus*）の家畜化は中央アジア・カザフスタンの銅器時代（約5,300年前頃）に生じたことが示されているが、近年の古代ゲノム解析によってこれらのウマがモンゴルなどで野生種として再導入されているモウコノウマ（*Equus przewalskii*）であることが示されている（Gaunitz *et al.* 2018、Orlando 2020）。現生馬品種の成立はかなり後の時代となり、ヨーロッパのガロ・ローマン時代（9世紀～10世紀頃）のゲノムデータの痕跡から、この系統の祖先集団から世界中にイエウマの祖先集団が大拡散を遂げたことが分かって来た（Fages *et al.* 2019)。その祖先集団の解明を進めるために、西ユーラシアのステップ地帯、中央アジア、東アジアのデータを追加し、2,000 個体の古代ゲノム解析から約 270 個体のゲノムデータの取得に成功し、イエウマの祖先集団の中心地を割り出している (Librado *et al.* 2021)。その結果、現代馬品種の祖先集団は、ロシアのヴォルガ・ドン地域の紀元前 6000 年〜3000 年から系統が維持されており、同時代にいた他の地域の集団は現在のイエウマの系統とは別に存在し、現在はその系統は途絶えたことが分かって来た。その後、このイエウマの祖先集団は、紀元前 2200 年〜2000 年にアナトリア、ドナウ下流域、ボヘミア、中央アジアなどユーラシア全体に急速に拡散し、紀元前 1500 年〜1000 年に現在のイエウマ系統につながっていない別系統の集団と完全に起き変わった。各地で散発的なウマの家畜化が生じていたが、現代馬品種に続く系統はこの拡散イベントによって生み出されたことが分かってきた。注目すべき内容は、これらのイエウマの祖先集団では、GSDMC と ZFPM1 という 2 つの遺伝子[4)]において、タンパク質を変化させる DNA の変異が検出されたことである。GSDMC の変異は哺乳類の椎間板の硬化に関連する突然変異として同定されており、ZFPM1 の変異は気性の調節と攻撃性に関与するニューロンの発達に関連している。気性が安定することで飼いならしが容易になり、背骨の回復力が高まり、馬の背中が強くなることで、イエウマの祖先系統は古代の人々に選別されていったというブリーディング・ヒストリーが見えてきた。

一方で、東アジアにおける古代ゲノムデータはまだ蓄積している段階なので、東アジア内におけるイエウマの系統を論じた研究はまだない。東アジアにおける独自の古代馬系統が過去に存在していた可能性もあり、ヴォルガ・ドン地域の祖先集団とどの様な遺伝的関連性を示すか、今後の研究に期待したい。

5　ウシの古代ゲノム研究

家畜化されたウシ科動物は、私たちがふだんスーパーで購入している牛肉の多くはウシ科ウシ属 (*Bos* 属) のイエウシと、それとは他にヤク、スイギュウ、ヒツジ、ヤギなどがいる。本稿は紙面の関係上、ウシの古代ゲノム研究について紹介したい。

イエウシはもともと野生種のオーロックス (*Bos primigenius*) から約 1 万年前に西アジアで家畜化された集団で、西ユーラシアで主に飼育されてる *Bos taurus* と、アジアにおいて主に飼育されている *Bos indicus*[5] の2系統がいる。前者は背中前方にコブがなく、後者はコブがあるのが形態的な特徴である。ウマと同様に形態学的な差異はあるものの、現代牛種の起源については近年まで明確な評価ができていなかった。2019年に、古代近東の遺跡出土牛骨67個体からゲノムデータの取得に成功し、古代のオーロックスの幾つかは *Bos taurus* の祖先集団であることがわかった。(Verdugo *et al.* 2019)。また、この系統は、インダスバレー周辺域で約4,000年前に別系統であった集団と混血し、*Bos indicus* の祖先集団が形成されたことが明確になった。興味深いことに、インダスバレーの古代 *Bos indicus* の雄牛に由来するゲノム領域の遺伝子流入の痕跡があり、青銅器時代では東西双方向で広く混血が生じていたことが判明した。乾燥適応したコブのある *Bos indicus* の雄牛を育種選抜することで、厳しい環境においても飼育が可能になったと考えられる。この様に、*Bos indicus* の拡散は、何千年にもわたって続いており、アフリカ大陸など各大陸の熱帯地域における粗放牧飼育を可能にするきっかけになったと言える。

6 古代ゲノム研究の先に

古代ゲノム研究は、各地域·各時代ごとに生存した生物のゲノム情報をデータとして直接比較することができるため、これまで系統関係が不明な集団間·個体間の遺伝的な関連性を正確に評価することで、新しい知見を世に発信してきたと言える。今後、古代ゲノムデータの蓄積はその分析・解析技術の急速な発展によってさらに加速することがわかっており、1研究機関から1年間で約1万点のゲノムデータの取得も可能になってきている。20年後には、古代ゲノムデータによって、家畜のゲノムヒストリーの大枠が可視化されている様に思う。今後は、ブリーディングをしてきた人々の背景を歴史学的・考古学的・人類学的に理解し、さらに過去のブリーディング・テクノロジーをどの様に畜産学的に読み解いて行くかが重要である。そのためには、これまでの生物学・農学・畜産学・歴史学・考古学・人類学など諸科学で蓄積されてきた膨大な情報を統合的に理解し、新しい解釈を発見するAIシステムが必要になってくる。その先には、私たちが全く発見できなかった新しい知の世界が広がっていると期待したい。

註

1) 細胞小器官のミトコンドリア内部には核DNA以外に環状のDNAが独立して存在している。ミトコンドリアDNAは母から子にコピーとしてそのまま受け継がれるため、母系統の追跡に多用されてきた。ミトコンドリアの複製開始地点の前後にある突然変異率が高い領域（超可変領域（Hyper Variable Region））の約300のDNA配列を使用して、分子系統学的解析が行われることが多い。
2) 遺伝的な変化によって影響を受ける身体の特徴のこと。
3) 1本鎖DNAの長さの単位。「マー」と呼ぶ。
4) タンパク質を合成するゲノム領域のこと。
5) この系統は、畜産学において zebu（ゼブー）と呼ばれている。

引用・参考文献

Bergström, Anders, Laurent Frantz, Ryan Schmidt, Erik Ersmark, Ophelie Lebrasseur, Linus Girdland-Flink, Audrey T. Lin, et al. 2020. "Origins and Genetic Legacy of Prehistoric Dogs." *Science* 370(6516): 557–64.

Daly, Kevin G., Pierpaolo Maisano Delser, Victoria E. Mullin, Amelie Scheu, Valeria Mattiangeli, Matthew D. Teasdale, Andrew J. Hare, et al. 2018. "Ancient Goat Genomes Reveal Mosaic Domestication in the Fertile Crescent." *Science* 361(6397): 85–88.

Driscoll, Carlos A., Marilyn Menotti-Raymond, Alfred L. Roca, Karsten Hupe, Warren E. Johnson, Eli Geffen, Eric H. Harley, et al. 2007. "The Near Eastern Origin of Cat Domestication." *Science* 317(5837): 519–23.

Endo, Hideki, and Kimiyuki Tsuchiya. 2006. "A New Species of Ryukyu Spiny Rat, Tokudaia (Muridae: Rodentia), from Tokunoshima Island, Kagoshima Prefecture, Japan." *Mammal Study* 31(1): 47-57.

Fages, Antoine, Kristian Hanghøj, Naveed Khan, Charleen Gaunitz, Andaine Seguin-Orlando, Michela Leonardi, Christian McCrory Constantz, et al. 2019. "Tracking Five Millennia of Horse Management with Extensive Ancient Genome Time Series." *Cell* 177(6): 1419–35.e31.

Frantz, Laurent A. F., Victoria E. Mullin, Maud Pionnier-Capitan, Ophélie Lebrasseur, Morgane Ollivier, Angela Perri, Anna Linderholm, et al. 2016. "Genomic and Archaeological Evidence Suggest a Dual Origin of Domestic Dogs." *Science* 352(6290): 1228–31.

Gaunitz, Charleen, Antoine Fages, Kristian Hanghøj, Anders Albrechtsen, Naveed Khan, Mikkel Schubert, Andaine Seguin-Orlando, et al. 2018. "Ancient Genomes Revisit the Ancestry of Domestic and Przewalski's Horses." *Science* 360(6384): 111–14.

Guo, Songchang, Peter Savolainen, Jianping Su, Qian Zhang, Delin Qi, Jie Zhou, Yang Zhong, Xinquan Zhao, and Jianquan Liu. 2006. "Origin of Mitochondrial DNA Diversity of Domestic Yaks." *BMC Evolutionary Biology* 6(1): 73.

Hiendleder, S., K. Mainz, Y. Plante, and H. Lewalski. 1998. "Analysis of Mitochondrial DNA Indicates That Domestic Sheep Are Derived from Two Different Ancestral Maternal Sources: No Evidence for Contributions from Urial and Argali Sheep." *The Journal of Heredity* 89(2): 113–20.

Higuchi, R., B. Bowman, M. Freiberger, O. A. Ryder, and A. C. Wilson. 1984. "DNA Sequences from the Quagga, an Extinct Member of the Horse Family." *Nature* 312(5991): 282–84.

Ishida, Nobushige, Tsendsuren Oyunsuren, Suguru Mashima, Harutaka Mukoyama, and Naruya Saitou. 1995. "Mitochondrial DNA Sequences of Various Species of the Genus Equus with Special Reference to the Phylogenetic Relationship between Przewalskii's Wild Horse and Domestic Horse." *Journal of Molecular Evolution*. https://doi.org/10.1007/bf00170671.

Jansen, Thomas, Peter Forster, Marsha A. Levine, Hardy Oelke, Matthew Hurles, Colin Renfrew, Jurgen Weber, and Klaus Olek. 2002. "Mitochondrial DNA and the Origins of the Domestic Horse." *Proceedings of the National Academy of Sciences of the United States of America* 99(16): 10905–10.

Lai, Song-Jia, Yi-Ping Liu, Yan-Xing Liu, Xue-Wei Li, and Yong-Gang Yao. 2006. "Genetic Diversity and Origin of Chinese Cattle Revealed by mtDNA D-Loop Sequence Variation." *Molecular Phylogenetics and Evolution* 38(1): 146–54.

Librado, Pablo, Naveed Khan, Antoine Fages, Mariya A. Kusliy, Tomasz Suchan, Laure Tonasso-Calvière, Stéphanie Schiavinato, et al. 2021. "The Origins and Spread of Domestic Horses from the Western Eurasian Steppes." *Nature* 598(7882): 634–40.

Loog, Liisa, Olaf Thalmann, Mikkel-Holger S. Sinding, Verena J. Schuenemann, Angela Perri, Mietje Germonpré, Herve Bocherens, et al. 2020. "Ancient DNA Suggests Modern Wolves Trace Their Origin to a Late Pleistocene Expansion from Beringia." *Molecular Ecology* 29(9): 1596–1610.

Naderi, Saeid, Hamid-Reza Rezaei, François Pompanon, Michael G. B. Blum, Riccardo Negrini, Hamid-Reza Naghash, Ozge Balkiz, et al. 2008. "The Goat Domestication Process Inferred from Large-Scale Mitochondrial DNA Analysis of Wild and Domestic Individuals." *Proceedings of the National Academy of Sciences of the United States of America* 105(46): 17659-64.

Orlando, Ludovic. 2020. "Ancient Genomes Reveal Unexpected Horse Domestication and Management Dynamics." BioEssays: *News and Reviews in Molecular, Cellular and Developmental Biology* 42(1): e1900164.

Ottoni, Claudio, Wim Van Neer, Bea De Cupere, Julien Daligault, Silvia Guimaraes, Joris Peters, Nikolai Spassov, et al. 2017. "The Palaeogenetics of Cat Dispersal in the Ancient World." *Nature Ecology & Evolution* 1(7): 1–7.

Pääbo, S. 1985. "Molecular Cloning of Ancient Egyptian Mummy DNA." *Nature* 314(6012): 644–45.

Poinar, Hendrik N. 2003. "The Top 10 List: Criteria of Authenticity for DNA from Ancient and Forensic Samples." *International Congress Series / Excerpta Medica* 1239(January): 575–79.

Poinar, H. N., and A. Cooper. 2000. "Ancient DNA: Do It Right or Not at All." Science. https://search.proquest.com/openview/15abea590f53f2f3c8a04ac5e770f22b/1?pq-origsite=gscholar&cbl=1256.

Ramos-Madrigal, Jazmín, Mikkel-Holger S. Sinding, Christian Carøe, Sarah S. T. Mak, Jonas Niemann, José A. Samaniego Castruita, Sergey Fedorov, et al. 2021. "Genomes of Pleistocene Siberian Wolves Uncover Multiple Extinct Wolf Lineages." *Current Biology: CB* 31(1): 198–206.e8.

Savolainen, Peter, Ya-Ping Zhang, Jing Luo, Joakim Lundeberg, and Thomas Leitner. 2002. "Genetic Evidence for an East Asian Origin of Domestic Dogs." *Science* 298(5598): 1610–13.

Thalmann, O., B. Shapiro, P. Cui, V. J. Schuenemann, S. K. Sawyer, D. L. Greenfield, M. B. Germonpré, et al. 2013. "Complete Mitochondrial Genomes of Ancient Canids Suggest a European Origin of Domestic Dogs." *Science* 342(6160): 871–74.

Verdugo, Marta Pereira, Victoria E. Mullin, Amelie Scheu, Valeria Mattiangeli, Kevin G. Daly, Pierpaolo Maisano Delser, Andrew J. Hare, et al. 2019. "Ancient Cattle Genomics, Origins, and Rapid Turnover in the Fertile Crescent." *Science* 365(6449): 173–76.

Vilà, C., P. Savolainen, J. E. Maldonado, I. R. Amorim, J. E. Rice, R. L. Honeycutt, K. A. Crandall, J. Lundeberg, and R. K. Wayne. 1997. "Multiple and Ancient Origins of the Domestic Dog." *Science*.

Yurtman, Erinç, Onur Özer, Eren Yüncü, Nihan Dilşad Dağtaş, Dilek Koptekin, Yasin Gökhan Çakan, Mustafa Özkan, et al. 2021. "Archaeogenetic Analysis of Neolithic Sheep from Anatolia Suggests a Complex Demographic History since Domestication." *Communications Biology* 4(1): 1279.

終章
アジアの家畜文化をながめる

菊地大樹
KIKUCHI Hiroki

中央アジアから東アジアが位置する中緯度地帯は、気温の年較差が大きい亜寒帯、降水量が少なく乾燥した乾燥帯、寒暖差があまりなく四季の変化が明瞭な温帯と、東西で寒暑や雨量の差がある気候区分が混在している。また、地形に目を向けると、山地、高原、砂漠、盆地、平原、河川や湖などさまざまであり、海抜は0m未満から数千mと幅広い高低差をもつ。こうした多様な環境条件を有する舞台のなかで、人類は古来より生業を営み、その風土に適した動物を馴化し利用してきた。

最温暖のヒプシサーマル期が終わり、地球規模での乾燥冷涼化が始まると、各地で環境適応戦略を迫られることとなる。ユーラシア大陸東部の中国では、紀元前3500年頃から、それまでブタを主体とする農耕的家畜が中心であった社会が、ヒツジ／ヤギ、ウシやウマとともに西方由来の牧畜文化を段階的に受容しはじめる。ヒツジ／ヤギやウシは、紀元前8000年頃に西アジアで家畜化されており、間もなくしてミルクの利用が始まる。こうした肉食資源以外のミルクや羊毛といった畜産物利用の多様化は牧畜社会で始まるが、東アジア地域で受容される段階には、すでにその技術が確立しており、地域性をもって発展しながら今日に至るまで脈々と受け継がれ、現代の生活にも深く浸透している。

西アジアを起点とした牧畜文化が中央アジアを経て東アジアへと伝播していくなかで、ヒツジ／ヤギやウシの生態に適した環境を有し、いち早く牧畜文化を受容した中国の西北地域では、農耕的家畜からヒツジやウシなどの牧畜的家畜へと主体となる家畜種が転換していく現象が認められる。牧畜社会を受容した後の初期国家形成期では、それまで社会を支えていた農耕的家畜に牧畜的家畜が組み合わさり、社会・経済システムを支える重要な家畜として六畜（牛、馬、羊、豕、狗、鶏）が確立し、中核的に作用する。儒教経典である『周礼』職方氏には、この六畜を含めた各地の動植物や生業の特徴が記されており、環境開発が進んだ漢代においても、牧畜的家畜は生態的に適した乾燥冷涼な華北地域を中心に展開する。この時期、牧畜社会で重宝されていたラクダが、前漢の武帝期の本格的なシルクロード開通にともなって到来するが、主要な家畜として利用されることはなかった。

このように、ユーラシア草原地帯で活躍していたウシ、ウマ、ヒツジ、ヤギ、ラクダの五畜は、中国で受容される段階では、農耕的家畜と組み合わさり、ウシ、ウマ、ヒツジ、ブタ、イヌ、トリの六畜を形成する。しかしその後、六畜は朝鮮半島から日本列島へと直接伝播するのではなく、朝鮮半島へ伝わるなかでヒツジ／ヤギが脱落し、ウシ、ウマ、ブタ、イヌ、トリの五畜へと再構築される。日本では、ブタやニワトリといった農耕的家畜に続き、5世紀以降、ウマやウシが朝鮮半島を経由して段階的に日本列島へ到来している様相が明らかとなってきている。当時、日本は古墳時代であるが、それまでの弥生時代にみられる農耕を基盤とする社会に牧畜を組み合わせた新たな農業形態を誕生させた。従来のブタやトリといった農耕型の家畜・家禽はこれまで通り小規模でも維持できるが、ウマやウシは大規模な牧草地や飼料を必要とする。そのため、農耕社会を基盤とする我国の家畜利用戦略は、牧の維持管理を含めた農業経営が迫られることとなる。

動物骨以外では、動物意匠からも当時の人々が周囲の動物をどのように認識していたか、集団を形成するアイデンティティーも含めた精神文化を窺うことができる。動物意匠の表現は地域ごとに特徴があり、写実的な表現やデフォルメされたものなど多様であるが、どれも動物の特徴をよく捉えたものとなっている。ユーラシア草原地帯では、広大な自然環境下でさまざまな動物が躍動するなか、ネコ科動物が特徴的に選択される。闘争／捕食といった彼らの生態を切り取った構図は、植物紋様などの他要素と組み合わさり、地域の青銅文化圏を越えた規範で展開する。こうした多様な文化要素が重なり合う様相は、中国新石器時代にも認められる。今日我々が中国の食文化でイメージする、北はヒツジ、南はブタというような家畜利用の境界は、新石器時代段階では形成されておらず、地域の環境に適応した複雑な動物利用が展開していた。動物は肉食資源対象のほか、生活のなかで使用する道具類の素材だけでなく、祭具や占卜といった非日常の道具としても用いられる。牧畜的家畜が華北地域で展開するなかで、ヒツジの肩甲骨を素材とした卜骨の利用が始まるが、中国で出現する卜骨の形態は、いまのところ西アジアや中央アジアでは類似例が認められないことから、中国発祥の可能性が考えられる。

卜骨は、その後、朝鮮半島や日本列島へと伝播するなかで、その素材となる動物種がシカやイノシシへと転換する。また、さまざまな野生種と家畜種の立体的な動物像や動物形容器からは、当該地域では生息していない動物種が確認され、広域に展開する。肉食資源対象としての動物は地域の環境に影響されるものの、非日常の道具や紋様に用いる動物は意味をもって選択されるなど、生業や文化的背景に応じて集団を形成するものと、普遍性をもって受容されるものとが交雑し、大きな規範を形成する。イヌやブタのもつ意味は普遍的にひろがり、やがて朝鮮半島から日本列島へと伝播する道筋も見えてきており、単に肉食資源対象としてだけでなく、祭祀儀礼や畜産物を目的としていたようである。このような現象は、日本で独自の動物埴輪にも、地域性と広域性をもった重層的な規範が認められる。こうした動物種の選択性や規範は、シルクロードの交易都市であるアク・ベシム遺跡にみる、都市的な資源利用から、都市衰退にともなう牧畜民的資源利用への変化という動物考古学研究からも実証されている。

家畜化の進行について目を向けると、たとえば、現代でもイノシシとブタは容易に交配して雑種が生まれるように、野生状態に近い環境にあったであろう新石器時代の飼養環境下では、野生種と家畜種の混血が日常的に進んでいたと推察される。そのため、こうした環境下における混沌とした形質は、歯の計測、咬耗の進行などといった従来の比較形態学的研究による細分化では解釈に限界があるため、安定同位体分析やDNA分析の成果を応用しながら、新たな家畜化の指標を定める必要性が出てきた。つまり、野生か家畜かと単純に二分した議論ではなく、人間と動物との距離感を客観的に評価することに議論の焦点が当てられてきている。同位体分析では、歯や骨に残された炭素と窒素の安定同位体比から、その動物が摂取した食物構成を推定することが可能となった。そして、こうした野生種の家畜化がどれくらい進んでいるのかを知る新たなものさしで、当時の社会経済を読み解くことも可能となっている。

古代DNA分析は、時空間を越えて集団・個体間の系統関係を評価することができる新たな手法である。その技術は日進月歩であり、最新の分析技術の応用は、今日、さまざまな動物種で試みられているが、一方で、ニワトリの起源にかんする世界的な論争では、鳥ではない骨からニワトリのDNAが抽出されたという驚くべき事件が発生している。世界的に急速な進歩を遂げている優れた技術であるが、出発点となる資料に対する真摯な姿勢を改めて問われた出来事である。ニワトリ研究に限らず、家畜・家禽の起源については、毎年、新たな見解が発表されては再検証されており、現時点においても結論が出ていないものが多いが、この再検証という作業過程のなかで新たな指標が確立され、次なる研究へと進展していく。こうした基礎研究の重要性を我々は再認識すべきであろう。

本書の企画は、編者らが参加している、金沢大学の中村慎一教授を研究代表者とする、文部科学省科学研究費助成事業の学術変革領域研究（A）「中国文明起源解明の新・考古学イニシアティブ」のなかで構想を得たことに始まる。本研究課題では、中央アジアで醸成された牧畜文化が、中国新石器時代後期の諸文化要素とどのように融合して中国文明の形成に作用したか、遺跡から出土する動物骨の実践的な分析から導き出すことを目的とする。そして、中国で形成された家畜文化が、周辺地域へと波及するプロセスをユーラシア家畜文化史のなかに位置づけ、再構築することを目指している。そのなかで、我々は各地域の現象を単独で切り取るのではなく、一連の歴史動態のなかで解釈すべきであるという考えのもと研究を進めており、本書の構成もその視点に準ずる。また、序文でも触れているが、動物考古学は、遺跡から出土する動物骨を通じて、過去の人類の行動を読み解く研究分野であり、動物骨をあつかうことから、文系と理系を横断したアプローチが必要となることもある。今日、領域を越えた複眼的な視角が求められる社会のなかで、学問を文系か理系かと単純に二分する考えも、すでに時代遅れかもしれない。本書では、「家畜」をキーワードに、さまざまな分野の専門家に執筆をお願いした。本書を通じて、動物考古学が多様な分野を結びつける紐帯となる魅力も伝わったのではないであろうか。我々の企画に賛同してくださった執筆者の方々に、この場をお借りして御礼申し上げる。

海外の大学では、動物考古学を含めた考古科学（Archaeological science）と呼ばれる領域を体系的に学ぶことができるが、日本では、残念ながら先学が拓いてきた新たな学問領域に触れることができる環境整備は遅々として進んでいない。いつまでも自然遺物だからと距離をおくのではなく、当時の社会を構成する重要な要素のひとつであったことを認識し、積極的に研究へ取り入れていくべきであり、本書がそのきっかけとなれば幸いである。

最後に、我々の企画に賛同いただき、本書の構成から編集にいたるまでご尽力くださった、編集部の桑門智亜紀氏に感謝申し上げる。

◉執筆者一覧◉（執筆順）

宮崎 泰史（みやざき・たいじ）

元大阪府立狭山池博物館 学芸員

◉読者へのメッセージ
日本の卜骨については時代、地域によって焼灼手法、使用する動物の種類、使用部位が変化していることが明らかになってきましたが、日本での開始時期や占いの内容、そして、ウミガメを使用する亀卜の採用経緯に関してはまだまだ不明な点があります。

日高　慎（ひだか・しん）

東京学芸大学 教授

◉読者へのメッセージ
形象埴輪には、人物・動物に限らず面白い造形が数多くあります。その意味するところについては諸説がありますが、どんな場面だったのか、皆さんも考えを巡らせてみてください。

古澤 義久（ふるさわ・よしひさ）

福岡大学 准教授

◉読者へのメッセージ
東北アジアは、現在いくつかの国家にわかれているので、実態がつかみにくい世界ですが、日本における動物観を知るうえでも、とても重要な地域だと思っております。

新井 才二（あらい・さいじ）

東京大学大学院 助教

◉読者へのメッセージ
西アジアにおける牧畜の成立と拡散について紹介しました。一見するといずれの地域でも画一的ですが、牧畜の拡散は複数の波によって起こり、重層的な構造をしています。

植月　学（うえつき・まなぶ）

帝京大学文化財研究所 准教授

◉読者へのメッセージ
研究室には分析を依頼された動物骨が各地から大量に持ち込まれます。とても一人では見切れません。一緒に分析してくれる方、お待ちしてます！

松本 圭太（まつもと・けいた）

九州大学 助教

◉読者へのメッセージ
シルクロードを伝わってきた多彩な文様を、本書の読者はきっとご存じでしょう。そうした文様からは、それらを伝え、砂漠・草原・森林に生きた人々の歩みをも知ることができるのです。

今村 佳子（いまむら・よしこ）

成城大学民俗学研究所 研究員

◉読者へのメッセージ
中国新石器時代の家畜を中心とした動物考古学の研究成果を凝縮して 12 頁にまとめました。詳しく知りたい方は、引用・参考文献をもとにさらに多くの文献をあたっていただきたいです。

江田 真毅（えだ・まさき）

北海道大学 教授

◉読者へのメッセージ
家畜の中でも、ニワトリやガチョウなど、家禽のはじまりと広がりはまだまだ分からないことだらけです。脱稿後に出版された新知見も註に盛り込みましたのでご注目ください。

村松 弘一（むらまつ・こういち）

淑徳大学 教授

◉読者へのメッセージ
人間だけが歴史を動かしているわけではありません。環境変遷、気候変動、そして家畜と人間の関係の変化が時代を変えることもあります。環境史の方法からこの問題を探ります。

平田 昌弘（ひらた・まさひろ）

帯広畜産大学 教授

◉読者へのメッセージ
北アジア・中央アジアの乳文化史研究は、解決すべき課題に満ちている。異分野融合の視座が、研究を大きく進めることであろう。

板橋　悠（いたはし・ゆう）

筑波大学 助教

◉読者へのメッセージ
安定同位体分析による動物の古食性復元を紹介しました。人が動物をどう利用したのかだけでなく、動物が人の影響下でどう暮らしていたかにも想像を巡らせると楽しいです。

覚張 隆史（がくはり・たかし）

金沢大学 助教

◉読者へのメッセージ
近年の古代 DNA 研究における最新の知見を動物別に紹介しました。古代 DNA 分析に関する入門的な内容になっているので、DNA 分析の専門知識がない方でも読み進められると思います。

◉編者紹介◉

菊地大樹（きくち・ひろき）

1976年京都府生まれ。

蘭州大学考古学及博物館学研究所 教授

京都大学大学院人間・環境学研究科博士課程修了。博士（人間・環境学）

【主な著作】

「先秦養馬考」『文化財論叢Ⅳ』奈良文化財研究所、2012年

「西周王朝の牧経営」『中国考古学』14、2014年（共著）

『馬の考古学』雄山閣、2019年（共編著）

『動物考古学論』新泉社、2021年（共編）

「初期東部絲綢之路の駱駝」『金沢大学考古学紀要』43、2022年

◉読者へのメッセージ

現代社会で暮らす我々の身の回りには、実は、古代アジアの家畜文化から影響を受けたものが多く存在しています。本書を通じて、その淵源の一端を垣間見てください。

丸山真史（まるやま・まさし）

1978年兵庫県生まれ

東海大学人文学部 准教授

京都大学大学院人間・環境学研究科博士課程修了。博士（人間・環境学）

【主な著作】

『海洋考古学入門』東海大学出版部、2018年（共編著）

『馬の考古学』雄山閣、2019年（共編著）

『動物考古学論』新泉社、2021年（共編）

◉読者へのメッセージ

考古学の研究では、人と動物の関係をみることでも、人間の生活や社会を復元することができます。みなさんが知りたいのは、どんな動物と人との関係ですか？

《検印省略》2022年 10月 25日　初版発行

家畜の考古学（かちくのこうこがく）

古代アジアの東西交流（こだいアジアのとうざいこうりゅう）

編者
菊地大樹・丸山真史

発行者
宮田哲男

発行所
株式会社 雄山閣
〒102-0071　東京都千代田区富士見2-6-9
Tel：03-3262-3231
Fax：03-3262-6938
URL：http://www.yuzankaku.co.jp
e-mail：info@yuzankaku.co.jp
振 替：00130-5-1685

印刷・製本
株式会社ティーケー出版印刷

ISBN978-4-639-02862-8 C0021
N.D.C.200　212p　21cm